法天下学术文库

澜湄合作框架下
刑事合作机制研究

L
ANMEI HEZUO KUANGJIAXIA
XINGSHI HEZUO JIZHI YANJIU

桑爱英 著

中国政法大学出版社

2023·北京

图书在版编目（ＣＩＰ）数据

澜湄合作框架下刑事合作机制研究/桑爱英著.—北京：中国政法大学出版社，2023.6
ISBN　978-7-5764-1011-2

Ⅰ.①澜… Ⅱ.①桑… Ⅲ.①澜沧江－流域－刑法－国际合作－研究②湄公河－流域－刑法－国际合作－研究 Ⅳ.①D924.04②D933.04

中国国家版本馆CIP数据核字(2023)第125576号

出 版 者　　中国政法大学出版社

地　　址　　北京市海淀区西土城路25号

邮寄地址　　北京100088信箱8034分箱　邮编100088

网　　址　　http://www.cuplpress.com (网络实名：中国政法大学出版社)

电　　话　　010-58908586(编辑部) 58908334(邮购部)

编辑邮箱　　zhengfadch@126.com

承　　印　　北京旺都印务有限公司

开　　本　　720mm×960mm　　1/16

印　　张　　13.75

字　　数　　240千字

版　　次　　2023年6月第1版

印　　次　　2023年6月第1次印刷

定　　价　　59.00元

犯罪和刑罚是刑法的永恒主题，惩治犯罪，保护法益是刑法的宗旨。和各国依据刑法典预防和打击犯罪的简单模式相比，惩治跨国犯罪和国际犯罪在实体和程序方面要复杂得多，需要各国在国际刑事公约制定、国际刑事司法开展方面达成共识、通力合作、紧密配合，国际刑法的理论和实践由此产生、发展和完善。制定国际刑事公约是打击跨国犯罪和国际犯罪的便捷、高效手段，国际刑事公约的制定是世界各国相互协商的结果，但许多问题在全球层面难以达成共识，在区域合作成为世界发展主流的当下，制定区域刑事合作公约阻力要小得多。因为相较于刑事制度国际化而言，刑事制度地区化要容易得多，国际刑法地区化或区域刑法由此发端。国际刑法地区化或区域刑法是将国际刑法原则、规则、制度地区化或区域化的过程，是一种新的法律现象，也即在国内刑法和国际刑法之间存在国际刑法地区化或区域刑法的场域。欧盟、东盟、美洲是国际刑法地区化的典型代表，特别是欧盟，堪称国际刑法地区化或区域刑法的样本，体现在地区性刑事公约的制定、地区性刑事合作实践的开展以及地区性刑事合作理论的完善上。

澜湄合作是由澜沧江-湄公河国际河流连接的六国共建、共商、共享的次区域合作机制，其确立的"3+5+X"合作框架不仅着眼于经济、社会的合作，更是将政治安全合作放在了三大合作支柱之首，这不仅是对澜湄流域跨国犯罪等非传统安全问题的现实回应，同时也为刑事合作成为新增的合作内容（新增的"X"）契入"3+5+X"合作框架提供了可能。澜湄合作奠定的制度优势、澜沧江-湄公河综合执法安全合作中心提供的合作平台、"10·5湄公河惨案"多边合作经验、澜湄六国之间双边刑事合作实践为国际刑法澜湄化以及形成澜湄区域刑法提供了可行性。通过缔结澜湄多边刑事合作条约、建立"一体两翼"的合作主体结构、简化刑事合作程序，构建澜湄合作框架下的刑事合作机制是实现国际刑法澜湄化或澜湄区域刑法可靠推进的路径。澜湄区域刑法的形成是系统、规范、完备刑事条约体系制定的结果，澜湄刑事合作条约缔结只是区域立法的第一步，应加快澜湄刑事实体法及其他区域刑事公约的制定，从而为澜湄刑事合作提供明确的依据，目的是构建澜湄刑事司法区，实现高效、便捷的刑事合作，打造国际刑法地区化和区域刑法的典型样本。

国际刑法起源于西方，其理论和制度均具有鲜明的西方特色，在澜湄流域适用难免会遭遇水土不服的困境。作为区域和平崛起的大国，以预防和打击跨国犯罪为抓手，加强非传统安全合作，行使区域发展主导权和规则制定权，提供安全公共产品保障地区安全与稳定，是我国参与地区治理的"中国方案"，也是跨境治理的"中国智慧"。刑事合作为安全公共产品，具有很强的外部性和非竞争性，其联动和外溢效应明显。体现在三个面向：首先，面向澜湄合作领域。安全领域合作会外溢到其他领域，从而形成新的合作议题、新的合作方向、新的合作利益，积极推进澜湄合作进程。其次，面向澜湄安全领域。安全合作外溢效应将清晰地覆盖澜湄地缘范围内所有国家而且继续溢出国境，形成明显的区域效应，成为保障澜湄流域安全的"稳定器"。最后，面向我国海外利益。澜湄合作机制是"一带一路"的旗舰平台，是中国-东盟框架下的次区域合作平台，具有重要的示范效应。以次区域层次的非传统安全合作为切入点，构建成熟的刑事合作样本，使其逐渐扩展和外溢到"一带一路"其他地区，为我国的海外利益保护提供借鉴和参考。

"我们的国家利益延伸到哪里，维护这些利益安全的研究就要延伸到哪里"[1]，涉外刑事法治是当前的重要课题，目的是保护我国的海外利益，本书可以说是从刑事合作角度维护我国海外利益的粗浅研究，创新性地提出了澜湄合作框架下刑事合作机制的概念，提出了构建刑事合作机制的路径。不可否认的是，观点的创新性与理想化是一体两面关系：一方面，本书的观点聚焦于地区间的国际刑事合作，是笔者关于澜湄刑事合作的前瞻性思考，从而体现出笔者的区域司法实践性关照。从目前的查询结果来看，本书是探讨澜湄合作框架下刑事合作的首部专著。另一方面，本书的观点稍显理想化，

---

〔1〕 徐显明："新文科建设与卓越法治人才培养"，载 http://www.fxcxw.org.cn/dyna/content.php? id=15051，访问日期：2020 年 11 月 10 日。

在实践中实现难度较大。因为相较于协议、声明、备忘录的签订，缔结刑事合作条约意味着具有强制力规则的制定以及各国部分司法权的让渡，构建过程中遇到的阻力和质疑必定不少，推进的过程不会一帆风顺。加之湄公河各国国内局势的稳定性、司法制度存在差异，域外大国的介入致使澜湄合作框架下的刑事合作机制构建困难重重。纵观欧盟的刑事合作进程，从20世纪50年代动议到21世纪初欧盟刑事一体化形成，成立欧盟刑事司法区，经历了将近半个世纪的艰难历程。因此，可以预见，澜湄合作框架下刑事合作机制的构建也将经历漫长的过程。澜湄刑事合作概念的提出只是澜湄刑事合作机制构建的第一步，目的是澜湄六国携起手来共同应对跨国犯罪，建立澜湄刑事司法区。后续的机制构建难度较大、障碍较多、任务艰巨、任重道远。

党的二十大报告指出，"一带一路"成为深受欢迎的国际公共产品和国际合作平台，不仅为沿线各国带来发展机遇，也为各国人民带来福利。澜湄合作是"一带一路"的重要平台，是地区性公共产品，自2016年启动以来，在推动六国政治安全、经济发展、文化合作层面取得了重要成果。2022年7月在缅甸蒲甘召开的澜湄第六次外长会议明确2023年至2027年五年计划，澜湄合作进入提质增效时期。在如此关键的时期，应对跨国犯罪的非传统安全合作不应缺席、还应增强。澜湄合作框架下刑事合作机制本质上是地区性安全公共产品，目的是保障地区的安全、稳定和发展利益，期待刑事机制构建在这个金色五年里成为现实。

在全球化、信息化背景下，澜湄流域的跨国犯罪成为影响澜湄合作深入发展的非传统安全问题。从突发性、临时性的案件合作到规范化、制度化的刑事合作机制的构建都是澜湄合作框架下刑事合作的内在逻辑与未来愿景。本书从梳理澜湄流域刑事合作的模式入手，分析了目前澜湄刑事合作存在的困境，并详细分析了构建澜湄合作框架下刑事合作机制的可行性，从原则、条约、程序、主体四个维度探讨澜湄刑事合作机制构建问题。本书共分为六个部分。

第一章分析澜湄刑事合作动因。首先，准确界定书中核心概念及其背后的理论渊源。详细界定澜湄合作框架、刑事合作机制以及澜湄合作框架下刑事合作机制等核心概念内涵和外延，并详细阐述论文核心概念理论基础：公共产品理论和国际刑法地区化（区域刑法）理论。其次，分析澜湄流域跨国犯罪的现状及特点。澜湄流域跨国犯罪种类多、危害性大，致使澜湄流域非传统安全诉求强烈。最后，分析澜湄流域刑事合作的动因。湄公河流域跨国犯罪通过边境和湄公河航运等互联互通渠道溢出到我国，严重影响了我国西南边境的安全，危害了我国社会治安及国家安全。随着我国在湄公河流域海外利益的延伸，湄公河流域的跨国犯罪已严重危害我国海外利益，积极开展我国与湄公河国家的刑事合作是应对湄公河流域跨国犯罪、保护我国海外利益的有效手段。

第二章阐述澜湄刑事合作模式。澜湄刑事合作开始于20世纪90年代，基于打击跨国毒品犯罪以及非传统安全合作的需要，澜湄国家建立及参与了6个多边合作机制，在跨国犯罪个案上通力合作，开创了次区域刑事合作机制建构+个案合作的"澜湄模式"。首先，详细梳理澜湄流域存在的6个多边合作机制。澜湄流域存在合作目的不同、合作范围不一、合作内容相似的6个多边合作机制，此部分主要阐述机制的构建过程、合作内容、合作特点及功能。其次，以"10·5湄公河惨案"为例分析澜湄刑事合作实践。"10·5湄公河惨案"是湄公河流域典型的跨国有组织犯罪案件，涉及毒品犯罪、抢劫犯罪、故意杀人罪等严重的、社会危害性大的跨国犯罪，四国在侦查、起诉、审判、执行整个刑事诉讼流程中的合作堪称区域刑事合作典范。四国在处理刑事管辖争议、引渡争议时的做法可为澜湄流域的刑事合作提供参考的样本，同时也将成为澜湄区域刑法的重要渊源。

第三章解析澜湄刑事合作困境。首先，澜湄刑事合作依据不充分。区域性刑事合作条约是多边刑事合作的依据，而现在澜湄流域并未缔结刑事合作条约，因此澜湄刑事合作的依据主要是国际条约、双边刑事合作条约、多边合作会议纪要、联合声明。国际公约的原则性与时滞性、多边刑事合作条约缺失、双边刑事合作条约不统一使得三个层次的法律体系不仅无法为澜湄流域刑事合作提供法律依据，还使得澜湄刑事合作陷入困境。其次，澜湄合作机制严重碎片化。澜湄多边合作机制出现拥堵、澜湄多边合作机制内容交叉、澜湄多边合作机制功能重叠使得澜湄多边刑事合作如一盘散沙，不仅无法形成合力，而且合作成本高、合作效果差。最后，澜湄流域刑事合作程序效率低。刑事合作程序繁杂、刑事合作限制情形多、刑事合作程序链条过长等困境导致刑事合作耗时长、效率低。日益复杂的司法实践需求倒逼刑事合作制度构建，呼吁澜湄多边刑事合作条约的缔结。

第四章剖析澜湄刑事合作机制构建的可行性。首先，澜湄合作框架奠定多边合作基础。澜湄区域是世界上政治经济热点区域，具有无可比拟的地缘政治优势。作为区域多边合作机制，澜湄合作创造了举世瞩目的澜湄速度，为澜湄刑事合作确定多边合作框架。作为人类命运共同体的试验田，澜湄命运共同体的建设为澜湄刑事合作打下了良好基础。其次，《国际刑事司法协助法》为澜湄刑事合作提供了法律支撑。《国际刑事司法协助法》作为顶层制度设计，为我国的刑事司法协助提供了国内法律的支撑。同时也应利用地方省份的地缘政治优势，打造边境省份刑事合作模式，提供安全公共产品参与澜湄流域跨境治理，推动澜湄非传统安全合作层次跃升。最后，科技发展提升刑事合作效能。在全球大数据加速发展时期，澜湄刑事合作应该借科技东风以数据赋能国际刑事合作，走出刑事合作数字化、网络化、智能化洼地，打造区域刑事合作样本，推动澜湄合作向纵深发展。同时，利用安全公共产品外溢效应，使其逐渐扩展和外溢到"一带一路"的其他地区，为我国海外利益保护提供借鉴和参考。

第五章探讨澜湄刑事合作机制构建。首先，明确构建刑事合作机制的重要意义。澜湄流域六国形成了一套完整的、紧密的、高位阶的涵盖刑事诉讼管辖、侦查、起诉、审判、刑罚执行等刑事合作制度，具有提供安全公共产品、顺应刑事全球化潮流、重塑澜湄流域法律秩序的重要价值。其次，明确刑事合作基本原则。澜湄合作框架下的刑事合作基本原则为在尊重各成员国主权和法律的基础上，坚持平等互利、协商一致的原则。再次，缔结澜湄刑事合作条约。澜湄刑事合作条约是刑事合作的核心，涵盖刑事合作实体内容和程序内容，包括刑事管辖、跨国搜查、证据交换、罪犯引渡、追缴犯罪收益、刑事诉讼移管、移管被判刑人等。依据刑事合作条约的规定，依托澜沧江-湄公河综合执法安全合作中心平台开展多层次对话及情报交流，简化打击、追诉跨国犯罪程序。通过图表列明刑事合作六个阶段：受理、管辖权确认、调查启动、案件起诉、司法审判、移管被判刑人。最后，加快推进澜湄国家刑事合作条约签订。在澜湄多边合作机制尚未建立的当下，应加快与缅甸、老挝、越南、柬埔寨等湄公河四国双边刑事协助条约的签署，补齐中国与湄公河国的家双边刑事合作短板。

第六章论述澜湄刑事合作机制的配套制度。首先，加强刑事合作主体建设。"一体两翼"的刑事合作主体格局是确保澜湄刑事合作顺利开展的重要保障，所谓"一体两翼"是指以澜沧江-湄公河综合执法安全合作中心为主体，澜湄警察组织和澜湄司法组织为两翼的格局。其次，加强边境管理，筑牢西南边陲安全屏障。在全球化、信息化背景下，边境管理应优化管理模式。具体推进路径为：从技术角度而言，建立以技防为主导，物防、人防为辅助，形成"三防一体的"边境防控体系；从管理主体而言，落实党政军警民"五位一体"边境管理模式；从管理对象而言，加强高危人员、重点行业场所的管控。最后，推进澜湄命运共同体建设。澜湄命运共同体的建设分为两个层次：以澜湄命运共同体建设的多边层次和中国与湄公河五国命运共同体建设的双边层次。澜湄命运共同体两个层次的建设是一个循序渐进、由近及远的过程，具体推进路径为加强澜湄各国的政治互信，推进澜湄安全共同体建设；加强澜湄经济带建设，推进澜湄经济一体化；促进澜湄国家民心相通，推进澜湄人文共同体建设。

目 录 CONTENTS

绪　论

一、问题的提出

基于复杂的政治、历史、民族、宗教因素，湄公河流域毒品贩运、枪支走私、人口贩运、恐怖主义、洗钱犯罪等跨国犯罪猖獗，成为影响湄公河国家政治、经济、社会秩序的突出非传统安全问题。随着我国在湄公河流域的海外利益不断增加，湄公河流域原有利益格局被打破，形成了我国海外利益与湄公河国家利益交织的局面，湄公河国家的跨国犯罪威胁甚至严重侵害着我国在湄公河流域海外利益，给我国公民人身和财产权益造成了巨大损失，其中最突出的就是"10·5 湄公河惨案"，我国 13 名船员被湄公河流域跨国有组织犯罪集团和泰国不法军人杀害，导致湄公河航运一度暂停。此外，我国的广西和云南与老、缅、越三国 5000 余公里的边境成了毒品走私、跨境人口贩运、跨境赌博、网络诈骗、洗钱、非法移民等跨境违法犯罪的另一个"场域"，使得边境安全成为影响我国社会秩序乃至国家安全的重要因素。由此可以看出，湄公河流域的跨国犯罪不仅侵害我国在湄公河地区的海外利益，而且也严重威胁着我国的国家安全和社会治安，因此澜湄六国开展刑事合作是应对湄公河流域跨国犯罪的有效手段。

澜湄流域刑事合作可以追溯至 20 世纪 90 年代。基于打击跨国毒品犯罪及非传统安全合作的需要，澜湄国家建立并参与了 6 个多边合作机制，就跨国犯罪个案通力合作，开创次区域多边合作机制建构+个案合作的"澜湄模式"，保障了地区的安全稳定。为应对跨国（境）犯罪，澜湄六国建立和参与了 6 个合作目的不一、合作范围不一、合作内容相似的多边合作机制。湄公河流域的"金三角"是全世界主要的毒品产区。毒品犯罪是湄公河流域最严重、最突出、危害最大的跨国犯罪，因此预防和打击跨国毒品犯罪，开展非传统安全合作是澜湄流域建构多边刑事合作机制的目标，具体而言有中国－东盟禁毒合作、中国－东盟非传统安全框架（10+1）、中国－东盟总检察长会议制度、大湄公河禁毒合作框架、湄公河执法安全合作机制、中老泰缅多边（禁毒）合作机制等。个案刑事合作是澜湄刑事合作的重要形式和重要合作内容，是澜湄多边刑事合作机制的具体展开和生动实践。澜湄多边合作的案例较少，其中最典型的是"10·5湄公河惨案"刑事合作。党中央高度重视此案，指令公安部组成专案组，积极利用外交手段以及多边、双边司法协助机制与老挝、泰国、缅甸开展刑事协助侦破此案。专案组"动用千军万马，踏遍千山万水，想尽千方百计，历尽千辛万苦，费尽千言万语，经历百转千回，排除千难万险"[1]，历时10个月，终将以糯康为首的6名犯罪分子抓获并引渡至中国受审。"10·5湄公河惨案"刑事合作以保护我国公民的海外利益为目标，从早期的外交沟通到后期的刑事司法合作，覆盖整个刑事诉讼流程，囊括刑事管辖协商、跨国侦查、证据收集、移交及转化、罪犯引渡、境外证人出庭、刑罚执行等所有细节，彰显了我国对海外公民利益的保护态度、决心和能力，极大地震慑了湄公河流域跨国有组织犯罪。"10·5湄公河惨案"刑事合作创造了我国国际刑事合作的多个第一：涉华的跨国犯罪案件第一次在中国审理、第一次有境外证人出庭作证、第一次将境外获取的证据经过转化后在法庭使用。此次刑事合作既有中国与老挝、泰国、缅甸的双边刑事协助，也有以湄公惨案专案组形式的多边合作，堪称国际刑事合作样本，是中国刑事司法全球化的重要标志。

但澜湄刑事合作也面临以下困境：首先，澜湄刑事合作依据不充分。区域性刑事合作条约是多边刑事合作的依据，而现在澜湄流域并未缔结刑事合作条约，因此澜湄刑事合作的依据主要是国际条约、双边刑事合作条约、多边合作会议纪要、联合声明。国际公约的原则性与时滞性、多边刑事合作条约的缺失、双边刑事合作条约的不统一使得三个层次的法律体系不仅无法为澜湄流域刑事合作提供法律依据，也使得澜湄刑事合作陷入了困境。其次，澜湄合作机制严重碎片化。澜湄多边合作机制出现拥堵、澜湄多边合作机制内容交叉、澜湄多边合作机制功能重叠使得多边合作如一盘散沙，不仅无法

---

[1] 李自良等："洗冤伏枭录——湄公河'10·5'中国船员遇害案侦破纪实"，载 http://www.gov.cn/jrzg/2012-09/18/content_ 2227760. htm，访问日期：2020年8月18日。

形成合力，而且合作成本高、合作效果差。最后，澜湄流域刑事合作程序效率低。现阶段澜湄刑事合作程序呈现以外交手段推动刑事合作的复杂性，而且刑事合作限制情形多、刑事合作程序链条长等特点导致刑事合作耗时长、效率低、效果差。

在全球化、信息化背景下衍生的网络赌博犯罪、网络诈骗犯罪等新型网络犯罪高发，传统犯罪与网络犯罪的交织使得澜湄流域的非传统安全问题变得日趋复杂，严重影响了澜湄合作的深入发展。澜湄流域日益增长的安全需求与地区安全产品供给之间矛盾凸显。2016年3月，澜湄合作第一次领导人会议在海南三亚召开，将政治安全、经贸合作、社会人文合作列为合作的三大支柱。基于澜湄流域跨国犯罪多发的现状，澜湄合作将打击跨国犯罪的非传统安全合作列入了政治安全合作的内容。为落实澜湄合作非传统安全合作约定，同时为提升打击跨国犯罪的能力，澜湄六国在云南昆明成立了澜沧江-湄公河综合执法安全合作中心（LM-LECC）（以下简称"澜湄执法中心"），集联合巡逻执法（PC）、联合行动（JOC）、信息共享与协查（CIS）、培训交流（CB）为一体，是预防和打击澜湄区域跨国犯罪的重要平台。澜湄执法中心是国际执法合作平台，主要集中于国际侦查合作，是国际警务全球化的重要实践平台。随着澜湄合作的深入，互联互通的便捷增大了非传统安全风险，经济一体化发展趋势对于安全一体化的需求更为迫切，跨国犯罪打击和惩治为澜湄刑事合作提出了更高要求，因此构建刑事合作机制是澜湄合作框架下刑事合作的内在逻辑和未来愿景。澜湄合作框架下的刑事合作不是"另起炉灶"，而是通过缔结澜湄刑事合作条约，扩张刑事管辖权，实现从"澜湄执法区"向"澜湄刑事司法区"跃升。具体做法是依托澜湄执法中心平台，设立澜湄警察组织和澜湄司法组织，形成一体两翼的主体结构，将刑事合作功能嵌入澜湄执法中心。目的是助推澜湄执法中心功能多元化，使执法工作后移向审查起诉、审判、刑罚执行等程序，推动澜湄执法中心成为国际执法+国际刑事合作平台，以期构建以维护我国海外国家利益为核心，涵盖国际执法合作、刑事合作的刑事合作机制。

二、研究意义

（一）理论意义

1. 丰富国际刑事合作理论

跨国犯罪的危害性、多发性、复杂性促进了国际刑事合作理论的发展。在全球化、信息化背景下，刑事管辖权冲突、电子证据搜集、罪犯抓捕、引渡、移管被判刑人等国际刑事合作制度面临极大挑战。以澜湄合作框架下的刑事合作机制为切入点，通过缔结多边刑事合作条约打造次区域性刑事合作样本，可以丰富国际刑事合作理论，指导国际刑事合作实践。

2. 完善区际刑法理论

澜湄合作是中国-东盟合作框架下的次区域合作机制，因此澜湄刑事合作既具备中国-东盟框架下的刑事合作共同特征，也具备独特的优势：应对毒品问题和非传统安全问题的多边合作机制、"10·5湄公河惨案"刑事司法合作经验、中老泰缅的联合巡逻执法制度优势、澜湄执法中心国际组织的指挥和协调功能，以上合作经验为构建澜湄刑事合作机制打下了良好基础。通过搭建地缘相近的次区域国家的刑事合作平台，对区域中突出的跨国犯罪的种类和规律进行归纳，制定前瞻性应对的对策及程序，是国际刑法地区化的积极探索，对于完善区际刑法理论意义重大。

3. 助推中国刑法国际化

经济全球化必然导致法律全球化，作为国际社会的一分子，我国刑法理论不能成为一座孤岛。因此，我国刑法理论的发展不仅应着眼于国内的实践，还应积极关注国际刑法发展趋势。通过构建澜湄刑事合作机制，了解国际公约在不同法律制度国家的运作情况，关注在全球化、网络化背景下区际刑法的发展趋势，对标国内刑法存在的不足，补齐理论和制度短板，积极助推我国刑法国际化进程。

4. 拓展公共产品理论

澜湄刑事合作本质上是区域公共产品，具有很强的外部性和非竞争性。澜湄合作机制是"一带一路"的旗舰平台，是中国-东盟框架下的次区域合作平台，具有重要的示范效应。我国应以次区域层次的非传统安全合作为切入点，行使区域发展主导权和规则制定权，构建成熟的刑事合作样本，使其逐渐扩展和外溢到"一带一路"其他地区，为我国的海外利益保护提供借鉴和参考。

（二）实践意义

1. 成为地区安全"稳定器"

澜沧江-湄公河地区不仅是连接中国和东亚、东南亚的水路桥梁而且连接了太平洋、大西洋及欧亚大陆，有重要的海陆交通战略地位。我国应以构建澜湄合作框架下的刑事合作机制为契机，构建安全高效的非传统安全共治共防网络体系，保障澜湄流域的安全，造福湄公河沿岸各国，成为地区安全"稳定器"。

2. 实现更高水平区域一体化

澜湄合作"3+5+X"是开放的合作框架，其中"X"具有调适和补充功能。刑事合作作为新增的"X"，可以发挥预防和打击跨国犯罪的功能，成为三大支柱和五大合作领域顺利推进的保障。地区的安全稳定将推动澜湄与"国际陆海贸易新通道"对接，实现区域协同发展，实现更高水平的区域一体化。

3. 提供边境治理的"升级策略"

我国云南省与老挝、缅甸、越南接壤，广西壮族自治区与越南接壤，边境地区的跨境赌博、非法移民、人口拐卖、恐怖主义等非传统安全问题突出，使得边境地区治理面临巨大挑战。通过构建刑事合作机制，使现行的次区域国家的警务合作、检务合作、法院合作碎片化模式跃升为一体化合作模式，是新时期边境治理的内在逻辑，同时也为边境治理提供"升级策略"，对于保障边境安全、营造和谐周边环境意义重大。

4. 为全球治理贡献"中国方案"

澜湄地区是"丝绸之路经济带"与"21世纪海上丝绸之路"有机衔接的重要区域。[1] 以澜湄刑事合作机制为样本，建立中国-东盟合作乃至"一带一路"倡议中中国与其他国家的刑事合作模式，可以为我国对外经济交往保驾护航。同时通过澜湄地区连接"一带"和"一路"，以"一带一路"推进人类命运共同体建设，可以体现"中国智慧"对全球治理的卓越贡献。

---

〔1〕　卢光盛、别梦婕："澜湄国家命运共同体：理想与现实之间"，载《当代世界》2018年第1期，第43页。

三、研究现状

国际刑事合作有着悠久的历史、成熟的理论和丰富的实践经验[1]，地区间的刑事合作（或称为国际刑法地区化[2]）以欧盟[3]、美洲国家组织[4]、东南亚联盟[5]为代表，形式不一、各有特色，但关于区域合作下的次区域刑事合作的研究内容较少，澜湄合作机制是中国-东盟次区域合作平台，加之澜湄合作机制是始于 2016 年的新型合作平台，因此关于澜湄合作框架下的刑事合作研究成果不多且呈现碎片化状态，尚未有专门的、系统化的专著和论文。

（一）国外研究现状

通过查阅 Westlaw、ProQuest、JSTOR、Kluwer Law Online Journals 等外文数据库，国外学术界并无针对澜湄流域刑事合作的研究成果，只有少量关注湄公河发展、跨界河流管理、东南亚的跨国犯罪、中国与东盟非传统安全合作、中国与湄公河国家（缅甸）双方合作等与澜湄刑事合作相关的研究成果。

关于湄公河发展，马德希·克朗（Medhi Krongkaewde）的《大湄公河次区域的发展：真正的发展还是虚假的承诺》［The Development of the Greater

---

[1] 张智辉：《国际刑法通论》（第3版），中国政法大学出版社 2009 年版；黄风、赵林娜主编：《国际刑事司法合作：研究与文献》，中国政法大学出版社 2009 年版；赵永琛：《国际刑事司法协助研究》，中国检察出版社 1997 年版。

[2] 赵永琛：《区域刑法论——国际刑法地区化的系统研究》，法律出版社 2002 年版。

[3] 赵秉志主编：《欧盟刑事司法协助研究暨相关文献中英文本》，中国人民公安大学 2003 年版；何家弘主编：《刑事司法大趋势——以欧盟刑事司法一体化为视角》，中国检察出版社 2005 年版；马贺："欧盟区域刑事合作进程研究——欧盟一体化背景下刑事合作的协调机制"，华东政法大学 2008 年博士学位论文；于文沛："欧盟刑事一体化的起源与发展"，载《北方法学》2015 年第 4 期；方长平："欧盟司法与内务合作：动力、机制与问题"，载《欧洲》2000 年第 6 期；于文沛："欧盟刑事诉讼移管问题研究"，载《求是学刊》2015 年第 5 期；戴铭："欧盟境内的有组织犯罪与联合打击"，载《现代世界警察》2020 年第 7 期；杨先德："欧洲执法者合力摧毁庞大犯罪暗网"，载《检察风云》2020 年第 17 期；吴梦："欧盟侦查令制度研究"，山东大学 2018 年硕士学位论文；肖军："欧盟领域内追逃追赃的经验与启示：以欧洲侦查令为切入点"，载《中国人民公安大学（社会科学版）》2016 年第 3 期；林倩、孙启磊："论欧盟刑事司法领域的互认原则"，载《长江大学学报（社会科学版）》2016 年第 7 期；高秀东："欧盟刑事司法合作领域相互承认制度研究"，载《法治研究》2016 年第 4 期。

[4] "美洲国家决定联合打击有组织跨国犯罪"，载 https://news. sina. com. cn/w/2003-10-09/1713886786s. shtml，访问日期：2021 年 7 月 2 日。

[5] 黄风、赵林娜主编：《国际刑事司法合作：研究与文献》，中国政法大学出版社 2009 年版，第 240~260 页。

Mekong Subregion（GMS）：Real Promise or False Hope？〕[1]认为大湄公河次区域经济合作（GMS）是沿岸6个国家创建和共享的经济合作机制，成员国均是开放的市场主体、合作潜力巨大，但也面临成员国之间发展不平衡、部分成员国政治不稳定等问题，减缓了次区域合作进程。

塞莉娜·何（Selina Ho）的《河流政治：中国政策在湄公河和雅鲁藏布江的比较研究》（River Politics：China's Policies in the Mekong and the Brahmaputra in Comparative Perspective）[2]认为，同样作为国际河流，中国对湄公河的政策要比对雅鲁藏布江更明确，与湄公河流域国家的合作远远多于后者。河流政治是一个国家外交政策及其国际行为的体现。除有合作的共识以外，湄公河国家可以通过制定规范和行为规则来共管澜湄流域。

就东南亚跨国犯罪，拉尔夫·埃莫斯（Ralf Emmers）的《东盟和东南亚跨国犯罪的安全化》（ASEAN and the securitization of transnational Crime in Southeast Asia）[3]通过1996年至1997年东盟跨国犯罪情况研究澜湄流域的安全化问题。跨国犯罪首先是刑事犯罪问题，其次才能归入哥本哈根学派讨论及认可的国际安全问题。在东盟的框架下跨国犯罪亦被认为是地区安全问题，因此区域的决策者应该采用共同行动来应对安全问题。

就中国与东盟的非传统安全合作而言，艾大伟（David Arase）在《中国-东盟合作中的非传统安全：区域安全合作的机制化与东亚地区主义的演变》（Non-Traditional Security in China-ASEAN Cooperation：The Institutionalization of Regional Security Cooperation and the Evolution of East Asian Regionalism）中[4]认为尽管中国-东盟的非传统安全合作的机制化意义是显而易见的，但它并未得到应有的重视。高度赞扬中国-东盟非传统安全合作，更广泛的中国-东盟多边进程是当今东亚地区主义在制度上最成熟的表现形式。

〔1〕 Medhi Krongkaewde，"The Development of the Greater Mekong Subregion（GMS）：Real Promise or False Hope"，*Journal of Asian Economics*，15：5，977~998，（2004）.

〔2〕 Selina Ho，River Politics，"China's Policies in the Mekong and the Brahmaputra in Comparative Perspective"，*Journal of Contemporary China*，23：85，1~20，（2014）.

〔3〕 Ralf Emmers，"ASEAN and the Securitization of Transnational Crime in Southeast Asia"，*The Pacific Review*，16：3，419~438，（2003）.

〔4〕 David Arase，*Non-Traditional Security in China-ASEAN Cooperation：The Institutionalization of Regional Security Cooperation and the Evolution of East Asian Regionalism*，University of California Press，Asian Survey，50：4，808~833，（2010）.

拉尔夫·埃莫斯（Ralf Emmers）在《构建东南亚国际合作机制：东盟应对毒品犯罪和毒品滥用的合作》（International Regime Building in Southeast Asia：ASEAN Cooperation against the Illicit Trafficking and Abuse of Drugs）[1]中认为东盟现有的毒品治理合作形式虽然相对薄弱，但也具有国际制度典型特征。东盟现有合作建立在多边、长期和规范的基础上，而且在应对非法生产、贩运和滥用毒品问题上具有相同利益。论文采用了新自由制度主义的视角，通过分析东盟共同利益、制度形式、地理范围、国内毒品控制的补充方法以及其对国家行为的影响等因素，建议在东南亚建立一个禁止非法贩运和滥用毒品的国际机制。

研究澜湄国家双边非传统安全合作的文章：达芙妮·贝瑞尼斯（Daphne Berenice Pels）在《中缅友谊的缘起、发展与动力》（The Sino-Burmesefriend-ship：Origins，Development and Motivations）[2]中认为除了地缘战略利益以外，中国在缅甸的投资项目也应服务于双边或多边的非传统安全合作。面临跨境的环境污染、疾病控制、毒品交易以及恐怖主义等刑事犯罪的危险，中国外交政策正在面临调整。

（二）国内研究现状

1. 关于澜湄合作机制

澜湄合作机制开始于 2016 年，因此学界关于澜湄合作的研究自 2016 年开始逐年增加，有区域发展报告（蓝皮书）、著作、论文等，研究的内容有澜湄合作机制发展脉络、合作内容、合作路径、未来展望以及与其他机制的比较等。其中，由云南大学周边外交中心自 2016 年开始每一年发布的"澜沧江-湄公河合作发展报告"系列蓝皮书[3]记录了澜湄合作成立以来的合作进展情况、发展的重点难点，展望发展趋势，并提出了发展的对策建议，是研究澜湄合作的重要材料。

---

[1] Ralf Emmers, "International Regime Building in Southeast Asia：ASEAN Cooperation against the Illicit Trafficking and Abuse of Drugs", IDSS Working Paper Series, 106, ⅱ-19, (2006).

[2] Daphne Berenice Pels, The Sino-Burmese Friendship：Origins, Development and Motivations, Great Britain：University of Leeds & Daphne Pels, 2008 Dissertations & Theses（MA）, 1~48.

[3] 刘稚主编：《大湄公河次区域合作发展报告（2016）》，社会科学文献出版社 2016 年版；《澜沧江-湄公河合作发展报告（2017）》，社会科学文献出版社 2017 年版；《澜沧江-湄公河合作发展报告（2018）》，社会科学文献出版社 2018 年版；《澜沧江-湄公河合作发展报告（2019）》，社会科学文献出版社 2019 年版；《澜沧江-湄公河合作发展报告（2020）》，社会科学文献出版社 2021 年版。

就著作而言，卢光盛、段涛、金珍的《澜湄合作的方向、路径与云南的参与》[1]一书详细分析了澜湄合作成立的背景、过程、内容、意义、存在的问题和困境，明确了澜湄合作方向并提出了云南参与澜湄合作对策。林文勋、郑永年在《澜湄合作新机遇与中国-东盟关系新篇章——第七届西南论坛暨澜湄合作智库论坛论文集》[2]中认为，澜湄合作目的是实现流域的安全和发展，湄公河国家积极响应并参与，但仍然要处理好与澜湄流域原来众多机制的协调问题、从东盟视角看澜湄机制的问题、中国对澜湄合作的支持力度等问题。

就论文而言，学者们主要研究澜湄合作的独特特征以及澜湄流域合作机制与其他合作机制的区别与联系。卢光盛、蒋梦婕在《澜湄合作机制：一个"高阶的"次区域主义》[3]中认为澜湄合作机制是以 GMS 为前提发展起来的，有着政治-安全、经济、社会-文化"三位一体"合作总框架，是高阶（advanced）区域合作机制，目的是提升区域一体化水平。罗圣荣、苏蕾在《澜湄合作与大湄合作的比较及启示》[4]中分析了澜湄合作和大湄合作的优势和劣势，得出结论认为，澜湄合作水平更高、辐射范围更广、短期内就成绩斐然，但也存在发展理念不一、机制赋权有限、参与主体单一的问题。因此，应借鉴大湄丰富的管理经验，发挥中国的引领作用，完善机制建设，强化澜湄共同体意识，推进澜湄共同体建设。

也有学者分析了外交视域中的澜湄合作机制的定位和功能。李巍、罗仪馥在《中国周边外交中的澜湄合作机制分析》[5]中，从制度倡议国视角（中国对区域引领地位的追求）、制度参与国视角（中南半岛五国对区域公共产品的需求）、澜湄合作的有利条件和基础（中国与中南半岛五国地缘相近、产能互补、文化相似）三个方面探讨澜湄合作机制建立的原因，展示了澜湄合作在

---

[1]　卢光盛、段涛、金珍：《澜湄合作的方向、路径与云南的参与》，社会科学文献出版社 2018年版。

[2]　林文勋、郑永年主编：《澜湄合作新机遇与中国-东盟关系新篇章——第七届西南论坛暨澜湄合作智库论坛论文集》，社会科学文献出版社 2017 年版。

[3]　卢光盛、蒋梦婕："澜湄合作机制：一个'高阶的'次区域主义"，载《亚太经济》2017年第 2 期。

[4]　罗圣荣、苏蕾："澜湄合作与大湄合作的比较及启示"，载《和平与发展》2019 年第 1 期。

[5]　李巍、罗仪馥："中国周边外交中的澜湄合作机制分析"，载《现代国际关系》2019 年第5 期。

五大合作领域取得的成果以及在推动澜湄国家关系方面的积极作用，并详细分析了澜湄合作面临的风险和挑战。

还有学者揭示了澜湄合作与人类命运共同体之间的关系。刘均胜在《澜湄合作：示范亚洲命运共同体建设》[1]中认为，通过澜湄合作内容和规制上的创新实现对澜湄流域机制的完善和补充，是我国参与地区治理的重要尝试，是构建亚洲命运共同体的示范。

2. 关于澜湄刑事合作

"10·5湄公河惨案"是澜湄流域全方位刑事合作的开端，以"10·5湄公河惨案"为搜索词进行全文搜索，根据中国知网的搜索结果（截止日期为2021年7月1日），有394篇论文（包含学术期刊172篇、学位论文131篇、会议3篇、报纸31篇），5本相关著作[2]，但并无专门著作。研究的方向为法学方向、国际政治方向。法学方向的研究主题为：湄公河流域跨国违法犯罪、跨国犯罪刑事合作机制构建、跨国犯罪刑事合作实践。国际政治与外交方向研究主题为：非传统安全合作、公共产品理论、周边外交、跨境安全治理等。现在一一梳理如下：

（1）法学研究方向：

第一，湄公河流域跨国违法犯罪。湄公河流域毒品犯罪、跨境人口拐卖、网络诈骗、跨境赌博、非法移民问题等跨国违法犯罪形势严峻、非传统问题突出，严重威胁着我国的国家安全，给我国跨境治理带来了巨大挑战，因为安全问题早已超越国家外溢成地区性问题。[3]李佳薇、莫关耀在《澜沧江-湄公河流域毒品渗透对中国国家安全的影响》[4]中分析，以"金三角"为核心，缅北、泰北、老北、越北为主要区域的毒品问题严重威胁着中国国家安全，须加强安全合作预防和打击跨国毒品犯罪。刘延磊在《金三角毒品问题

---

〔1〕 刘均胜："澜湄合作：示范亚洲命运共同体建设"，载《中国经济周刊》2016年第13期。

〔2〕 5本相关著作为冯玉军：《全球化中的东亚法治：理论与实践》，中国人民大学出版社2013年版；阮惠风：《新型合成毒品滥用实证调查与治理对策》，上海社会科学院出版社2016年版；袁澍主编：《中国与南海周边关系史》，甘肃人民出版社2017年版；王建平：《公民安全、社会安全与国家安全》，四川大学出版社2018年版；孙勇主编：《国家战略下的大边疆战略研究——多重世界非恒称视角下的力量博弈》，四川大学出版社2017年版。

〔3〕 "澜湄执法中心开展周末课题研究"，载 http://www.lm-lesc-center.org/Pages_3_4569.aspx，访问日期：2020年8月16日.

〔4〕 李佳薇、莫关耀："澜沧江-湄公河流域毒品渗透对中国国家安全的影响"，载《东南亚纵横》2019年第3期。

对我国安全的影响及对策》〔1〕中指出，"金三角"毒品犯罪呈现国际化趋势，给我国社会治安带来了极大风险，进而威胁国家安全。须从国家安全角度，加强国际合作，开展替代种植，消除毒品问题对我国的影响。李静、李云鹏在《全球化背景下"金三角"地区跨国毒品犯罪研究》〔2〕中认为，在全球化、信息化背景下，毒品犯罪跨国化、国际化趋势愈加明显，因此须加强国际禁毒合作、建立情报中心、强化边境查缉工作、加强涉毒资产追缴的执法合作。乔子愚的《东南亚地区涉恐毒品犯罪探析》〔3〕认为，恐怖主义犯罪通过毒品犯罪获得活动经费并与毒品犯罪形成恐毒合流的趋势，给我国西南边疆和边境治理带来了极大挑战。

齐方园在《大湄公河次区域打击人口贩运跨境合作问题研究》〔4〕中分析了大湄公河地区人口贩运的严峻现状、特点及趋势并对跨境合作提出相应对策。巢雪、赵宇在《大湄公河次区域反跨境人口贩运的国际执法合作》〔5〕中指出，跨境人口贩运严重影响了大湄公河次区域内经济安全、人员安全和国家形象，分析了跨境人口贩运特点及原因，在预防、惩治、保护方面提出具体对策。

康新健在《云南边境地区跨境电信网络诈骗犯罪侦防研究》〔6〕中指出，云南边境电信诈骗犯罪产业化发展、企业化运作、跨境特点突出，但也面临边境管控难、法律适用难、抓捕犯罪嫌疑人难、跨境取证难等困境，因此应加强边境管控。周鑫在《缅北民族地区跨境诈骗问题及其治理》〔7〕中认为，缅北民族地区跨境诈骗犯罪存在规范真空、地缘便利、利益合谋的独特生成逻辑，成了影响中国边境乃至中国境内的严重违法犯罪，存在治理中主体缺

〔1〕　刘延磊："金三角毒品问题对我国安全的影响及对策"，载《云南警官学院学报》2015 年第1 期。

〔2〕　李静、李云鹏："全球化背景下'金三角'地区跨国毒品犯罪研究"，载《云南警官学院学报》2021 年第 3 期。

〔3〕　乔子愚："东南亚地区涉恐毒品犯罪探析"，载《云南警官学院学报》2016 年第 3 期。

〔4〕　齐方园："大湄公河次区域打击人口贩运跨境合作问题研究"，华东政法大学 2019 年硕士学位论文。

〔5〕　巢雪、赵宇："大湄公河次区域反跨境人口贩运的国际执法合作"，载《广西警察学院学报》2018 年第 5 期。

〔6〕　康新健："云南边境地区跨境电信网络诈骗犯罪侦防研究"，载《云南警官学院学报》2020 年第 1 期。

〔7〕　周鑫："缅北民族地区跨境诈骗问题及其治理"，载《广西警察学院学报》2021 年第 2 期。

位、技术水平不高、法律规定不同、执法理念不同、无法整合多边资源等跨境治理困境，因此须搭建跨国大数据处置平台，强化执法主体功能，整合国家、地方、市场以及多部门力量治理跨境诈骗犯罪。熊俊在《中柬打击跨境电信诈骗犯罪警务合作研究》[1]中认为，中柬两国政治互信、法律合作基础多样、警务合作机制丰富是中柬打击跨境电信诈骗犯罪取得成效的重要原因，但是警务合作领域范围较窄、证据认定标准不一、警务合作保障机制有限影响中柬警务合作效果。张育勤在《中国-东盟合作打击跨境电信诈骗犯罪的探讨》[2]中认为，非接触性、网络化、专业化、公司化是跨境电信诈骗犯罪的特点，有法律规定不一、司法制度不同、证据链构建难度大等适用困境。伍光红、杜广雷在《跨境非接触性诈骗犯罪的国际警务合作实证研究——以 S 省警方侦办的某跨境电信诈骗案为例》[3]中认为，随着全球化、信息化的发展，跨境非接触性的诈骗犯罪因其危害对象广、查处难度大而成了侵财犯罪主要形式，而且因犯罪地点的确定、调查取证、抓捕犯罪嫌疑人、赃款冻结查封等刑事合作存在较大难度，因此须建立梯次侦查合作机制、完善国际警务合作机制。丁晨的《电信网络诈骗案件侦查中的跨境合作问题研究》[4]针对电信网络诈骗侦查中跨境合作存在的问题，从合作机制建设和内容优化两个维度提出了完善建议。

丁家伟在《跨境赌博犯罪总体态势、成因及对策》[5]中总结了跨境赌博犯罪手段多元化、平台虚拟化、组织专业化态势，从执法策略、公民意识、技术变革、犯罪成本等维度分析了跨境赌博犯罪猖獗的原因，从制度策略、方法完善两方面提出了打击跨境赌博犯罪的策略。段艳艳、章春明在《跨境赌博违法犯罪治理研究》[6]中指出，跨境赌博犯罪在治理过程中出现了法律法规不健全、警务合作难、案件侦办难等特点，从预防、控制、治理提出了全

---

〔1〕 熊俊："中柬打击跨境电信诈骗犯罪警务合作研究"，载《法制博览》2019 年第 29 期。

〔2〕 张育勤："中国-东盟合作打击跨境电信诈骗犯罪的探讨"，载《犯罪研究》2017 年第 1 期。

〔3〕 伍光红、杜广雷："跨境非接触性诈骗犯罪的国际警务合作实证研究——以 S 省警方侦办的某跨境电信诈骗案为例"，载《广西民族大学学报（哲学社会科学版）》2018 年第 4 期。

〔4〕 丁晨："电信网络诈骗案件侦查中的跨境合作问题研究"，中国人民公安大学 2019 年硕士学位论文。

〔5〕 丁家伟："跨境赌博犯罪总体态势、成因及对策"，载《河北公安警察职业学院学报》2021 年第 1 期。

〔6〕 段艳艳、章春明："跨境赌博违法犯罪治理研究"，载《云南行政学院学报》2019 年第 6 期。

方位治理对策。王晓平在《云南边境地区跨境赌博违法犯罪的治理对策》[1]中指出，中国公民赴境外赌场赌博引发的偷越国境、绑架、非法拘禁、抢劫等刑事犯罪不仅侵害中国公民人身财产权益，还给边境管理带来了挑战，而且人民币大量外流会影响我国金融安全，同时影响我国与澜湄国家合作的顺利开展。松展在《中国与老挝边境地区社会治安合作治理机制研究》[2]中论及，犯罪分子在中老边境租赁或购买房屋设置诈骗据点，将服务器设置在老挝境内，虚构中奖事实或虚构国家工作人员身份实施诈骗，侵害中国内地公民的合法权益。中老边境博彩业的兴盛使大量的人民币游离于中国银行系统监管之外，容易引发洗钱犯罪、假币犯罪、走私犯罪、毒品犯罪、高利贷违法犯罪。

第二，澜湄流域刑事合作机制构建。关于澜湄流域跨国犯罪的刑事合作，学者关注通过合作机制的构建应对跨国犯罪，形成了丰富的研究成果。

首先，自20世纪90年代开始，中国-东盟建立以打击跨境犯罪、禁毒合作为主题的多边与双边合作机制。王君祥在《中国东盟打击跨国犯罪刑事合作机制探析》[3]中认为，中国与东盟构建的多边合作机制虽多却不适用、缺失引渡条约、刑事合作形式单一等因素影响了刑事合作效果，因此提出了建立区域组织、加强侦查合作、加强培训等对策。王君祥在《中国-东盟区域刑事合作机制研究》[4]中系统梳理了中国-东盟刑事合作现状，分析了刑事合作存在的困境，提出了构建刑事合作机制的总体思路以及推进路径。刘舒霞在《中国与东盟的跨国犯罪及其控制研究》[5]中认为，中国与东盟成员国通过建立协商机制与签订条约进行刑事合作，也面临立法不完善、刑事协助形式单一、刑事协助职能机关职责不清、刑事协助审查机关缺失、引渡条约适用存在困境等问题，因此须采取完善国内立法、建立专门合作机构、建立统一逮捕令制度、健全和完善情报交流制度、强化人员培训和技术交流制度。方勇、张波在《中国-东盟禁毒合作机制的法律视角解读》[6]中认为，中国-

〔1〕 王晓平："云南边境地区跨境赌博违法犯罪的治理对策"，载《云南警官学院学报》2005年第4期。
〔2〕 松展："中国与老挝边境地区社会治安合作治理机制研究"，广西大学2018年硕士学位论文。
〔3〕 王君祥："中国东盟打击跨国犯罪刑事合作机制探析"，载《河北法学》2008年第12期。
〔4〕 王君祥：《中国-东盟区域刑事合作机制研究》，中国人民公安大学出版社2012年版。
〔5〕 刘舒霞："中国与东盟的跨国犯罪及其控制研究"，广西师范大学2010年硕士学位论文。
〔6〕 方勇、张波："中国-东盟禁毒合作机制的法律视角解读"，载《法制与经济》2016年第9期。

东盟禁毒合作机制面临立法差异较大、执法机制不健全、司法合作领域太窄等困境，呈现合作机制仍然处于初级阶段且进展缓慢、缺失争端解决机制、约束力不足等特点，因此须完善对策：在立法方面增强法律法规的强制力、完善现行的刑事司法协助制度、建立培训高效的执法队伍。刘稚在《中国与东盟禁毒合作的现状与前景》〔1〕中认为，自20世纪90年代以来，中国与东盟禁毒合作取得了积极进展，但也面临困难和问题，因此须一方面向务实方面发展，另一方面加强非传统安全全面合作。陆云生在《中、越、老、缅区域刑事司法协助的问题与完善》〔2〕中总结了中、越、老、缅四国签订条约以及开展实践情况，指出四国刑事合作存在的范围狭窄、双边刑事协助条约原则性强、可操作性差等问题，因此须在国家层面和省级层面采取完善对策。

曾粤兴、安柯颖在《中泰刑事司法协助制度的评析》〔3〕中梳理了中泰刑事合作的法律渊源，分析了妨碍合作的引渡、刑事协助形式单一、被判刑人适用范围狭窄等问题并提出了相应的完善对策。邓崇专的《中越刑事合作：现状与展望》〔4〕梳理了中越开展刑事合作的进程及具体实践，分析了刑事合作中存在的问题，提出了解决进路。西艺在《中国-老挝共同打击跨国毒品犯罪警务合作研究——基于"一带一路"倡议的背景》〔5〕中分析了中老两国在打击跨境毒品犯罪执法合作、证据收集与共享、证据采集与认证、毒资追缴存在的困境，提出了完善对策。

其次，建立以中国为主导的刑事合作机制：中、老、泰、缅联合巡逻执法机制、澜湄执法中心。学者分析中、老、泰、缅联合巡逻执法机制是国际执法合作形式，主要由政治因素推动，有正当的国际法基础。白俊丰在《推动湄公河联合巡逻执法的政治因素分析》〔6〕中认为，从提出到实施，湄公河巡逻执法一直处于政治因素的推动之下，既体现了推进制度建设的难度也彰

〔1〕 刘稚："中国与东盟禁毒合作的现状与前景"，载《当代亚太》2005年第3期。

〔2〕 陆云生："中、越、老、缅区域刑事司法协助的问题与完善"，载《人民检察》2014年第22期。

〔3〕 曾粤兴、安柯颖："中泰刑事司法协助制度的评析"，载《云南行政学院学报》2011年第2期。

〔4〕 邓崇专：《中越刑事合作：现状与展望》，中国法制出版社2017年版。

〔5〕 西艺："中国-老挝共同打击跨国毒品犯罪警务合作研究——基于'一带一路'倡议的背景"，载《西南石油大学学报（社会科学版）》2019年第6期。

〔6〕 白俊丰："推动湄公河联合巡逻执法的政治因素分析"，载《东南亚纵横》2017年第5期。

显了中国的持续推动力。中国提出的"一带一路"倡议及澜湄合作协议要求持续推进联合巡逻执法合作，同时也使得联合巡逻执法起点更高，更符合澜湄各国的利益，更体现中国智慧。

但四国湄公河联合执法机制在运行过程中也面临现实的困境。满先进的《湄公河联合巡航的国际法困境与路径》[1]认为，湄公河联合巡航面临如下国际法困境：合作机制不健全、绝对主权观念与联合执法的实践冲突、域外大国的介入、澜湄各国工具性信任模式的影响，应通过平等协商完善合作机制、在尊重国家主权的前提下让渡主权、在国际合作的前提下增加国际信任等路径走出联合巡逻执法国际法困境。武译天在《澜湄次区域联合执法安全合作机制化探析》[2]中分析了中、老、泰、缅联合巡逻执法机制存在法律依据效力低、情报交流效果差等影响深入发展的问题，提出了签署联合执法协议、明确相关部门职责、搭建信息交流平台、促进学术交流等对策，以期共建澜湄命运共同体。

作为澜湄流域第一个安全国际合作组织，有学者探讨了澜湄执法中心成立的背景、成立的原因、性质、功能、现实意义、推进路径、现实困境等。曹旭在《澜沧江-湄公河综合执法安全合作中心创立之设想》[3]中分析了澜湄执法中心成立的原因，重点分析澜湄执法中心成立的意义，明确推进路径。张敏娇在《平等合作构建澜湄流域综合执法品牌——专访澜沧江-湄公河综合执法安全合作中心秘书长郑百岗》[4]中指出，澜湄执法中心是政府间国际组织，是综合执法合作平台。澜湄执法中心本质上是国际警务执法合作，各成员国可以依靠平台打击跨国犯罪、承担协助流域内救助义务、提高能力建设和培训。王珂在《中国参与澜沧江-湄公河次区域警务合作的影响因素及对策研究》[5]中认为，澜湄执法中心是中国参与澜湄次区域警务合作的新起点、新平

〔1〕 满先进："湄公河联合巡航的国际法困境与路径"，载《河北经贸大学学报（综合版）》2015 年第 2 期。

〔2〕 武译天："澜湄次区域联合执法安全合作机制化探析"，载《湖北警官学院学报》2018 年第 5 期。

〔3〕 曹旭："澜沧江-湄公河综合执法安全合作中心创立之设想"，载《北京警察学院学报》2018 年第 5 期。

〔4〕 张敏娇、郑百岗："平等合作构建澜湄流域综合执法品牌——专访澜沧江-湄公河综合执法安全合作中心秘书长郑百岗"，载《现代世界警察》2020 年第 1 期。

〔5〕 王珂："中国参与澜沧江-湄公河次区域警务合作的影响因素及对策研究"，中国人民公安大学 2019 硕士学位论文。

台。澜湄执法中心的成立是现实需求倒逼的结果，亦是澜湄区域警务合作的必然发展趋势。姜水在《浅析澜湄执法中心在区域安全合作中的平台作用》[1]中认为，澜湄执法中心的成立标志着稳定执法机构的设立，目的是建立区域执法安全长效机制。

澜湄执法中心在运作过程中也面临挑战。张哲、樊守政在《澜湄安全执法合作：历程与发展》[2]中梳理了澜湄安全执法合作从案件合作到政府间国际组织成立的过程，重点阐述了澜湄执法中心在提供公共产品和能力建设等方面的亮眼表现。但澜湄流域跨国犯罪的高发态势，以及各国在国体、政体、语言、法律方面的差异导致执法能力参差不齐、合作意愿不统一、执法预算较少情况，因此须在项目合作、主权让渡、能力提升方面加强安全执法合作，推进澜湄执法安全合作深化发展。

第三，澜湄流域刑事合作实践。关于澜湄流域跨国犯罪的刑事司法合作，学者不仅关注合作机制的构建，还关注具体案件的刑事合作实践，包括刑事管辖权冲突处理、案件侦查、证据收集及转化、境外证人出庭、罪犯引渡、案件审理以及刑事司法全球化等问题，形成了丰富的研究成果。

刑事管辖权是一国的司法主权。跨国犯罪构成要件要素涉及多个国家，刑事管辖权冲突是刑事合作首先要面对和亟须解决的问题。有学者详细分析了湄公河惨案刑事管辖权冲突的原因以及案件最终在我国进行审判的原因。赵远在《糯康案件所涉刑事管辖权暨国际刑事司法合作问题研究》[3]中从"糯康案"入手，分析了跨国犯罪刑事管辖权争议及解决原则和方案，并指出了国际刑事司法合作对于跨国犯罪打击的重要意义。彭鸿在《论"10·5湄公河惨案"中的管辖权冲突》[4]中详细分析了管辖权冲突的形式、原因并提出了有针对性的解决对策。夏维静在《"10·5湄公河惨案"中的管辖权冲突问题研究》[5]中认为，中、老、泰、缅四国司法权竞合及冲突问题是案件处

〔1〕 姜水："浅析澜湄执法中心在区域安全合作中的平台作用"，载《云南警官学院学报》2020年第6期。

〔2〕 张哲、樊守政："澜湄安全执法合作：历程与发展"，载《世界知识》2019年第21期。

〔3〕 赵远："糯康案件所涉刑事管辖权暨国际刑事司法合作问题研究"，载《法学杂志》2014年第6期。

〔4〕 彭鸿："论'10·5湄公河惨案'中的管辖权冲突"，西南政法大学2015年硕士学位论文。

〔5〕 夏维静："'10·5湄公河惨案'中的管辖权冲突问题研究"，载《现代商贸工业》2017年第17期。

理的核心问题。案件的处理为跨国犯罪管辖权冲突解决提供了良好样本，为跨国犯罪案件管辖权冲突、罪犯引渡、国际刑事合作提供参考和借鉴。张业鹏在《"10·5 湄公河惨案"视角下我国刑事管辖权适用》[1]中认为，"10·5湄公河惨案"案件事实复杂、涉案人数众多、管辖权冲突激烈，因此应在属地管辖基础上结合最密切联系原则确立我国的刑事管辖权，适用我国刑法对案件进行审理并提出完善我国刑事管辖权的对策。廖敏文在《论我国域外刑事管辖权实现的国际法依据与国际合作模式——基于湄公河"10·5"案件的分析》[2]中认为，糯康武装贩毒集团制造"10·5 湄公河惨案"严重危害了我国国家安全和利益，依据国际法上属人管辖原则、保护原则、普遍管辖原则以及国内刑法的规定，我国对案件有优先管辖权。在实现我国域外刑事管辖权问题上，国际合作是必要的推进路径和手段。

罗敏在《从湄公河案的侦破解读中国警察的国际执法合作》[3]中指出，"10·5 湄公河惨案"在侦查过程中面临完备外交沟通机制缺失、犯罪嫌疑人引渡难、管辖权冲突难解决、证据获取使用难、缺少专业警务联络人员、科技因素在案件侦破中使用率低等因素并提出了相应的完善对策。黄莉娜在《从湄公河案的侦破和审判看中国国际刑事司法合作的发展》[4]中，以案件侦破和审判为例探讨了国际刑事司法合作的发展进程。从侦破角度看，跨国侦破和快速移交罪犯树立了国际警务合作的典范；从审理角度看，"10·5 湄公河惨案"在中国开审彰显了中国打击跨国犯罪的态度和能力。吴夏一在《中国与东盟侦查合作浅析——以湄公河惨案为例》[5]中认为，"10·5 湄公河惨案"引发了对中国-东盟侦查合作的广泛关注，也反映了侦查合作存在的问题，因此须从立法和机制完善方面入手，加强中国-东盟侦查合作。潘峰在

---

〔1〕 张业鹏："'10·5湄公河惨案'视角下我国刑事管辖权适用"，载《法制博览》2019 年第 1 期。

〔2〕 廖敏文："论我国域外刑事管辖权实现的国际法依据与国际合作模式——基于湄公河'10·5'案件的分析"，载中国国际法学会主办：《中国国际法年刊（2011）》，世界知识出版社2012 年版。

〔3〕 罗敏："从湄公河案的侦破解读中国警察的国际执法合作"，载《云南警官学院学报》2013年第 2 期。

〔4〕 黄莉娜："从湄公河案的侦破和审判看中国国际刑事司法合作的发展"，载《湖北警官学院学报》2014 年第 7 期。

〔5〕 吴夏一："中国与东盟侦查合作浅析——以湄公河惨案为例"，载《江西警察学院学报》2012 年第 5 期。

《中国与东盟国家警务合作的困境及对策研究——以湄公河地区跨国犯罪为例》[1]中，以"10·5湄公河惨案"入手，分析中国-东盟警务合作面临合作机制、法律制度、执法技术、人文环境障碍，受到政治制度、法律体系以及其他因素影响，因此须加强政治互信、签订互助协定、建立专门的执法机构来开展双边警务合作。

李波、周敏在《"湄公河惨案"引渡问题探析》中[2]分析了案件成功引渡的原因和具体实践，有利于加强我国在引渡方面的刑事司法合作。云南省昆明市中级人民法院课题组在《涉外刑事案件证据调查探析——以湄公河"10·5"中国船员遇害案的审判为基础展开》[3]中，通过阐述案件中外国警方收集证据转化使用过程，对涉外案件在案件侦查过程中的三种方法——代为调查、域外调查和联合调查——和在庭审阶段的庭审调查等涉外证据的获得形式的适用范围以及优劣进行了详细分析。陈伟强的《从形式、问题到完善：中国与东盟国家刑事司法协助探究》[4]从"10·5湄公河惨案"的侦查与审理过程入手，就证据移交、证人出庭、司法文书送达、协助调取犯罪嫌疑人供述等内容开展双向司法协助，但也存在诸如协助程序复杂与被动、情报交换规定不完善、缺失诉讼移管与移管被判刑人规定、外国证人保护规定过于简单等问题。秦平在《从糯康案受审看中国刑事司法全球化》[5]中论及，联合打击跨国犯罪是世界各国的共同目标，"糯康案"的成功审理为中国在国际司法合作领域积累了重要经验，指明了中国国际司法合作的路径和方向。司平平在《湄公河事件相关国应履行国际法义务》[6]中认为，湄公河事件是发生在泰国的中国人权益受到侵害的案件，因此根据国际法规定，泰国有保护外国人的义务，中国有保护海外中国人的权利。湄公河航运不会因事件发生而停止，因此澜湄国家有必要订立条约，规定保护外国船员及商船的

---

〔1〕 潘峰："中国与东盟国家警务合作的困境及对策研究——以湄公河地区跨国犯罪为例"，外交学院2018年硕士学位论文。

〔2〕 李波、周敏："'湄公河惨案'引渡问题探析"，载《法制与经济（中旬）》2014年第5期。

〔3〕 云南省昆明市中级人民法院课题组："涉外刑事案件证据调查探析——以湄公河'10·5'中国船员遇害案的审判为基础展开"，载《人民司法》2013年第7期。

〔4〕 陈伟强："从形式、问题到完善：中国与东盟国家刑事司法协助探究"，载《昆明理工大学学报（社会科学版）》2019年第1期。

〔5〕 秦平："从糯康案受审看中国刑事司法全球化"，载《中国工人》2012年第11期。

〔6〕 司平平："湄公河事件相关国应履行国际法义务"，载《法制日报》2011年10月25日。

安全。

（2）国际政治与国际关系方向。"10·5 湄公河惨案"是一起典型的跨国犯罪，是澜湄流域非传统安全风险的典型情形。因此，为防范类似侵害我国海外利益的犯罪发生，以非传统安全合作为目的，通过提供优质公共产品来完善我国参与全球治理路径，优化跨境治理逻辑，构建和谐周边外交环境，从而保护我国海外利益是国际政治学和国际关系学的研究方向。

第一，非传统安全合作。跨国犯罪是典型的非传统安全问题，需要各国通过国际合作来共同应对。邢伟在《非传统安全与中国在湄公河国家的海外利益保护》[1]中认为，湄公河流域恐怖主义、自然灾害、环境问题频发，严重影响了中国在湄公河的海外利益。中国在湄公河海外利益的保护实施路径包含三个层次：在国内做好领事保护措施、在湄公河流域处理好与湄公河国家之间关系、在全球化理念下推进中国海外利益保护。李志斐在《澜湄合作中的非传统安全合作》[2]中认为，澜湄非传统安全问题议题众多，涵盖范围非常广泛，严重影响了澜湄国家和人民的生存和可持续发展以及澜湄合作目的的实现。澜湄地区非传统安全合作需从以下方面努力：加强边境管理部门对话和情报交流工作提升执法能力建设；在合作手段上，加强警察、司法部门和院校机制建设。李志斐在《澜湄合作中的非传统安全治理：从碎片化到平台化》[3]中认为澜湄合作机制助推非传统安全治理从碎片化向平台化发展，未来在治理方式创新、多层平台搭建、早期项目设计和收获等方面完善非传统安全合作。彭班在《澜湄次区域非传统安全合作》[4]中提出了建构澜湄非传统安全合作机制的设想，具体而言，建设情报交流机制、开展定期联合培训、建立非传统安全研究机制、建立评价体系和评估机制、建立联合查证机制，同时拓展澜湄合作安全保障功能来增加澜湄国家应对非传统安全的能力。韩旭东在《维护非传统安全需国际合作》[5]中认为，老挝将湄公河惨案主犯糯康正式移交给中国警方，不仅震慑了东南亚地区威胁非传统安全的各种势

〔1〕　邢伟："非传统安全与中国在湄公河国家的海外利益保护"，载《东南亚纵横》2019 年第 4 期。

〔2〕　李志斐："澜湄合作中的非传统安全合作"，载《世界知识》2019 年第 13 期。

〔3〕　李志斐："澜湄合作中的非传统安全治理：从碎片化到平台化"，载《国际安全研究》2021 年第 1 期。

〔4〕　彭班："澜湄次区域非传统安全问题合作研究"，广西师范大学 2017 年硕士学位论文。

〔5〕　韩旭东："维护非传统安全需国际合作"，载《中国国防报》2012 年 5 月 15 日。

力，而且暂时维护了湄公河的安全稳定。

第二，公共产品理论。区域公共产品（regional public goods）外溢（spill-over）效应明显。安全合作机制是典型的公共产品，其安全效应从一个领域外溢到另一个领域，最终成为区域的稳定器（stabilizer）。饶芸燕、钱亚平、樊勇明在《区域国际公共产品与东亚合作》[1]中认为，湄公河联合执法是为经济合作提供的制度性保护，是澜湄流域非传统安全合作的积极探索，其意义不可低估。王宝峰在《澜湄次区域反恐安全公共产品供给合作初探》[2]中认为，中南半岛因其复杂的宗教民族因素且边境控制能力薄弱而成了国际恐怖主义滋生的有利土壤，威胁着我国西南边境的安全，也给澜湄次区域带来了巨大的安全挑战。各国应该携手共同提供反恐公共安全产品，在边境管控、情报交流、犯罪人移交、联合反恐演习、跨境执法方面形成合力，从供给基础、供给机制、供给模块、供给终端四个维度探讨反恐安全机制的构建。

在提供公共产品的过程中，中国的角色由参与者转变成了主导者。孙云飞在《从"搭便车"到"被搭便车"：中国供应地区安全公共产品的选择》[3]中认为，中国在提供安全公共产品过程中也遇到了各种困境，影响了安全公共产品效果的发挥。钮菊生在《大湄公河次区域国家安全合作缘何"雷声大，雨点小"?》[4]中认为，历史遗留问题、经济发展不平衡、域外大国的干预等原因导致安全合作机制步履维艰，尚未形成有效的安全合作机制。赵祺、徐罗卿在《大湄公河次区域合作机制"碎片化"问题研究》[5]中指出，大湄公河次区域合作机制呈现多元化、碎片化现状，这些机制之间的竞争和重叠关系不利于区域的发展，应以制度建设整合区域合作机制。

第三，周边外交。中国发展需要和睦的周边环境。中南半岛是中国传统的合作伙伴，在中国周边外交中占据重要位置。卢光盛、熊鑫在《周边外交

---

〔1〕 樊勇明、钱亚平、饶芸燕：《区域国际公共产品与东亚合作》，上海人民出版社 2014 年版。

〔2〕 王宝峰："澜湄次区域反恐安全公共产品供给合作初探"，载《武警学院学报》2019 年第 7 期。

〔3〕 孙云飞："从'搭便车'到'被搭便车'：中国供应地区安全公共产品的选择"，载《太平洋学报》2015 年第 9 期。

〔4〕 钮菊生："大湄公河次区域国家安全合作缘何'雷声大，雨点小'?"，载《唯实》2014 年第 12 期。

〔5〕 赵祺、徐罗卿："大湄公河次区域合作机制'碎片化'问题研究"，载《兵团党校学报》2019 年第 4 期。

视野下的澜湄合作：战略关联与创新实践》[1]中认为，澜湄合作是中国周边外交的积极探索，在未来发展中应完善顶层设计、加强制度设计。特别是在政治安全领域，构建非传统安全合作框架和运行机制。陈猛在《中国周边外交中的区域公共产品供给研究——以澜湄合作为例》[2]中认为，澜湄合作是地区安全公共产品，须在供给目的、供给领域、供给模式上制定具有中国特色的区域公共产品战略，从战略层面上增强公共产品的质量和效能，提升服务周边外交的能力。廖宇夫在《合作与发展："湄公河案件"后中国与东南亚关系的走向》[3]中通过案件阐述了澜湄国家经济发展不平衡、安全机制缺失等问题，因此澜湄国家全方位、深层次的合作以及安全机制的建立是澜湄国家发展的总趋势。

第四，跨境安全治理。澜湄合作不仅是经济合作，而且也是安全合作。澜湄刑事合作的目的是提供区域公共安全产品，进行跨境安全治理，实现区域和平稳定。卢光盛、张励在《澜沧江-湄公河合作机制与跨境安全治理》[4]中认为，跨境安全关系到澜湄经济合作是否能顺利开展以及澜湄合作是否可以升级迭代。在政治安全合作的支撑下，积极参与跨境安全治理。谈谭、陈剑峰在《"创造性介入"与跨境安全治理——以湄公河惨案后续处理的国际合法律性为例》[5]中，从国际法角度分析案件管辖权、跨境侦查、引渡与审判嫌疑人、判决执行等问题，认为中国通过案件处理实现创造性介入不仅符合国际法法律和规范，也提升了自身在东南亚地区的影响力。李峰、洪邮生在《微区域安全及其治理的逻辑——以"一带一路"倡议下的"大湄公河微区域"安全为例》[6]中认为，安全是微区域固有要素，也是微区域发展"瓶颈"。

〔1〕　卢光盛、熊鑫："周边外交视野下的澜湄合作：战略关联与创新实践"，载《云南师范大学学报（哲学社会科学版）》2018年第2期。

〔2〕　陈猛："中国周边外交中的区域公共产品供给研究——以澜湄合作为例"，外交学院2019年硕士学位论文。

〔3〕　廖宇夫："合作与发展：'湄公河案件'后中国与东南亚国家关系的走向"，载《战略决策研究》2012年第4期。

〔4〕　卢光盛、张励："澜沧江-湄公河合作机制与跨境安全治理"，载《南洋问题研究》2016年第3期。

〔5〕　谈谭、陈剑峰："'创造性介入'与跨境安全治理——以湄公河惨案后续处理的国际合法律性为例"，载《国际展望》2015年第1期。

〔6〕　李峰、洪邮生："微区域安全及其治理的逻辑——以'一带一路'倡议下的'大湄公河微区域'安全为例"，载《当代亚太》2019年第1期。

大湄公河微区域安全治理的关键在于在 GMS 和澜湄机制对接中建构微区域规范，为中国参与微区域治理提供合法性基础。

从以上国内的研究现状可以看出，澜湄合作框架下刑事合作研究呈现碎片化状态，尚未形成全面的、系统化的研究成果，原因有二：

第一，澜湄合作机制是一个新型的地区合作机制。澜湄合作机制运行时间不长，合作的框架、合作的内容、合作的形式尚在探索当中，因此国内学术界对于此问题的关注比较少实属正常，更遑论澜湄合作框架下的刑事合作问题了。

第二，澜湄合作框架下刑事合作机制主题具备学科交叉性质。国际刑事合作的本质是国际安全公共产品的供给问题，既涉及国际刑法、区际刑法、刑事司法协助法、各国刑法等刑事法学的内容，也涉及国际执法合作、国际警务合作、国际合作组织等国际法的内容，同时还涵盖非传统安全合作、跨界河流管理、地缘政治、周边外交、跨境合作等国际政治和国际关系的内容，因此研究主题学科交叉特征明显。来自刑法领域、国际法领域、国际政治和国际关系领域的学者从自身的研究领域、研究视角、研究维度出发对澜湄流域的刑事合作进行细致梳理、深入分析，形成了以上丰富的研究成果，但尚未形成包含上述学科的综合性视角的系统化、综合性研究成果。

四、创新点与不足

(一) 研究视角创新

如上所述，澜湄合作框架下的刑事合作机制具备交叉学科性质，因此本书将以交叉学科的视角，运用综合性、系统性思维对澜湄框架下刑事合作机制展开全面研究，以澜湄流域存在的跨国犯罪问题为切入点，研究的内容包括刑事合作模式、存在问题、原因分析、完善对策等，以期为澜湄区域刑事合作提供理论支撑，保障地区安全和稳定。

(二) 研究内容创新

1. 系统构建刑事合作机制

本书以维护地区安全稳定为目标，以保护我国海外利益为宗旨，提出构建澜湄合作框架下刑事合作机制的设想，涵盖国际条约的缔结、刑事合作规则的制定、刑事合作程序的规范、刑事合作组织的建设等，以预防和打击澜湄流域的跨国犯罪，保障流域各国的发展和繁荣，保护中国的海外利益。

2. 确立刑事合作原则

澜湄合作框架下的刑事合作应当在尊重各成员国主权和法律的基础上平等协商，坚持刑事合作决策的一致同意思路，避免冲突，保持各成员国的独立性。为达上述目的，澜湄合作框架下的刑事合作应当遵守下列基本原则：尊重各成员国主权原则、平等互利原则、协商一致原则。

3. 缔结多边刑事合作条约

刑事合作是澜湄流域各国的共识，在跨国犯罪猖獗的情况下，澜湄流域各国应缔结刑事合作条约，共同为澜湄流域的安全和稳定贡献自己的一份力量。刑事合作的目的为预防、打击、侦查、起诉、惩治澜湄流域跨国犯罪，因此刑事合作应呈现全方位的态势，涵盖刑事管辖、跨国搜查、证据交换、犯人引渡、追缴犯罪收益、刑事诉讼移管、刑事判决执行等内容，同时也包括刑事合作各方的权利和义务、争议解决及其他事项等。

4. 加强刑事合作组织建设

构建以澜湄执法中心为主体，澜湄警察组织和澜湄司法组织为两翼的刑事主体格局。首先，加强澜湄执法中心职能。在澜湄执法中心下设置刑事合作部，利用犯罪信息数据库和澜湄流域警务数据传输网络（LM-LECC Information Netuork，LMIN）的系统信息共享和协查功能，负责刑事合作的预防、打击、追诉、惩罚事宜。同时，建议在澜湄执法中心下设置澜沧江-湄公河流域警察组织，专门负责信息共享、案件协查、调查取证、联合办案、缉捕嫌犯等方面的实务合作；在澜湄执法中心下设置澜沧江-湄公河流域司法组织，主要负责协调案件受理、案件起诉、案件审判中各国的合作。

5. 规范刑事合作程序

与通过外交程序进行刑事合作沟通耗时长、结果不确定性强的情况不同，明确、简便、清晰的刑事合作程序是刑事合作顺利开展的保障。依据刑事合作条约的规定，跨国犯罪案件的处置程序包含受理、管辖权确认、调查启动、案件起诉、司法审判、移管被判刑人六个阶段。应依托澜湄执法中心平台开展多层次对话及情报交流，简化打击、追诉跨国犯罪程序。

6. 科技助力澜湄刑事合作

我国现在处于大数据加速发展期，而且在将发展大数据上升为国家战略的前提下，大数据与5G、云计算、人工智能、工业互联网等新一代信息技术结合，使得我国大数据收集、整理、使用处于世界领先地位。在未来将考虑将大数据、云计算、人工智能等技术更广泛、更深层次地应用于澜湄流域国家间的情报交流网络和信息数据库建设，以数字赋能澜湄刑事合作，助力澜湄刑事合作畅享数字化、网络化、智能化福利，打造区域刑事合作样本，推动澜湄合作向纵深发展。

（三）研究不足

1. 分析和结论以我国的视角为主

本书涉及的资料除了常规的笔者熟悉的刑事法律资料以外，还包括澜湄流域沿岸六国的政治、经济、文化、历史、地理和法律资料，特别是刑事法律资料。这些资料时间跨度大、内容多，而且许多资料均为各国语言文本，翻译、整理的难度较大，翻译为中文的资料不多。因湄公河五国资料收集难度大，收集到的以我国相关资料为主，因此本书的分析以我国的视角为主，缺失湄公河五国的视角，导致本书的结论也以我国视角为主，全局性和整体性分析的视角稍弱。本书选题已获准中国法学会立项并获得资助，在此后的研究中，笔者将继续收集湄公河五国相关资料并进行深入研究。

2. 分析和结论稍显理想化

因笔者对于周边湄公河国家政治、历史、地理、文化、风俗的知识储备不够，对于国际政治、外交等知识了解不深，虽然本书选题获准立项，本来也有到本书涉及的相关地区和机构调研的计划，无奈因为新冠疫情原因无法成行，因此无法获得相关机构和人员对于澜湄刑事合作机制构建的问卷调查结果和访谈结果。加之因笔者水平有限，不能从全面把握、分析澜湄合作框架下刑事合作机制构建的重点、难点，因此本书的分析和结论稍显理想化，只能视为对澜湄框架下刑事合作机制构建的粗浅尝试。

五、研究思路及研究方法

（一）研究思路

本书从梳理澜湄流域刑事合作历程入手，分析澜湄流域刑事合作存在的问题并分析问题形成的原因，探讨刑事合作的必要性和可行性，认为构建刑事合作机制是澜湄合作框架下刑事合作的内在逻辑和未来愿景。政治安全是澜湄合作的三大支柱之一，刑事合作塑造的安全秩序契合澜湄命运共同体推进思路，澜湄合作因水而生、因水而兴。"同饮一江水，命运紧相连"揭示了自然和历史的秩序；刑事合作机制的构建，打造的是地区的安全、稳定和繁荣。

（二）具体研究方法

1. 文献资料分析法

通过著作、论文、网站搜集有关澜湄流域刑事合作的学术成果，形成资料集。通过细致整理分析相关学者的著作、论文等文献，梳理澜湄刑事合作机制的国内外研究现状，总结选题研究的特点和不足，找到本书的切入点并形成创新点和理论框架。

2. 实地调研法

刑事合作是一个实践性很强的课题，需要收集刑事合作一手资料来充实本书的内容论证本书的观点。云南是 GMS 和澜湄合作（Lancang-Mekong Co-operation，LMC）的主要参与省份，具有丰富的合作经验。同时，云南公、检、法、司有参与"10·5 湄公河惨案"的侦破、起诉、审判、刑罚执行的经验；云南检察机关、法院、公安机关在边境与缅甸、老挝、越南开展常态的刑事司法协助；中、老、泰、缅联合巡逻执法指挥部，国家禁毒大数据云南中心，澜湄执法中心设立在云南。云南参与澜湄刑事合作的经验和做法也为本书选题的实地调研提供了较多便利。

3. 比较分析法

地区间的刑事合作有欧盟样本、美洲国际组织样本、东盟样本。通过横向比较澜湄刑事合作与上述区域刑事合作的制度、经验、做法，找到澜湄刑事合作的短板，并结合澜湄国家实际，制定适宜于澜湄实际的对策。以澜湄合作机制成立为时间节点，纵向对比澜湄刑事合作在澜湄机制成立之前和之后的具体开展情况。在澜湄合作机制成立之前，澜湄流域的刑事合作呈现临时性、偶然性、碎片化特征；在澜湄合作机制成立之后，澜湄流域的刑事合作呈现长期性、稳定性、一体化的特征。本书比较了澜湄合作机制成立之前和之后的刑事合作的内容、方式、优势劣势，明确了澜湄刑事合作未来合作方向及推进路径、合作维度等。

4. 多学科交叉分析法

澜湄合作框架下的刑事合作涵盖刑事法学、国际法学、国际政治与外交等学科的内容，具有交叉学科的性质。国际政治领域的安全公共产品供给理论、外交学视野中的地区安全合作理论、国际刑法中的刑事合作理论、刑法中的刑事管辖权理论、国际法学中的国际组织理论，通过刑事合作这根主线统一到澜湄刑事合作机制构建当中，突破了单一学科、单一领域研究的局限性，呈现新文科"知识整合"的特征。多学科交叉分析法本质上是一种综合性、系统性的研究方法，运用上述学科的理论和视角对澜湄刑事合作问题进行分析、研判，形成体系完整、内容全面、科学性和合理性兼具的研究成果，应用于澜湄刑事合作实践，成为地区刑事合作的澜湄样本。

第一章

澜湄刑事合作动因

任何一个具体犯罪的产生均由两方面的因素共同使然，一是犯罪人的个人因素，一是犯罪人以外的、社会的因素，尤其是经济的因素。外界的因素是主要诱因，个人的因素是重要的诱因。[1]

—— [德] 弗兰茨·冯·李斯特

湄公河流域跨国犯罪不仅影响湄公河国家的政治、经济、社会秩序，同时通过边境和湄公河航运等互联互通通道溢出到中国，不仅影响了西南边境稳定，还严重危害着我国社会治安和国家安全。随着澜湄合作的深入，我国在湄公河流域的海外利益不断延伸，湄公河流域的原有利益格局被打破，形成了我国海外利益与湄公河国家利益交织的局面，湄公河国家的跨国犯罪威胁甚至严重侵害了我国在湄公河流域的海外利益。因此，共同合作预防和打击跨国犯罪是澜湄刑事合作的动因。澜湄合作框架的建立标志着澜湄流域非传统安全合作由碎片化走向平台化，在澜湄合作框架下构建刑事合作机制既是为地区提供的安全公共产品，也是国际刑法地区化或区域刑法在澜湄流域的重要实践。

第一节　相关概念界定

一、澜湄合作框架

澜沧江-湄公河是一江连六国的国际河流，澜湄合作机制是因水而生的次区域合作机制。水资源合作是澜湄合作的缘起，也是澜湄合作的优先领域和

---

〔1〕[德] 弗兰茨·冯·李斯特：《李斯特德国刑法教科书》，[德] 埃贝哈德·施密特修订，徐久生译，北京大学出版社 2021 年版，第 11 页。

旗舰领域。[1] 澜沧江-湄公河由北向南或奔腾于高山峡谷，或静静流淌于平原之间，引领澜湄合作走向光明美好的未来。

（一）澜沧江-湄公河

澜沧江-湄公河发源于中国的唐古拉山，流经青海、西藏、云南，境内段称澜沧江；经云南流入缅甸、老挝、泰国、柬埔寨、越南，由越南流入南海，境外段称湄公河。澜沧江-湄公河全长4880公里，[2] 其中国内段2120公里，国外段2760公里，流域面积81万平方公里。澜沧江经云南省西双版纳傣族自治州勐腊县南腊河河口流入中南半岛，称为湄公河。湄公河流经地区包括老挝、柬埔寨、泰国大部分地区以及越南三角洲，占澜湄总面积将近80%。湄公河沿岸五国有丰富的农渔资源、矿产资源、旅游资源，虽然发展阶段不同，但大都属于工业化早期，工业化、信息化、现代化任务艰巨。

湄公河流域面积79.5万平方公里，人口约3.26亿，人力资源丰富。湄公河国家每年保持7%的经济增速，市场潜力巨大。澜沧江中下游的云南与湄公河国家山水相连，有景颇族、傣族、佤族等16个民族跨境而居，民间的经济、文化交流较多，结下了深厚的友谊。比如，云南省德宏傣族景颇族自治州的傣族民众与缅甸民众互称"胞波"（缅文里"同胞"音译而来，意思为"亲戚"）。2020年1月17日，中国国家主席习近平对缅甸进行国事访问，在缅甸三家主流媒体上发表的署名文章《续写千年胞波情》多次提到"胞波"。根据《后汉书·西南夷传》《华阳国志》等记载，云南与湄公河地区的交往可追溯至汉朝时期。[3] 到了唐宋时期，南诏、大理国政权与湄公河古国之间[4] 开辟了从洱海到南海的澜沧江-湄公河通道，实现了澜湄古国之间的

---

〔1〕 "水利部：将水资源合作打造成澜湄合作的旗舰领域"，载 http://media.people.com.cn/n1/2017/1220/c14677-29719223.html，访问日期：2021年9月1日。

〔2〕 "澜沧江-湄公河合作"，载 http://newyork.fmprc.gov.cn/wjb_673085/zzjg_673183/yzs_673193/dqzz_673197/lcjmghhz_692228/gk_692230，访问日期2021年9月6日。

〔3〕 傅光宇、段炳昌："南诏与湄公河流域古国的关系"，载《中国边疆史地研究》1995年第2期，第12页。

〔4〕 南诏与女王国（今泰国南奔府）、骠国（今缅甸曼德勒）、文单国（首都在今老挝万象）、参半国（今中老缅泰四国交界地带）形成了以南诏一家独大的地缘政治格局；而在大理国时期，大理国与蒲甘王国（今缅甸）、真腊（今柬埔寨）、交趾（今越南北部）、占城（今越南中南部）和平共处形成澜湄流域和谐局面。参见李魏巍、万雪波："大理国实行和平睦邻友好外交战略的原因探略——基于地缘政治的解读"，载《大理大学学报》2018年第3期，第13页。

互联互通。[1]澜湄古国之间关系更加密切，政治、经济、文化交流也更加频繁。进入现代，为惠及沿岸各国人民，开发航运资源，湄公河上游的中、老、泰、缅四国在泰国、老挝、缅甸交界的缅北城市大其力签订了《澜沧江-湄公河商船通航协定》[2]，2001 年 6 月自中缅 243 号界碑至泰国清盛的 331 公里的澜沧江-湄公河国际航运正式通航。自此，中、老、泰、缅经贸往来频繁，湄公河变成了名副其实的"黄金水道"，有力推动了澜湄流域经济社会发展。

（二）澜湄合作框架

澜湄合作是澜湄流域六国共建、共商、共享的次区域合作机制，[3]对于促进区域一体化，共建合作共赢的命运共同体意义重大。

1. 澜湄合作机制成立

2014 年 11 月在中国-东盟领导人第 17 次会议上，李克强总理提出建立澜湄合作机制的提议。2015 年 11 月 12 日，在云南景洪召开澜湄合作第一次外长会议，澜湄合作机制正式成立。[4]2016 年 3 月 23 日，在海南三亚召开澜湄合作首次领导人会议。在会议中，中、老、泰、缅、柬、越六国领导人举行了象征"同饮一江水，命运紧相连"的仪式，将竹筒中澜沧江的水注入启动台水槽内，随即"六水合一"，宣告澜沧江-湄公河合作机制正式启动。[5]

2. 澜湄合作会议机制

澜湄合作机制建立了领导人会议、外长会议、高官会议、外交及优先领域联合工作组会四级会议[6]，形成了"领导人引领、全方位覆盖、各部门参

〔1〕 李魏巍："大理国澜沧江-湄公河水陆通道探略"，载《大理大学学报》2018 年第 1 期。

〔2〕 "'东方多瑙河'的前世今生——西部大开发中的澜沧江"，载 http://www.gov.cn/jrzg/2010-01/12/content_ 1508774. htm，访问日期 2021 年 9 月 6 日。

〔3〕 "开启澜湄合作新的'金色 5 年'——澜沧江-湄公河合作外长会在重庆举行"，载 http://www.gov.cn/xinwen/2021-06/09/content_ 5616332. htm，访问日期：2021 年 9 月 9 日。

〔4〕 "澜沧江-湄公河合作首次外长会举行　澜湄合作机制正式建立"，载 http://www.gov.cn/xinwen/2015-11/12/content_ 2965027. htm，访问日期 2021 年 8 月 23 日。

〔5〕 "六国领导人六水合一　澜湄合作机制正式启动"，载 http://www.gov.cn/xinwen/2016-03/23/content_ 5056807. htm，访问日期：2020 年 8 月 22 日。

〔6〕 "澜沧江-湄公河合作第三次领导人会议万象宣言（全文）"，载 http://www.gov.cn/xinwen/2020-08/24/content_ 5537090. htm，访问日期：2021 年 8 月 1 日。

与"的合作格局，[1]彰显了澜湄各国对澜湄合作的重视以及对推进澜湄命运共同体建设的决心。领导人会议每 2 年召开一次，截至 2021 年 9 月 20 日，共召开 3 次领导人会议，主要是做好澜湄合作顶层设计。澜湄外长会议每年召开一次，迄今已召开 6 次外长会议，目的是明确澜湄流域的具体发展方向。

3. 澜湄合作框架

在合作过程中，澜湄合作形成了独具特色的"3+5+X"合作框架。"3"即三大支柱：政治安全、经济和可持续发展、社会人文合作；"5"即互联互通、产能、跨境经济、水资源、农业减贫五个优先领域；[2]"X"具有调适性，可补充和拓展澜湄合作领域。澜湄流域的诸多问题本质上都是发展问题，[3]坚持发展为先是澜湄合作的主要导向。经过 5 年的发展，澜湄合作从培育期加速迈入成长期、全面发展期，目的是逐步推动区域一体化的发展。[4]

二、刑事合作机制

全球化背景下，面对跨国犯罪的高发态势，开展刑事合作是各国的必然选择，也即犯罪全球化导致刑事司法全球化。[5]刑事合作是刑事司法全球化的反映，也是国际刑法学的核心概念。根据传统的国际刑法理论，刑事合作（刑事司法协助）概念有"四分法"。最狭义的刑事司法协助概念指文书送达、调查取证、情报共享等合作。狭义的刑事司法协助概念是最狭义的刑事司法协助加上引渡的内容。广义的刑事司法协助概念指狭义的刑事司法协助加上刑事诉讼移管和移管被判刑人、外国法院刑事判决的承认和执行的内容。最广义的概念指世界上各主权国家之间在追诉和防止国际犯罪以及各种涉外犯罪的过程中进行的各种形式的配合与协作。[6]本书采用的是最广义的概念，

---

〔1〕 "义结金'澜''湄'美与共"，载 http://www.gov.cn/xinwen/2018 – 01/09/content_5254861.htm，访问日期：2021 年 8 月 2 日。

〔2〕 "澜湄合作，新型次区域合作机制新在何处?"，载 http://world.people.com.cn/n1/2016/0324/c1002-28224556.html，访问日期：2021 年 8 月 22 日。

〔3〕 卢光盛、王子奇："百年变局下的澜湄合作进程与中国角色"，载《当代世界》2019 年第 11 期，第 27 页。

〔4〕 卢光盛、金珍："'澜湄合作机制'建设：原因、困难与路径?"，载《战略决策研究》2016 年第 3 期，第 27 页。

〔5〕 晓今："刑事司法如何应对全球化趋势——第十届博和法律论坛聚焦全球化带来的法律新问题"，载《检察风云》2020 年第 1 期，第 55 页。

〔6〕 陈晓明："国际刑事合作初探"，载《政法论坛》1995 年第 6 期，第 14 页。

其内容既包括实体法上的合作，也包括程序法上的合作；既包括国际执法合作，也包括国际司法合作。刑事合作是各国应对跨国犯罪的常规手段，也是区域安全公共产品供给的重要形式。

（一）刑事合作

刑事合作是本书的核心概念。关于刑事合作（或称国际刑事司法合作、国际刑事司法协助），国内外学术界并没有统一的概念。

1. "刑事合作"与"刑事司法协助"之辩

基于打击跨国犯罪的需要，世界各国均有丰富的刑事合作实践经验。美国、加拿大、澳大利亚、日本、韩国等国使用的是刑事司法协助概念，强调的是各国在打击跨国犯罪的过程中请求他国给予的刑事协助。在刑事司法协助概念场域里，请求国居主动地位和主体地位，发挥重要作用；被请求国居于被动地位和辅助地位，履行配合和协助义务；司法协助的本质是事后的、临时性的协助，较少形成长效的合作机制。由此可以总结刑事司法协助的特点：被动性、事后性、临时性。

由于欧洲一体化的形成，欧洲各国刑事合作经历了20世纪50年代欧洲理事会框架下的刑事合作，20世纪70年代欧洲刑事司法区的构建，20世纪90年代至今的欧盟框架下的刑事合作三个阶段。[1]欧洲的刑事合作堪称国际刑事合作的典范，包括立法的推进、协议的签订、具体个案的合作直至统一刑事司法区的构建。在欧盟刑事合作场域下，刑事合作范围广泛——从刑事立法到刑事司法，合作覆盖刑事诉讼全过程——从跨国犯罪预防到打击，合作主体地位平等——并无主动与被动之分，合作主体权利义务对等——双方均有合作的义务，合作具有长期性——系统性、规范性机制构建是亮点。欧盟使用的是刑事合作概念，刑事合作具有以下特点：主动性、前瞻性、稳定性、系统性。

2. "国际刑事合作"与"区际刑事合作"之分

根据刑事合作范围的大小，刑事合作可以被分为全球刑事合作、区域刑事合作、次区域刑事合作[2]、双边刑事合作。全球刑事合作或国际刑事合作

---

〔1〕　马贺："欧盟区域刑事合作进程研究——欧盟一体化背景下刑事合作的协调机制"，华东政法大学2008年博士学位论文，第9~41页。

〔2〕　马贺："欧盟区域刑事合作进程研究——欧盟一体化背景下刑事合作的协调机制"，华东政法大学2008年博士学位论文，第1页。

范围最大、覆盖面最广、参与国家或地区数量最多，是目前较为重要的一种刑事合作形式，如以联合国及其他国际组织主导进行的全球范围内的刑事合作。区域刑事合作是指地理位置接近、文化相似、诉求相同的区域国家间的刑事合作，比如欧盟刑事合作、美洲刑事合作、东盟刑事合作〔1〕等。次区域的刑事合作是指区域范围内地缘相近国家之间的刑事合作，比如澜湄次区域刑事合作等。双边刑事合作是指两个国家之间进行的刑事合作，因为涉及国家少，利益协调较为简单，是目前适用最广、应用最多的刑事合作形式。

3. 本书所称"刑事合作"的概念

本书所称的刑事合作是指澜沧江-湄公河次区域六国基于打击跨国犯罪的需要，在侦查、起诉、审判、刑罚执行阶段进行的全方位合作，合作内容包括条约的制定、平台的构建、队伍的组建、配套制度的建设等。此处使用"刑事合作"一词：一是基于其定义的准确性和科学性。因为与刑事司法协助相比，刑事合作体现的是主动的、全方位的、带有前瞻性的特征。传统刑事司法合作的目的是惩治已经发生的犯罪，忽略了刑法预防犯罪功能，而刑事合作通过缔结刑事公约强调对跨国犯罪的主动性、前瞻性预防。〔2〕二是基于其顺应全球刑事司法全球化趋势。当下，刑事司法全球化正深刻影响着各国刑事诉讼程序，也将成为各国刑事诉讼改革的标杆。刑事司法全球化趋势意味着各国应积极、主动地加强刑事合作，因此使用刑事合作表达较好地体现了这种趋势。

（二）刑事合作机制

根据《辞海》修订版的解释，机制（英文称"mechanism"）最早来自希腊义，原本是指机器的构造、原理及功能。现在的含义是指整合事物组成要素使之发挥最佳效果，具有三个基本特征：①机制组成要素多元且具有内在逻辑合理性；②机制要素组合目的是实现效益最大化；③机制具有长效性、稳定性、开放性且具有自我迭代升级功能。

机制这个词主要被应用在人文社科领域，〔3〕具体应用到刑事合作领域称

---

〔1〕 马贺："欧盟区域刑事合作进程研究——欧盟一体化背景下刑事合作的协调机制"，华东政法大学 2008 年博士学位论文，第 2 页。

〔2〕 ［西］胡塞·路易斯·德拉奎斯塔、喻贵英："全球化和刑事司法"，载《法律科学（西北政法大学学报）》2006 年第 1 期，第 28 页。

〔3〕 张序、张霞："机制：一个亟待厘清的概念"，载《理论与改革》2015 年第 2 期，第 15 页。

为刑事合作机制。刑事合作机制是刑事合作各方（主权国家、国际组织、地区性组织）为实现预防和打击跨国犯罪目的，建立一整套涵盖原则、规范、规则、程序等要素的，长期、规范、有效的多边和双边合作机制的总和。[1]目的是突破合作各方单独行动的局限，形成合力，达到合作共赢的效果。刑事合作机制并非一成不变，随着形势变迁，刑事合作机制中的各个因素发生变化，刑事合作机制有进一步发展、升级的空间，体现出了刑事合作机制的灵活性、开放性以及较强的适应性。

三、澜湄合作框架下的刑事合作机制

澜湄合作是中国-东盟合作框架下的次区域合作机制，是典型的微区域[2]合作平台。澜湄合作机制不仅关注经济合作、社会合作，还因为澜湄流域跨国犯罪猖獗使得澜湄各国对于非传统安全诉求强烈[3]，因此将政治安全合作列为三大合作支柱之首。澜湄合作"3+5+X"是一个开放的合作框架，其中的"X"具有调适和补充功能，可以扩容和拓展澜湄合作领域，刑事合作就是这一框架下新增的"X"。在政治安全合作顶层设计下，刑事合作作为新增"X"不仅回应了澜湄各国对非传统安全的强烈诉求，也是澜湄各国应对流域跨国犯罪的必然选择。[4]以安全保稳定、促发展是澜湄政治安全合作的宗旨，因此加强刑事合作，构建澜湄"3+5+X"合作框架下的刑事合作机制是澜湄刑事合作的内在逻辑和未来愿景。

澜湄合作框架下的刑事合作机制是澜湄六国通过缔结多边刑事合作条约、加强刑事组织建设、简化刑事合作程序构建符合国际法的、具有稳定机构设置的、高效运作的多边合作机制和双边合作机制的总和。[5]其可以使澜湄六国在侦查、审查起诉、审判、执行等整个刑事诉讼流程实现全方位合作，形

---

〔1〕　王虎："浅析中国-东盟禁毒合作机制建设"，载《首都师范大学学报（社会科学版）》2010年第3期，第143页。

〔2〕　李峰、洪邮生："微区域安全及其治理的逻辑——以'一带一路'倡议下的'大湄公河微区域'安全为例"，载《当代亚太》2019年第1期，第121页。

〔3〕　"澜湄领导人首次领导人会议：政治安全为何列为三大合作支柱之首"，载 https://www.thepaper.cn/newsDetail_forward_1447696，访问日期：2020年9月30日。

〔4〕　"湄公河惨案首犯或判死刑　中国完全司法管辖"，载 https://mil.huanqiu.com/article/9CaKrnJvvtS，访问日期：2021年7月10日。

〔5〕　杨焰婵、侯兴华、罗圣荣："中老缅泰湄公河安全合作发展应对"，载《云南警官学院学报》2014年第1期，第89页。

成澜湄各国预防和打击跨国犯罪的合力，保障地区的安全和稳定。[1]澜湄合作框架下的刑事合作机制本质上为澜湄地区安全公共产品，其目的是实现刑法区域化或国际刑法地区化。

（一）澜湄刑事合作机制理论基础之一——地区公共产品理论

1. 地区公共产品概念

在经济学中，公共产品（public goods）是与个人产品（private goods）相对的概念，消费上的非竞争性和收益上的非排他性是其基本特征。非竞争性是指个人的消费不会减少他人的消费量，非排他性是指产品不能排除群体内他人的消费。[2]随着全球化、地区化推进，公共产品理论被逐渐应用于国际政治学领域，并且在国际政治学领域占有一席之地，最终形成了国际政治学意义上的公共产品理论，本书援引的就是国际政治意义上的公共产品理论。公共产品分为国内公共产品、地区公共产品和全球性公共产品。

地区性公共产品是指区域国家联合提供的，服务于区域安全、稳定有形的基础设施或无形的制度、机制或理念等。地区公共产品的非竞争性是指一国在享有地区公共产品利益时，不会减少其他国家对公共产品的消费，也不会导致成本的增加。地区公共产品的非排他性是指不能排除潜在的消费者从公共产品中获益。公共产品供给方式有四种：简单累加、最优环节、最弱环节、加权总和。简单累加是指由参与方平均提供公共产品，收益平均分配；最优环节是指公共产品层次由贡献最大的国家决定；最弱环节是指由贡献最小的国家决定公共产品的水平；加权总和是指根据各方贡献赋予相应权重来决定公共产品水平。尽管供给方式不同，但区域公共产品还是具有以下基本特征：联合提供、集体决策、成本合力分摊、利益共同分享[3]。

2. 湄公河流域地区安全公共产品——澜湄刑事合作机制

"10·5 湄公河惨案"暴露出了湄公河流域有组织跨国犯罪猖獗、航运安全问题突出[4]、边境管理松懈、执法合作形式单一、司法合作程序复杂、跨

---

[1] 刘瑞、金新："大湄公河次区域非传统安全治理探析"，载《东南亚南亚研究》2013 年第 2 期，第 44 页。

[2] 庞珣："国际公共产品中集体行动困境的克服"，载《世界经济与政治》2012 年第 7 期，第 25 页。

[3] 樊勇明、钱亚平、饶芸燕：《区域国际公共产品与东亚合作》，上海人民出版社 2014 年版，第 2 页。

[4] 许正："大湄公河次区域安全机制构建研究"，苏州大学 2017 年博士学位论文，第 127 页。

境安全管理效率低下等安全短板，也暴露出了澜湄流域安全公共产品供应不足，对安全公共产品诉求强烈的现状。[1]虽然之前老、缅、泰三国尝试在湄公河区域搭建合作机制、提供安全公共产品，但因各种原因合作机制进展情况虽然良好但合作效果欠佳，因此湄公河流域跨国非传统安全风险大与流域各国安全诉求的矛盾依然十分突出。以"10·5湄公河惨案"刑事合作为契机，为保证澜湄流域的安全稳定，保护湄公河航运安全以及海外中国公民利益和国家利益，我国创造性地提出了湄公河执法安全合作机制，探索地区安全公共产品的供给。自2011年12月中、老、泰、缅第一次开展联合巡逻执法以来，截至2022年11月25日，中、老、泰、缅共圆满完成123次湄公河联合巡逻执法行动。2011年以来，湄公河执法安全合作机制在预防和打击流域跨国犯罪、加强湄公河水域边境管控、创设多元执法方式、提升跨境管理效率等方面贡献较大，湄公河流域治安状况得到了明显改善，让湄公河上枪声不再。[2]特别是澜湄执法中心成立之后，标志着湄公河执法安全合作机制化初步形成。[3]澜湄六国开展的跨国案件协查、跨国犯罪信息库建设、LMIN系统建设、刑事司法程序简化[4]等刑事合作措施标志着澜湄国家刑事合作已经初具雏形。因此，可以认为湄公河安全合作机制作为以中国为主导提供的地区安全公共产品的成功实践，体现了中国参与地区治理的"中国方案"和"中国智慧"，也是跨境安全治理的成功先例。

湄公河执法安全合作机制作为以中国为主导提供的地区安全公共产品，通过打击跨国犯罪来保障航运秩序、维护地区安全，[5]是以安全促发展、以发展保安全的"发展安全"模式在澜湄地区的实践。[6]地区安全公共产品的收益也外溢到了经济领域，为经济发展提供了制度性保护，流域六国均因此

---

〔1〕　[西]安东尼·埃斯特瓦多道尔、[美]布莱恩·弗朗兹、[美]谭·罗伯特·阮：《区域性公共产品：从理论到实践》，张建新等译，上海人民出版社2010年版，第14页。

〔2〕　"新华社：让湄公河上枪声不再——中老缅泰四国联合执法摧毁糯康特大武装贩毒集团的启示"，载http://www.gov.cn/jrzg/2012-05/11/content_ 2135046. htm，访问日期：2020年10月4日。

〔3〕　段德乾："东亚安全合作的区域化探讨"，外交学院2020年硕士学位论文，第71页。

〔4〕　姜水："浅析澜湄执法中心在区域安全合作中的平台作用"，载《云南警官学院学报》2020年第6期，第101页。

〔5〕　谈谭："中国主导湄公河次区域国际公共产品供给的路径分析——以中老泰缅四国湄公河联合巡逻执法为例"，载《同济大学学报（社会科学版）》2017年第4期，第49页。

〔6〕　崔庭赫、郑先武："大湄公河次区域合作与东亚发展区域主义"，载《国际政治研究》2021年第2期，第83页。

受益，公共产品的非竞争性和非排他性的特征非常明显。就供给方式来说，湄公河执法安全合作机制属于四种供给方式的混合状态：中国是主要的贡献者，承担大部分成本，湄公河五国积极参与公共产品供给，但也难免面临供给失灵、集体行动困境；中国作为规则的主要倡议者和资金的主要提供者，是否继续允许湄公河五国"搭便车"；湄公河五国（特别是上湄公河老、缅、泰三国）对联合巡逻执法的配合程度；是否要将执法合作后移到司法合作，避免湄公河"三不管"地带成为跨国罪犯避罪天堂；是否要将联合巡逻扩展到下湄公河区域等。湄公河执法安全机制起点较高、实施效果不错，但为避免公共产品供给失灵、供给无效困境，上述的问题需要澜湄国家制定统一的条约或协议，明确具体的行动规则、合作范围，充分发挥地区安全公共产品的作用，确保澜湄流域的安全、稳定、繁荣。

（二）澜湄刑事合作机制的理论基础之二——国际刑法地区化或刑法区域化

1. 国际刑法地区化或区域刑法的概念

在刑法研究场域，依据适用区域不同，分为国际刑法和国内刑法。在地理位置接近、文化相似、经济相融区域合作如火如荼的今天，在地区化发展趋势迅猛的当下，是否有适用于区域的刑法呢？学者赵永琛在深耕国际刑法、刑事司法协助制度多年的基础上关注到了区域刑法现象，并提出了国际刑法地区化及区域刑法（Regional Criminal Law）学术概念。[1]他认为，区域刑法是介于国际刑法和国内刑法之间，只适用于某个具体区域部分国家的刑法现象和刑法形式，是刑法地区化的产物。[2]1992年，国际刑法协会首次揭出国际刑法地区化概念，并探讨国际刑法地区化的基本问题：国际刑法地区化的宗旨、任务，实现国际刑法地区化的途径和方法等。[3]区域刑法究其本质是一种国际刑法地区化，就是国际刑法原则、规则、制度地区化的过程，[4]目的是缔结地区性的国际刑事公约。[5]地区性跨国犯罪的高发，使得地区性刑

---

〔1〕 赵永琛：《区域刑法论——国际刑法地区化的系统研究》，法律出版社2002年版，第3页。

〔2〕 赵永琛：《区域刑法论——国际刑法地区化的系统研究》，法律出版社2002年版，第1页。

〔3〕 赵永琛：《区域刑法论——国际刑法地区化的系统研究》，法律出版社2002年版，第48页。

〔4〕 王秀梅、康海军、张磊："赵永琛教授国际刑法学术思想述评"，载《江苏警官学院学报》2010年第6期，第10页。

〔5〕 赵永琛：《国际刑法与司法协助》，法律出版社1994年版，第33页。

事合作的紧迫性和必要性增强，合作中的实践做法亟待升级为理论和规则来指导刑事合作实践，区域刑法理论逐渐形成。区域刑法本质上是区域治理形式，是区域安全公共产品，其产生的基础是全球化背景下的地区经济一体化。其内在形成发展逻辑为：地区经济一体化—各国共享共同利益增加[1]—区域内跨国犯罪高发—区域刑事合作加强—地区刑事公约签订—刑事司法区形成。在当今世界上，国际刑法地区化或区域刑法的典范有欧盟样本、美洲样本、东盟样本，其中做法最典型、制度最完善、实践经验最丰富的当属欧盟样本。上述三个区域在经济一体化背景下，为打击跨国犯罪，保障地区安全和稳定，制定统一立法，加强刑事司法合作，建立刑事司法区，成了国际刑法地区化或区域刑法样本。

2. 区域刑法的功能

（1）预防和打击区域跨国犯罪。如同国际犯罪和跨国犯罪是全球化的副作用一般，区域性的跨国犯罪也是地区化的不良后果。区域性的跨国犯罪高发不仅危害区域经济安全、社会稳定、政治安全，也极大地威胁区域内人民的生命财产安全，恶化区域内国家关系，损害区域内国家形象。而且，犯罪的跨国（境）化，必然带来刑事诉讼跨国（境）化或国际化，仅凭一国之力很难完成整个刑事诉讼流程，由此导致罪犯逍遥法外。因此，需要各国联合起来共同应对区域跨国犯罪。根据区域内跨国犯罪的特点和趋势，区域各国专门制定了刑事合作条约。在具体的跨国犯罪案件侦办过程中，根据区域刑事合作条约的规定和国内法规定，积极协助他国对案件进行侦查、起诉、审判、执行。同时，其他国家也会给予力所能及的协助，这样的双向协助不仅有利于双边关系的改善，同时也有利于推动区域各国进行地区的共同治理，提高各国参与地区治理的积极性，在预防和打击区域跨国犯罪方面发挥积极作用。

（2）国际刑法的加持。国际刑法是适用于全球的刑法（主要适用于缔约国），而区域刑法主要适用于特定区域，与国际刑法是一般和特殊的关系。国际刑法的签订是世界上文化迥异、社会制度不同、诉求不同的各个国家妥协的结果，因此制定的内容难免存在面面俱到但针对性不明显、可操作性不强

---

〔1〕　张旭："国际刑事司法合作：现状、问题与应对"，载陈兴良主编：《刑事法评论》（第6卷），中国政法大学出版社2000年版，第502页。

的特点。加之从法律效力上看，国际刑法并无强制执行力，因此国际刑法具体适用于某个区域的法律效果欠佳。区域刑法可成为国际刑法的补充，不仅在具体区域上的适用体现其针对性、有效性，提升适用效能。同时，在理论上可丰富国际刑法内容，使国际刑法内容更加多元，更具可操作性。

（3）国内刑法的补充。国内刑法是一国制定的关于犯罪和刑罚的法律。一般是以法典的形式在总则中规定一般犯罪和刑罚理论，在分则中规定具体犯罪的构成及处罚。刑法是实体法，其中并无程序性的规定。刑事条约是区域刑法的重要渊源和有机组成部分，一般规定条约适用范围、刑事管辖规则、联合调查规则、刑事诉讼移管规则、引渡规则、移管被判刑人规则、合作各方权利义务，主要偏向于程序性的规则。一国国内法的刑法刑事管辖权只及于本国，对于发生在国外的跨国犯罪案件并无管辖权，区域刑法恰好能填补空缺，通过地区性国际组织提供各国能接受的方法解决区域各国刑事管辖冲突。因此，区域刑法可以被理解为是解决刑事管辖冲突的手段，是解决地区刑事法律冲突的产物。[1]因此，在打击区域跨国犯罪时，国内刑法实体法的规定和区域刑法程序法的规定相互结合、相得益彰，发挥各自优势形成合力，共同应对区域跨国犯罪。

3. 澜湄区域刑法

经过 6 年的发展，澜湄六国充分利用资源优势和经济互补优势，发展迅速，互利共赢，区域经济一体化趋势已逐渐形成，[2]澜湄区域刑法的产生具备了经济基础。区域经济一体化有外溢作用，有助于实现区域政治、安全合作。[3]湄公河流域跨国犯罪多发虽然是澜湄合作的障碍，但同时也是澜湄刑事合作的动因，澜湄刑事合作诉求强烈。综上，澜湄经济一体化趋势—跨国犯罪高发—跨国刑事合作诉求强烈—澜湄区域刑法产生和发展条件具备的逻辑闭环已经形成。澜湄区域刑法产生和发展首先需要澜湄六国订立刑事合作条约，明确澜湄六国在跨国犯罪侦查、起诉、审判、执行整个刑事诉讼流程

〔1〕 赵永琛："论区域刑法"，载陈兴良主编：《刑事法评论》（第 5 卷），中国政法大学出版社 1999 年版，第 402 页。

〔2〕 "外交部：澜湄合作 5 年成果显著　期待新的'金色 5 年'"，载 https://baijiahao. baidu. com/s? id＝1702081785526573377&wfr＝spider&for＝pc，访问日期：2021 年 7 月 12 日。

〔3〕 郎平："发展中国家区域经济一体化框架下的政治合作"，载《世界经济与政治》2012 年第 8 期，第 129 页。

进行合作的权利和义务，形成一套有统一原则、相同规则、统一程序的刑事合作机制。构建澜湄刑事合作机制的目的是建立澜湄刑事司法区，各国根据本国刑法和刑事合作条约规定通力合作，共同打击流域跨国犯罪。本书可被看作是国际刑法地区化或区域刑法的"澜湄样本"，也可为中国–东盟区域刑法提供有益的前期研究。

第二节　澜湄流域跨国犯罪现状及特点

一般来说，地理位置相近的国家（如东南亚国家）面临的社会问题甚至是犯罪问题往往具有共性，如毒品走私贩运、人口贩运、洗钱犯罪。[1]澜湄国家均属东南亚国家，而且地缘相近，跨国犯罪问题也具有共性，呈现出多种严重跨国犯罪并存的现状。

一、澜湄流域跨国犯罪现状

基于复杂的政治、历史、民族、宗教因素，湄公河国家毒品贩运和走私、枪支走私、人口贩运、恐怖主义、洗钱犯罪、跨国网络犯罪等跨国犯罪猖獗，成了影响湄公河国家社会秩序的不稳定因素。

（一）毒品犯罪仍然是"金三角"最严重的跨国犯罪

时至今日，毒品犯罪仍然是"金三角"乃至澜湄流域最严重的跨国犯罪，毒品的种植、生产、制造、贩运、走私犯罪高发。就毒品生产而言，"金三角"地区传统毒品的种植和合成毒品的生产仍然居高位。2017 年全球缴获的鸦片产品创历史新高，但 2018 年全球罂粟种植量总体下降 17%。2018 年阿富汗种植罂粟 263 000 公顷远超缅甸生产的 37 300 公顷，成为全球最大的罂粟种植地和鸦片生产国，缅甸的罂粟种植量居世界第二。2020 年仍然延续这一趋势，阿富汗毒品产量占全世界产量的 86%。[2]这表明"金三角"相关国家强力扫毒和替代种植正在发生作用，罂粟种植量在大幅度下降。[3]

由于制毒成本低，"金三角"合成毒品替代传统毒品成为该地区的主要毒

---

〔1〕 赵永琛："论区域刑法"，载陈兴良主编：《刑事法评论》（第 5 卷），中国政法大学出版社 1999 年版，第 402 页。

〔2〕 参见《2021 年世界毒品报告》。

〔3〕 王光厚："东南亚的非传统安全问题"，载《外国问题研究》2011 年第 1 期，第 36 页。

品形式。2007 年至 2017 年期间，东亚和东南亚缉获的甲基苯丙胺数量增加了 8 倍，达到 82 吨，占全球缉获量的 45%；2018 达到大约 116 吨。[1]该数据表明，东南亚已成为世界上增长最快的甲基苯丙胺市场。之前氯胺酮的主产地是南亚，但东南亚国家更多秘密的氯胺酮实验室被缴获和大量毒品数量被缉获，表明氯胺酮的制造已经从南亚向东南亚的部分地区转移。[2]根据世界 2021 年毒品报告统计：氯胺酮是 2019 年全世界查获的最多的合成毒品。查获地主要是南亚和东南亚，从数量上来讲，排在第一的是中国，其次是马来西亚、泰国、缅甸和印度。

不仅线下毒品制造、走私、贩运犯罪猖獗，随着数字化互联互通的发展，线上的毒品交易因其缩短供应链、减少成本、降低风险而获得贩毒集团的青睐。特别是在新冠肺炎期间，通过网络特别是暗网进行的毒品、易制毒化品交易开始激增，毒品贩运市场迅速恢复运作，表明新冠肺炎期间毒品犯罪具有极强的复原能力。[3]在亚洲，19 个主要暗网市场毒品交易频繁被提及的交易国家和地区有中国、新加坡、阿富汗、泰国等。[4]由此，可以看出整个澜湄流域的毒品形势仍然很严峻，严重影响了澜湄合作的深入发展。有效遏制了次区域地区毒品蔓延，成为澜湄合作的首要任务。[5]

（二）恐怖主义犯罪高发

恐怖主义是危及或剥夺无辜者（Innocent Human lives）生命或自由的行为，[6]因此被称为全人类灾难。由于复杂的民族、宗教、历史等因素，加上国际恐怖组织回流东南亚，东南亚已成为恐怖主义新活跃区。2014 年 3 月 1 日来自新疆的 8 名恐怖分子在昆明火车站制造了令世人震惊的"3·1"暴恐案件，这是中国近来发生的最大的恐怖袭击案，造成 31 人死亡，141 人受伤，其中 40 人重伤。2015 年 8 月 17 日，2 名持有中国护照的恐怖分子在泰国曼谷

---

〔1〕 罗圣荣："澜沧江-湄公河合作机制下的澜沧江-湄公河次区域毒品治理问题探析"，载《东南亚纵横》2020 年第 3 期，第 7 页。

〔2〕 参见《2019 年世界毒品报告》。

〔3〕 "《世界毒品报告》：新冠大流行加剧毒品风险 年轻人低估大麻危险性"，载 https://news. un. org/zh/story/2021/06/1086722，访问日期：2021 年 8 月 5 日。

〔4〕 参见《2021 年世界毒品报告》。

〔5〕 罗圣荣、兰丽："澜湄次区域毒品治理合作的现状与问题"，载刘稚主编：《澜沧江-湄公河合作发展报告（2020）》，社会科学文献出版社 2021 年版，第 75 页。

〔6〕 何秉松、廖斌："恐怖主义概念比较研究"，载《比较法研究》2003 年第 4 期，第 53 页。

市中心佛教圣地四面佛制造的爆炸造成了 20 人死亡，125 人受伤，这是泰国境内数十年内最严重的暴力袭击事件之一。[1]这两个典型的案件反映了恐怖主义在澜湄流域的蔓延趋势，对澜湄流域的安全和稳定构成了巨大威胁。

与东南亚海岛国家马来西亚被恐怖分子用作中转站和藏身所不同，湄公河国家面对的恐怖主义威胁等级要弱很多，但马来西亚与泰国边境的穆斯林居住地区、缅甸罗兴亚人居住的地区成了中南半岛恐怖主义染指的危险区域。[2]泰南地区的恐怖分子不仅亲自前往中东地区参加"圣战"，还会将恐怖袭击与组织经验带回本地，使恐怖主义本地化和地区化。[3]近年来，罗兴亚人将泰国作为中转站，进入马来西亚、印度尼西亚、土耳其等国家。恐怖犯罪与非法偷渡、人口贩卖、制假贩假证件等其他跨国犯罪交织，恐怖危险呈现新的复杂性和上升趋势，成为"一带一路"非传统安全问题之首，使中南半岛国家的政治、经济、社会领域的发展严重受挫。[4]湄公河执法安全机制有力震慑了跨国犯罪，同时也为澜湄流域的反恐合作奠定了基础。未来的澜湄执法合作应该将打击跨国犯罪扩展到反恐领域，争取成为区域反恐合作的典范。[5]

（三）人口贩运活动危害较大

人口贩运活动社会危害较大，不仅侵害被害者的生命、健康、尊严、财产，同时也会严重扰乱社会秩序、国家安全与国际秩序。湄公河流域国际经济发展不平衡，人口比例失衡，加之复杂的宗教、政治、历史因素，湄公河国家在开放边界探索经济合作的同时，也为跨国人口贩运犯罪提供了可乘之机。[6]湄公河地区一直是跨国人口贩运的重灾区，是人口贩运重要的流入、流出和中转地。[7]

---

〔1〕　"泰四面佛爆炸案开审　2 中国籍维吾尔嫌疑人遭指控"，载《环球日报》2016 年 11 月 17 日。

〔2〕　卢光盛、胡辉："身份与利益——东南亚恐怖主义根源探析"，载《世界民族》2020 年第 2 期，第 27 页。

〔3〕　纪赟："东南亚恐怖主义的内外根源"，载《联合早报》2017 年 10 月 2 日。

〔4〕　郝蒙蒙等："中南半岛恐怖袭击事件时空演变特征分析"，载《科技导报》2018 年第 3 期，第 62 页。

〔5〕　卢光盛、段涛、金珍：《澜湄合作的方向、路径与云南的参与》，社会科学文献出版社 2018 年版，第 91 页。

〔6〕　向群："打击跨国拐卖妇女儿童犯罪国际合作机制的完善——以大湄公河次区域云南边境一线为例"，载《武汉公安干部学院学报》2015 年第 3 期，第 61 页。

〔7〕　齐方园："大湄公河次区域打击人口贩运跨境合作问题研究"，华东政法大学 2019 年硕士学位论文，第 1 页。

根据联合国毒品和犯罪问题办公室发布的 2018 年全球人口贩运报告的统计：从 2003 年至 2016 年东亚人口贩运受害者的人数都在显著增加，每个国家受害者的人数也在稳步增长。从人口的流向来讲，主要是从贫穷落后的国家流向富裕的国家。比如，从缅甸、老挝、柬埔寨、越南贩运到泰国，甚至少部分贩运到西欧、东欧、北美、中东。其中，缅甸是最主要的人口贩运来源，老挝、柬埔寨、越南紧随其后。

从受害者的构成来看，以妇女和女孩居多，还包括成年男性。根据 2016 年及之后的被贩运人口的年龄和性别划分，东亚地区[1]成年女性占比 48%，未成年女性占比 19%，成年男性占比 29%，未成年男性占比 4%。[2]在湄公河流域国家，更多儿童成为受害者，特别是女童，而成年男性成为受害者的比例也在增加。

从受害者的流入地来看，除了泰国以外，中国也是另一个人口贩运流入地。随着中国经济的高速增长，中国企业生产能力增强，对合格劳动力的需求一再增加。境内外有组织犯罪团伙瞄准这一"商机"，组织境外人员偷渡入境为用工企业输送劳动力的情况增加。用工企业不限于在西南边境，甚至扩展到了中国内地及沿海城市。2011 年云南省德宏傣族景颇族自治州警方在一起特大组织偷越国边境案件中查获缅甸籍人员 134 名，其中 92 人在山东某食品厂非法就业。[3]而随着中国居民收入的增加，中国对周边国家的吸引力不断增强，出现了备受社会关注的"新娘经济"（Bride Trade）现象，即为经济利益将中国周边越南、缅甸等国的女性贩运到中国嫁给中国落后地区的男性，其中"越南新娘"现象最为突出，这也促使中国成了澜湄流域人口贩运的另一个目的地。[4]

面对湄公河流域国家人口贩运的严重趋势，2004 年 10 月澜湄六国签订了《湄公次区域六国反对拐卖人口区域谅解备忘录》，以警务合作的模式开启澜湄流域打拐合作历程。但跨国人口贩运犯罪线索获取难、调查取证和核查

---

〔1〕 包括中国、缅甸、泰国、老挝、越南、柬埔寨、越南在内的 14 个国家。

〔2〕 参见《2018 年全球人口贩卖报告》。

〔3〕 张洁："澜湄流域云南边境一线'三非'人员跨境犯罪问题研究"，载《四川警察学院学报》2019 年第 2 期，第 4 页。

〔4〕 Ko ko Hlaing, "Non-traditional Security Cooperation: A Critical Issue For Greater Mekong Sub-region", 载林文勋、郑永年主编：《澜湄合作新机遇与中国-东盟关系新篇章——第七届西南论坛暨澜湄合作智库论坛论文集》，社会科学文献出版社 2017 年版，第 42 页。

被害人身份难、获得遣返和安置被害人资金难等原因使得跨国打击拐卖妇女儿童犯罪[1]难上加难，因此需通过加强国际刑事司法协助来打击跨国人口贩运犯罪。[2]

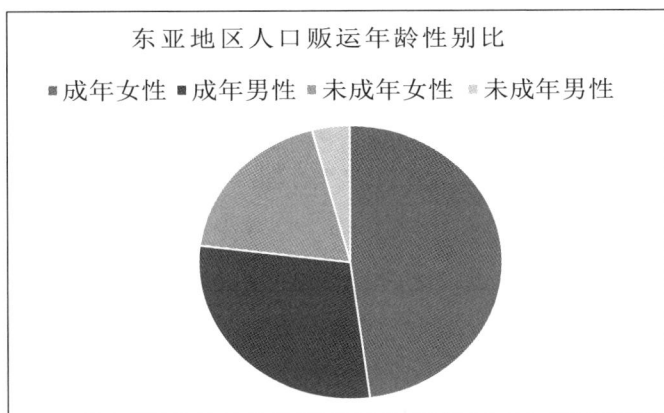

图1-1　东亚地区人口贩运年龄性别比

（四）跨国电信网络诈骗犯罪高发

跨国诈骗犯罪是在"互联网+"时代利用网络实施的新型跨国诈骗犯罪，本质是传统犯罪的网络化，是将网络当成犯罪工具的网络犯罪形式，因此应该按传统诈骗罪来定罪。[3]21世纪之初，电信诈骗犯罪出现并逐渐呈现高发态势，致使人民群众的财产遭受巨大损失。随着国内打击力度的加强，电信诈骗犯罪呈现向境外东南亚、北非、南欧蔓延的趋势。[4]电信诈骗犯罪团伙首先选择东南亚的马来西亚、菲律宾，随后是澜湄流域的缅甸、老挝、柬埔寨、越南、泰国。特别是近5年缅甸北部成为电信诈骗犯罪的首选之地，将近有10万人从国内偷渡或通过正规渠道入境，专门对中国境内同胞实施跨国电信网络诈骗犯罪。

---

〔1〕　刘国福：《反跨境人口贩运法律制度与人口贩运被害人转介机制》，世界知识出版社2017年版，第179~182页。

〔2〕　郭晶：《跨国贩卖人口犯罪研究——从国际刑事政策视角展开》，法律出版社2017年版，第158页。

〔3〕　陈兴良："网络犯罪的刑法应对"，载《中国法律评论》2020年第1期，第94页。

〔4〕　丁晨："电信网络诈骗案件侦查中的跨境合作问题研究"，中国人民公安大学2019年硕士学位论文，第11~12页。

缅北和云南接壤，跨境居民语言相同、生活习惯接近，电信信号通用。[1]诈骗的种类有冒充公检法机关执法、骗贷、裸聊、刷单返现、投资理财、"杀猪盘"等。跨境电信诈骗犯罪一般都是团伙犯罪，组织严密、分工明确、任务拆解仔细，犯罪链条明确，发送诈骗信息、和受害人沟通、转账、取款均由不同的人跨地区、跨地域实施，侦破难度大。我国警方与澜湄流域国家警务通力合作，合力侦破多起跨国犯罪案件，成功抓捕犯罪嫌疑人并引渡回国。自 2011 年至 2017 年间，我国与柬埔寨警方合作将 1133 名中国籍电信诈骗犯罪嫌疑人从柬埔寨被遣返回国，[2]接受法律的审判。

但境外东南亚电信诈骗团伙猖獗的犯罪势头并未减弱，甚至出现了多种违法犯罪相融合的趋势。如在缅北，毒品种植、交易和开设赌场是当地的"支柱产业"。在电信诈骗团伙在缅北扎根后，少数民族地方武装通过赌场来管理诈骗团伙，电信诈骗与境外赌场勾结成为新的诈骗方式，通过网络贩毒、网络贷款、网络赌博、网络投资信息的诈骗方式蔓延。因为电信诈骗成本低、风险低、收益高，参与者众多，原来从事毒品和赌场犯罪的犯罪团伙也弃赌从诈、弃毒从诈。2019 年以后，缅北的电信诈骗犯罪态势愈发严重，至少占境外案发数的六成。赌场通过入股提供资金支持，为电信诈骗团伙提供技术团队，甚至和电信诈骗团伙共享客户信息，赌博和诈骗呈现一体化趋势。电信诈骗方式不断升级，危害性更大，特别是 2021 年电信诈骗已呈现全国性蔓延态势。因为新冠疫情爆发，我国警方无法出境办案，而我国与缅北的警务合作较难开展，跨境追捕较为困难，因此将实施电信诈骗的犯罪分子置于我国刑事管辖范围内是较好的制度创新。2021 年初，我国各地公安机关发布敦促滞留在缅北等境外从事电信诈骗等违法犯罪人员投案自首的通告，并明确不投案自首的将严厉惩处，甚至接受户籍注销等"社会性死亡"的严重后果。一次前所未有的"大劝返"行动在全国展开，这是有史以来的第一次。[3]

我国打击电信诈骗的高压态势加上缅甸疫情严重，致使自 2021 年春节开

---

〔1〕 周鑫："缅北民族地区跨境诈骗问题及其治理"，载《广西警察学院学报》2021 年第 2 期，第 91~92 页。

〔2〕 熊俊："中柬打击跨境电信诈骗犯罪警务合作研究"，载《法制博览》2019 年第 29 期，第 33 页。

〔3〕 "缅北电诈大劝返：回国靠'黄牛'插队，多地政府赴滇督战"，载《南方人物周刊》2021 年 8 月 7 日。

始，大量在缅北从事电信诈骗的人员回国投案自首，甚至部分人员通过偷渡的方式入境，给我国云南边境地区疫情防控带来了风险，[1]也突出了跨国电信诈骗犯罪、非法偷渡、公共卫生健康等非传统安全危险交织的复杂情势。

（五）跨境赌博犯罪猖獗

跨境赌博的产生有深刻的社会背景。我国自 1978 年实行改革开放以来，经济发展水平加快，综合国力明显增强，居民可支配收入增加，居民消费能力增强。自 20 世纪 90 年代开始，在中国 2.2 万公里的陆地边境线及周边地区，东起俄罗斯，西至越南，一个庞大的以中国公民为主要客源的"境外赌博圈"正在迅速形成。特别是在西南边境的缅甸、老挝、越南与我国接壤地区，尤其是缅北地区，禁毒之后博彩业成为当地的支柱产业，赌场林立。境外赌场通过提供免费食宿、免费机票方式在我国境外招赌吸赌，获取巨额的经济利益，导致我国大量资产外流，损害我国国家形象，危害我国边境安全，甚至恶化我国与周边国家的关系。因此，我国于 2005 年开展了"禁赌风暴"行动，通过三断一停（断电、断通信、断金融服务和停止边境异地证件办理）打击跨境赌博，西南边境 80 多家境外赌场纷纷关门或停业，中国公民出境赌博的情况得到了有效控制。

因存在巨大的利润空间，境外赌博集团将赌场迁移到了更加隐蔽的网络上，网络赌博成为跨境赌博的主要形式，而且线下赌场开设网络直播赌博，全方位向我国渗透。境外赌博集团内部组织严密、分工明确，境内设层层代理，编造无息贷款、高回报找工作等理由，通过直播、APP、网页、短信、微信朋友圈等手段推广，由非法的技术团队负责赌场的运营，控制赌博输赢，然后再由非法支付平台和地下钱庄负责将资金转到境外，导致我国每年 1 万亿元资金外流。[2]因参与网络赌博更加便捷、低成本、低门槛，境内参与跨境赌博人数众多。部分案件遍及全国众多省份，参与人数多达数万人，涉案金额巨大，社会危害性更大。在跨境赌博犯罪活动中，跨境赌博犯罪人员链、推广链、技术链、资金链形成了完整犯罪链条，体现了跨国性、有组织性、专业化、网络化、隐蔽性、链条化特征。

---

〔1〕　"云南防控疫情压力大，和缅北电信诈骗有关？"，载 https://baijiahao.baidu.com/s? id = 1705148113665644022&wfr=spider&for=pc，访问日期：2021 年 8 月 5 日。

〔2〕　熊丰、刘懿德："每年万亿外流，青年'跑分'洗钱　起底跨境网络赌博"，载《半月谈》2021 年第 8 期，第 35~36 页。

二、澜湄流域跨国犯罪特点

（一）犯罪类型复杂，社会危害性大

澜湄流域跨国犯罪类型复杂，既有危害国家安全的恐怖主义犯罪，也有危害公共社会秩序的犯罪，如毒品走私犯罪、人口贩运犯罪、枪支走私犯罪、野生动植物制品走私犯罪，还有危害公民人身权利财产权利的犯罪，如跨境诈骗犯罪、跨境赌博犯罪。上述跨国犯罪不仅危害澜湄国家的国家安全，而且还威胁澜湄国家的经济社会秩序以及公民人身权利财产权利，社会危害性大。澜湄流域跨国犯罪高发，覆盖澜湄全域，既是对澜沧江-湄公河国家治理能力治理体系的考验，也是各国跨境治理能力的体现。湄公河五国政治经济发展不平衡，除了泰国，其他四国经济现代化、工业化任务较重，对于跨境治理分身乏术，各国治理体系、治理能力较差，对边界管理积极性不高。边境居民国界意识淡薄，随意穿越国界，行走在各国是边民的日常，这也为犯罪人逃避处罚提供了可乘之机，同时也为跨国有组织犯罪集团流窜作案、逃避打击提供了天然屏障。尤其是在最危险的"金三角"水域，由于各国分而治之，各自负责本国船队的护航，缺乏信息沟通，出现了治理不力的后果。[1]盘踞在"金三角"水域的多支跨国有组织犯罪集团借机实施跨国毒品犯罪、枪支走私犯罪、人口贩运犯罪，航道上时常发生绑架、勒索、抢劫、故意杀人等恶性案件，[2]此类案件中最典型的当数"10·5湄公河惨案"。

环伺在"金三角"的武装力量有以糯康为代表的毒枭武装、有缅甸佤邦的少数民族武装——佤邦联合军和南掸邦联合军、泰国第三军区"帕莽"军营。[3]其中，以糯康为首的非法武装力量据点原来是在缅北大其力（Tachilek），以零星毒品销售起家，后成为小毒枭。大其力是"金三角"的中心城市、核心城市和最繁华的城市。其与泰国美赛镇隔河相望，以一座桥相连，俗称一城两镇，原来因盛产毒品和毒品交易而闻名。2006年1月10日，缅甸军政府清剿糯康在大其力的制毒工厂、仓库，收缴毒品、枪支并捣毁了一条毒品生产线。从2007年开始，不满足于只通过贩毒赚钱，糯康派其手下到湄公河上的孟喜岛区域，向湄公河上过往船只收保护费。自此以后，孟喜岛水

---

〔1〕 石宏、罗山爱："解读湄公河武装"，载《世界军事》2011年第24期，第46页。

〔2〕 "开创国际执法安全合作新典范"，载《法制日报》2016年12月22日。

〔3〕 石宏、罗山爱："解读湄公河武装"，载《世界军事》2011年第24期，第47~49页。

域就成了湄公河过往商船的噩梦，因为他们经常遇到糯康非法武装以查毒为名收保护费的行为。2007 年缅甸政府与糯康讲和，将其任命为缅甸军政府大其力当地的民团领导人。糯康当时手下有 400 多人的非法武装，配备 AK-47 冲锋枪、M16 步枪、火箭筒、手雷等。[1]因为湄公河上 80% 的船只来自中国，因此中国船只被抢劫的也不在少数，只是糯康团伙一般只是洗劫船上财物，比如啤酒、货物、现金或者绑架勒索，并不杀人。2008 年，因糯康袭击中国公安巡逻艇，[2]中国政府与老挝、缅甸、泰国开始进行警务合作，通缉糯康，对糯康非法武装进行围剿，糯康非法武装元气大伤，手下多人被捕。糯康重新回到缅甸大其力，通过开设赌场和控制赌场的方式牟利。[3]而金木棉赌场的崛起也影响了糯康的赌场生意，加之之前缅甸政府征用中国商船对糯康据点进行围剿，糯康决定对中国商船进行报复。

中国、泰国、老挝警方联合调查结果显示：糯康通过手下的人联系到泰国驻湄公河第三军区帕陆莽军营的边防军人共同制定杀人栽赃的计划，甚至提前准备了栽赃的毒品。泰国军人可以通过此次缴获毒品立功受奖，而糯康则可以实现报复计划。2011 年 10 月 4 日上午，中国籍商船"华平号"搭载 6 人满载葡萄等新鲜水果由西双版纳关累港驶出，航行时间为一天，预计 2011 年 10 月 5 日上午 10 点到达泰国清盛港。在途中遇到悬挂中国国旗的"玉兴号"，两船决定相伴而行，因为守望相助是湄公河上船员的习惯。糯康犯罪集团的 4 号人物翁蔑及其手下 8 个人在散布岛附近劫持了这两艘船只，并控制船只上的船员，将 92 万粒、价值 2000 万的冰毒分别放在两艘船上，由 4 艘快艇压着向"金三角"水域驶去。[4]当船只行至湄公河水域泰国段一棵鸡素果旁边时，岸上 9 名泰国军人开始开枪射击。随后留下 2 人在岸上警戒，7 名泰国军人登上船将 13 名船员杀害之后抛尸湄公河，造成中国商船贩毒被抓获的假象。糯康犯罪集团和泰国不法军人联手制造的这起骇人听闻的湄公河惨案，是我国新中国成立后中国公民在海外受到的侵害最严重的一起案件。惨案的发生导致湄公河航运暂停，给澜沧江-湄公河的经济合作蒙上阴影，"黄金水

---

〔1〕　张洋："四国联手携毒案"，载《人民日报》2012 年 5 月 11 日。

〔2〕　"新华社：让湄公河上枪声不再——中老缅泰四国联合执法摧毁糯康特大武装贩毒集团的启示"，载 http://www.gov.cn/jrzg/2012-05/11/content_2135046.htm，访问日期：2020 年 10 月 4 日。

〔3〕　"湄公河暗流：中国船员血案浮现金三角赌场冲突"，载《南方周末》2011 年 10 月 21 日。

〔4〕　魏一平："审判糯康：湄公河惨案全程还原"，载《三联生活周刊》2012 年第 40 期。

道"被阴霾笼罩。

(二) 犯罪向内地蔓延，社会管理添风险

澜湄流域跨国犯罪不仅高发，还呈现出了跨国犯罪组织严密、专业化明显、隐蔽性强、抓捕难度大等特点，而且犯罪呈现向内地蔓延趋势，加重了我国的社会管理风险。

跨国毒品犯罪是澜湄流域最严重的跨国犯罪，境外的有组织犯罪集团一般都是以枪毒合流的方式活跃在边境，将毒品大量、长期地走私到中国，集团内部专业化明显、隐蔽性强，抓捕难度大。"金三角"贩毒网络的核心人物，公安部发出 A 级通缉令、悬赏 10 万元缉拿的韩永万及其团伙成员长期活跃在中缅边境，其毒品犯罪行为遍及中、老、缅三个国家及国内多地。得益于中、老、缅三国禁毒部门多年的执法合作，在老挝成功抓捕韩永万及其团伙。中国警方将韩永万及其团伙押解回中国。昆明市中级人民法院一审以走私、运输、贩卖毒品罪判处韩永万死刑。[1]

因紧邻"金三角"，云南仍然是"金三角"传统毒品和合成毒品向境内渗透的主要通道，[2]也是我国禁毒的第一道防线。[3]进入云南的毒品会逐渐向内地渗透，内地毒品消费市场会逐渐扩大，我国成为主要毒品过境国和重要毒品消费国，国内毒品违法犯罪增加，毒品吸食人数庞大，比如"金三角"地区生产的大部分海洛因都被中国消费者吸食。在整个澜湄地区 330 万海洛因吸食者中，中国消费者占了绝大部分，有 100 万左右。[4]而且，由于我国是化工大国并具备大量生产麻黄碱的能力，境内外犯罪集团大量走私易制毒化学物品到"金三角"地区，成为生产冰毒和海洛因的重要原料，然后又将加工好的合成毒品渗透回中国。[5]毒品渗透到中国和易制毒原材料渗透到"金三角"又回流中国的双向渗透模式增大了我国禁毒的压力，增加了我国禁

---

〔1〕 "70 年要案纵览：金三角'毒枭之王'韩永万贩毒案"，载《人民法院报》2019 年 8 月 24 日。

〔2〕 刘延磊："金三角毒品问题对我国安全的影响及对策"，载《云南警官学院学报》2015 年第 1 期，第 22 页。

〔3〕 阮世祝、牛何兰、刘杰："'金三角'地区替代发展面临的新挑战及对策研究——以西双版纳傣族自治州境外替代发展为例"，载《云南警官学院学报》2019 年第 6 期，第 7 页。

〔4〕 Ko ko Hlaing, "Non-traditional Security Cooperation: A Critical Issue For Greater Mekong Sub-region"，载林文勋、郑永年主编：《澜湄合作新机遇与中国-东盟关系新篇章——第七届西南论坛暨澜湄合作智库论坛论文集》，社会科学文献出版社 2017 年版，第 39 页。

〔5〕 林锡星：《揭开缅甸神秘的面纱》，广东人民出版社 2006 年版，第 131 页。

毒和打击毒品犯罪的难度。2020 年初新冠疫情爆发期间，中国封锁边境，虽然暂时阻断了境外毒品对中国的渗透风险，但由于境内外贩毒集团大量盘踞在西南边境，在边境解封后，通过陆路、水路、航空方式，运用暗网、移动支付、卫星通信等手段将大宗毒品从西南边境运往华中分销，然后再向华东、华北、东北市场销售。2020 年，国内市场缴获的海洛因、鸦片共计 6.3 吨，占全国总量的 96.2%，缴获甲基苯丙胺、氯胺酮共计 18.8 吨，占全国总量的 83.1%。[1]毒品犯罪及其关联犯罪如：涉枪犯罪、盗窃罪等侵财犯罪、故意伤害罪等侵犯人身权利的犯罪、寻衅滋事罪、开设赌场罪、偷越国边境罪等犯罪严重影响了我国社会治安乃至国家安全。

澜湄流域是跨国人口贩运犯罪的高发地区。特殊的地理环境、高额的利润驱动、边境管理的松懈等各种原因叠加造成澜湄流域跨国人口贩运犯罪形势严峻，不容乐观。[2]2000 年以来，拐卖妇女儿童犯罪、组织偷越国边境等严重侵犯人身权利、扰乱社会管理秩序的犯罪呈多发态势而且有向内地蔓延的趋势，增加了内地的社会管理风险。我国与湄公河国家紧密合作，破获了一批拐卖妇女的案件。2014 年 10 月，在云南德宏警方侦办的一起拐卖缅甸籍妇女案件中，境内人员杨某、唐某与境外缅甸籍人员阿六、南咩应相互勾结，通过多次拐骗缅甸籍妇女到云南并卖至河南、山东等地的偏远农村获利。与此同时，该团伙多次组织多名缅甸籍人员偷渡入境到山东工厂非法务工以获取中介费。公安部指挥云南、河南、山东等地公安机关摧毁了这一特大跨国拐卖缅甸籍妇女儿童的犯罪网络，打掉犯罪团伙 4 个，抓获犯罪嫌疑人 37 名，解救缅甸籍被拐人员 177 名。[3]

第三节　澜湄刑事合作起因

中国与湄公河国家山水相连。在陆地上，我国与缅甸、老挝、越南接壤，陆地边境共 5000 余公里。在水路，我国与湄公河五国是由澜沧江－湄公河紧

---

〔1〕　参见《2020 年中国毒情形势报告》。

〔2〕　毕梦琪："大湄公河次区域的跨国拐卖人口犯罪控制研究"，载《法制博览》2017 年第 15 期，第 34 页。

〔3〕　"公安部破获特大拐卖缅甸妇女儿童案　解救 177 人"，载 http://m.cnr.cn/news/20150213/t20150213_ 517755521. html，访问日期：2020 年 1 月 1 日。

密连接的命运共同体。特殊的地缘将我国与湄公河五国利益紧密结合在一起，特别是澜湄合作更是加深了我国与湄公河五国的利益结合度。湄公河国家跨国犯罪等非传统安全风险通过陆地边境、航运通道及其他互联互通渠道溢出到我国，不仅给我国社会治安造成了较大风险，而且危害到了我国国家利益及公民个人的人身和财产安全，因此澜湄国家须加强刑事合作共同应对跨国犯罪。

一、西南边境：开放前沿+跨国犯罪溢出通道

中国西南边境的云南和广西与缅甸、老挝、越南接壤。中缅边境线长约2185公里。云南省西双版纳傣族自治州、普洱市、德宏傣族景颇族自治州、临沧市、保山市、怒江傈僳族自治州与缅甸接壤。中老边界线710公里，西双版纳傣族自治州勐腊县、普洱市江城县与老挝接壤。中越边界1354公里，广西壮族自治区，云南省的红河哈尼族彝族自治州、文山壮族苗族自治州与越南接壤。

云南边境线共4080多公里，有8个延边州市，25个县市与缅甸、老挝、越南接壤，共设置25个口岸，65条便民通道，边民往来频繁。云南共有16个跨境民族，总共1100万人，占云南少数民族总人口的83%，如中国的景颇族、缅甸的克钦族，中国的傣族、缅甸的掸族，中国的德昂族、缅甸的崩弄族等。虽跨国界而居，但相同的信仰、语言及风俗，跨境民族交往频繁、通婚互市，亲如一家。[1]因老挝和越南是统一的主权国家，因此中老、中越边境管理较为规范，而中缅边境的问题显得较为复杂，这是由缅甸国内特殊的国情决定的。与中国接壤的缅甸领土位于缅甸北部，缅甸北部从北至南分别为克钦邦、掸邦第一特区果敢、佤邦、掸邦第四特区。上述地区在历史上是中国领土，唐代属于南诏国、宋代归大理国所有，直到英国殖民时脱离中国，现在是境外最大的华人聚居区。根据1947年的《彬龙协议》，掸邦、克钦邦、佤邦是独立的地区，享有高度的自治权力，有独立的民族武装，有独立的司法权。中缅边境线除了德宏傣族景颇族自治州有一部分归缅甸政府管理以外，其他区域均由缅甸少数民族武装管理，占比为83.3%。[2]

---

[1] "中缅边境线上的十万克钦难民"，载《南方周末》2013年1月17日。
[2] 赖足兰："非传统安全视域下中缅边境管控的现状与困境研究"，载《云南警官学院学报》2020年第5期，第61页。

　　唇齿相依的地缘便利、亲如一家的胞波情谊、复杂的边境环境是西南边境的三大特点。特别是在我国提出"一带一路"倡议并倡导建立澜湄合作机制以来，西南边境的广西和云南由地理上的边境跃升为开放的前沿，[1]同时也成了湄公河国家传统安全风险和非传统安全风险向我国传递的通道。

　　就传统安全风险而言，主要是指缅甸军政府与少数民族地方武装之间的冲突引起的难民潮以及炮弹误伤我国民众的事件。[2]缅甸军政府与少数民族的地方武装之间的族际冲突是缅甸难民产生的直接原因。[3]2000年9月，缅北勐古发生内战，大批难民进入德宏傣族景颇族自治州潞西市（现芒市）避难；2009年8月8日缅甸军政府与果敢同盟军发生枪战，最后整编了果敢同盟军和缅克钦民主军，约4万难民涌入云南临沧。[4]2013年，缅甸军政府与克钦邦的战争导致上万难民涌入中国。2015年2月9日，果敢地区再次失控，果敢6万难民再次涌入中国。缅甸难民大量涌入带来的人权问题、人道主义、社会保障、三非人员、跨国犯罪、跨国人口流动、非法跨国婚姻、边疆稳定与安全、边疆治理的问题，引发的毒品走私、人口贩卖、艾滋病扩散、吸毒赌博、宗教渗透等社会问题给云南带来了边境管理难度和安全隐患，[5]凸显了国家制度边缘地带的社会控制问题。[6]

　　缅甸军政府与少数民族地方武装战争也开始波及中国边境，多次发生缅军机越境、炮弹航弹落入中国境内造成边民死伤事件，给中国边境民众生命健康财产造成了巨大损失。2015年3月13日下午，缅甸军机炸弹落入中方境内，造成云南省临沧市在甘蔗地耕作的边民5死8伤。[7]2015年3月13日晚，外交部副部长刘振民紧急召见缅甸驻华大使，就缅军机炸弹造成中方人

　　〔1〕 "从开放的边缘走向前沿——探寻西南开放新走向"，载 http://www.gov.cn/jrzg/2010-11/26/content_ 1754334.htm，访问日期：2021年7月19日。
　　〔2〕 孟辽阔："当代世界战乱难民问题研究"，中共中央党校2017年博士学位论文，第222页。
　　〔3〕 李芳芳："中缅边境缅甸难民治理问题研究"，云南财经大学2016年硕士学位论文，第24页。
　　〔4〕 奎裕川、胡燕华："云南境内缅甸难民问题研究"，载《人间》2015年第26期，第17~19页。
　　〔5〕 陈燕："近年来国内缅甸难民问题研究综述"，载《现代交际》2018年第13期，第253页。
　　〔6〕 王鑫："国家制度边缘地带的社会控制——读罗刚的《云南边境民族地区非法移民问题及其治理研究——以河口瑶族自治县为例》"，载《时代法学》2013年第2期，第119页。
　　〔7〕 "缅军机炸弹落入中方境内已造成5死8伤"，载 http://m.news.cntv.cn/2015/03/15/ARTI-1426351201768348.shtml，访问日期：2021年8月22日。

员死伤提出严正交涉。[1]2015 年 3 月 15 日，中缅边境的云南临沧开来大批解放军陆空部队，进驻中缅边境地区。由此可以看出，难民安置和归化是非传统安全问题，[2]但引起难民问题的原因是缅甸的国内战争，属于传统安全问题，而且由此极易引起中缅之间的军事冲突，具有较高的边防安全风险。

就非传统安全风险而言，中老、中越边境也是跨国违法犯罪高发地。中老边境跨国毒品走私、人口贩运、动植物制品走私、黑恶势力犯罪、跨境诈骗、跨境赌博犯罪[3]高发。中越边境普通物品走私，毒品走私，人口贩运，组织、运送、偷越国边境犯罪以及"三非"人员实施的故意杀人、故意伤害、抢劫、诈骗、盗窃等较为猖獗。边境跨国违法犯罪的严重社会危害性通过边境溢出到我国，造成我国边境乃至内地治安形势严峻，严重威胁了我国国家利益、公共利益、个人利益，而且严重影响了澜湄合作的深入发展。

二、澜沧江-湄公河：黄金水道+跨国犯罪高发地

以位于老挝和柬埔寨边界的孔瀑布为界，湄公河被分为上下湄公河。因孔瀑布落差较大，不适合航运，贯通整条湄公河航运难度较大，因此湄公河航运因自然原因分为上下湄公河河段航运。其中，下湄公河段航运涉及柬埔寨和越南，主要供柬埔寨商船航行，[4]上湄公河段涉及中、老、缅、泰四个国家，也就是我们通常称的湄公河航运，船只主要是在中国关累港到泰国清盛的 330 多公里的航道上行使，航行时间在 8 个小时左右。湄公河流域处于亚热带季风气候区，受海上季风气候影响，5 月到 10 月为雨季，潮湿多雨，湄公河水位高，适合航行；受大陆东北季风影响，11 月到 4 月为旱季，干旱少雨，湄公河水位低，船只有搁浅的风险。湄公河水道自然条件较差、险滩较多，大险滩 11 个、小险滩 10 个。[5]2002 年至 2004 年，中、老、泰、缅四国已对湄公河险滩进行整治，但湄公河运力有限，只能承载 420 吨以下的船

---

〔1〕 "外交部紧急召见缅甸驻华大使　提严正交涉"，载 http://m.news.cntv.cn/2015/03/14/ARTI1426263885441309.shtml，访问日期：2021 年 8 月 22 日。

〔2〕 宋宏梅、张金平："中国在难民问题上的非传统安全风险与应对研究"，载《福州大学学报（哲学社会科学版）》2019 年第 4 期，第 47 页。

〔3〕 松展："中国与老挝边境地区社会治安合作治理机制研究"，广西大学 2018 年硕士学位论文，第 14～16 页。

〔4〕 沈静芳："澜沧江-湄公河航运现状与未来"，载《东南亚南亚研究》1997 年第 3 期，第 13 页。

〔5〕 "中老泰缅上湄公河航道改善工程"，载《交通建设与管理》2002 年第 6 期，第 22 页。

只航行。湄公河流域交通基础设施较差，公路运输不仅耗时长而且成本高，相比较而言湄公河航运具有运价低、运力大、环保绿色的特点，[1]因此湄公河水道航运不仅促进了澜湄各国贸易的发展，也带动了沿岸各国旅游、资源开发，一度被称为"黄金水道"。据云南省相关统计数据：截至2011年，湄公河上的船只有130艘，其中110艘来自中国，湄公河上的货运基本被中国商船和船员所主导。从国际航运贸易情况看，中国是最大的获益者，[2]可以通过湄公河这种低廉的运输方式将产品运往东南国家；其次是泰国，泰国因经济发展状况较好，出口商品以农产品为主，与中国贸易有较强的互补性。[3]

　　老挝、缅甸、泰国交界的"金三角"地区是湄公河流域最危险的河段，是湄公河航运危险的主要来源。狭义的"金三角"地区（Golden Triangle）是指湄公河和泰国的美赛河交汇后形成的一片冲积平原，因形似三角，且种植水稻成熟后一片金黄，被称为"金三角"。[4]后泰国在老挝、缅甸、泰国交界点树立起了一座刻有"金三角"字样的牌坊，因此"金三角"便成为此地的代名词。广义的"金三角"包括缅甸北部的掸邦、克钦邦，泰国北部的清迈府北部、清莱府，老挝的琅南塔省、丰沙里、乌多姆塞省、琅勃拉邦省西部，面积共15万平方公里~20万平方公里，共有大小村镇3000多个。[5]"金三角"交通闭塞，与外界联系较少，三国的中央政府很难对此地区进行有效的管控，这一地带被称为主权真空地带，也就是俗称的"三不管"地带。缅甸国内少数民族多达135个，缅北的掸邦有26个少数民族，其中掸族（在中国称为"傣族"）占60%以上，与云南的西双版纳接壤；克钦邦有10余个少数民族，其中克钦族（在中国称为"景颇族"）人口约36万，是克钦邦的主体民族，与云南的怒江、德宏、保山接壤。因此，缅北复杂的民族问题、不便的交通、国家管控的弱势使得"金三角"地区违法犯罪多发，社会治安状

---

〔1〕 "云南'水陆空铁'交通网建设快马加鞭"，载《春城晚报》2014年3月12日。

〔2〕 "湄公河血案：新型毒品和赌场打破该地原财富格局"，载 http://app.ylrb.com/? app = article&controller = article&action = show&contentid = 42041，访问日期：2021年10月10日。

〔3〕 志延： "泰国与中国农产品贸易的竞争性与互补性研究"，首都经济贸易大学2015年硕士学位论文，第27页。

〔4〕 尹锋：《金三角毒枭风云——湄公河血案背后的惊天阴谋》，中国铁道出版社2012年版，第5页。

〔5〕 李晨阳主编：《金三角毒品问题研究》，云南大学出版社2010年版，第20页。

况较差，局势比较动荡。

19世纪末，中南半岛的缅甸沦为了英国的殖民地，而老挝、柬埔寨、越南沦为了法国的殖民地。为获取巨额经济利益，英国的东印度公司和法国的法属印度支那公司开始在中南半岛殖民地种植罂粟加工鸦片，就如同打开潘多拉魔盒，自此"金三角"便开启了罂粟种植和加工历史。而由于历史上国民党残部大面积种植罂粟，"金三角"成了闻名世界的毒品生产和加工基地，在其高峰时期，全世界60%~70%的毒品来自"金三角"。自20世纪70、80年代开始至90年代，因为来自国际社会的压力和联合国的基金支持以及中国的禁毒疏导，三个国家政府推行的联合围剿行动以及实施的以经济作物种植替代罂粟种植计划，罂粟种植数量慢慢减少。而且，因泰国政府强力推进扫毒行动，压缩了泰国罂粟种植面积，与我国接壤的缅北成了"金三角"毒品种植的主要地区。但因为国际市场对于毒品的巨大需求，替代种植计划难以推进，当地农民因毒品种植禁令后陷入贫困又复种的情况比较多见。[1]加之少数民族武装对于资金的大量需求等原因，进入21世纪后，"金三角"地区的罂粟种植面积又开始增多，缅北、泰国、老挝的种植面积都出现增加。自2006年到2014年，"金三角"的毒品种植量一直在扩大，缅甸罂粟种植面积居世界第三。[2]除了以罂粟加工鸦片、吗啡、海洛因等传统毒品，以冰毒、摇头丸、安非他明为代表的新型合成毒品的加工及销售呈抬头之势，成为"金三角"毒品的主要来源，"金三角"由"海洛因王国"转变为了"冰毒王国"。

为保护毒品犯罪的巨大利益，"金三角"的毒枭非法武装购买武器，以兵养毒、以兵贩毒，从而呈现枪毒合流的趋势，武装贩毒现象非常突出，[3]给当地社会治安以及我国边境安全带来了巨大挑战。"金三角"毒品生产出来以后，一般通过陆运加海运模式走私至世界各地。自20世纪90年代以来，中国和泰国是"金三角"毒品的主要过境地和流向地。"金三角"周边各国均

---

〔1〕 Tom Kramer, "From Golden Triangle to Rubber Belt? The future of Opium Bans in the Kongkang and Wa Regions", *Drug Policy Briefing*, 29, July 2009, 1~12.

〔2〕 "联合国报告称金三角鸦片种植面积连续八年扩大"，载 http://world.people.com.cn/n/2014/1209/c157278-26171033.html，访问日期：2020年10月3日。

〔3〕 "中老缅泰四国联合摧毁糯康特大武装贩毒集团启示"，载 http://www.gov.cn/govweb/jrzg/2012-05/11/content_2135046.htm，访问日期：2020年10月4日。

通过严格的边防检查对走私毒品进行围追堵截，但因为边境线过长，而且边境地区山高林密，毒贩利用熟悉地形的优势，一般都是避开边境检查站通过许多便道直接入境。比如，中缅边界可能只是一座桥、一片树林、一条河，进入中国很容易，向中国的走私渗透进一步加剧，[1]我国成了毒品过境地和主要消费地，对我国危害极大。因地处"金三角"，湄公河成了重要的毒品走私通道，[2]据统计，沿湄公河毒品走私占该区域的30%以上，湄公河也成了"金三角"毒品向我国渗透的重要通道。

由于禁毒工作的推动、替代种植的推广，博彩业在"金三角"开始兴起并成为当地的重要经济支柱，参赌人员主要来自中国和泰国。泰国禁赌，因此"金三角"的赌场一般都设置在老挝、中缅边境地区。参赌人员或通过合法渠道入境或通过偷渡的方式非法入境，因为中缅边境有很多便道，在蛇头或当地"职业带路人"的引导下，花费少量的成本便可轻松入境。通过博彩业获得的税金可使当地政府投入基础设施建设等，改善当地民众的生产生活状况。[3]来参赌的人员有自己来的，也有被赌场的人以致富神话骗来的，通常是输光了钱又染上毒瘾、借下高利贷，陷入万劫不复之地，甚至将整个家庭拖入无底深渊。这些赌客要么被赌场非法拘禁、要么被赌场绑架后勒索家人还债。仅在2002年到2005年间，由中国公民到境外赌博引起的刑事案件就高达190余起，数十人被非法拘禁、敲诈勒索、殴打、伤害，其中8人被杀害。[4]"金三角"的赌场背后一般有少数民族非法武装力量的参与，在国际社会打击毒品的大背景下，"以赌养兵"替代"以毒养兵"，凸显了赌场在"金三角"利益格局和整治格局中的重要力量。2007年，老挝政府与香港金木棉公司签订合同，允许在老挝人民民主共和国波乔省东鹏县湄公河畔，老挝、泰国、缅甸交界处建立金三角东盟旅游经济区。2009年9月金木棉公司建立的金木棉赌场一跃成为"金三角"地区最大的赌场，吸引了大量来自

〔1〕"'金三角'毒品走私更隐秘（第一现场）"，载 http://www.chinadaily.com.cn/dfpd/shizheng/2011-10/17/content_13910508.htm，访问日期：2020年10月4日。

〔2〕何雪倩："第二届湄公河平安航道联合扫毒行动国际合作禁毒战略（编译）"，载《德宏师范高等专科学校学报》2016年第4期，第28页。

〔3〕"始于赌，终于毒：揭开滞留缅北华人生存真相"，载 https://news.qq.com/cross/20160624/4695JDRr.html，访问日期：2020年10月18日。

〔4〕"中缅边境赌博业萎缩诱发绑架等暴力犯罪"，载 https://news.sina.com.cn/s/2009-01-19/050215054589s.shtml，访问日期：2020年10月18日。

"金三角"及中国的赌客,对流域内缅甸赌场造成冲击。加之金木棉公司走私珍贵木料及石料,改变了"金三角"原来由非法武装执掌赌场、走私领域形成的利益格局,各利益集团矛盾激化,湄公河上的平静被打破,中国船只成了被殃及的池鱼。[1]

其实,自 2008 年开始,湄公河流域针对中国商船的袭击便已经开始发生甚至发生了袭击中国警察事件。[2]2009 年 2 月在湄公河缅甸水域,中国商船再次遭到袭击,中国籍船员白某被打死。2009 年下半年开始,针对中国商船的袭击变得多了起来。缅甸境内非法武装频繁针对湄公河上的金木棉公司货船、商船甚至其他中国商船,以查毒为名拦截抢劫,但一般不伤人。自 2011 年开始,针对中国商船的袭击已成为常态,几乎每条船都被"检查"过。根据中国关累港海事的通话记录,2011 年 4 月至 10 月,共有 6 起针对中国船只的拦截、抢劫、敲诈勒索案件,[3]"金三角"水域开始变为中国商船的"魔鬼水域"。虽然湄公河安全问题突出,但因为各种因素的制约,各国在经济合作的同时往往会忽略非传统安全合作,非传统安全合作的缺席最终酿成了"10·5 湄公河惨案"。[4]因此,"金三角"不仅是毒品概念,还是历史概念、政治概念、民族概念和国际概念,[5]更是一个牵动流域各方安全和利益的地区。

---

〔1〕 "湄公河暗流:中国船员血案浮现金三角赌场冲突",载 http://www.infzm.com/contents/64043,访问日期:2020 年 10 月 3 日。

〔2〕 根据中、老、泰、缅四国签署的《打击毒品走私的地区合作协议》,中国警察当时正在湄公河上巡逻,并未携带武器。非法武装分子登上巡逻艇,用步枪扫射 5 分钟之久,3 个警察受伤。

〔3〕 "湄公河暗流:中国船员血案浮现金三角赌场冲突",载 http://www.infzm.com/contents/64043,访问日期:2020 年 10 月 3 日。

〔4〕 关键:"区域安全公共产品供给的'中国方案'——中老泰缅湄公河联合执法合作机制研究",载《中山大学学报(社会科学版)》2019 年第 2 期,第 189 页。

〔5〕 林锡星:《揭开缅甸神秘的面纱》,广东人民出版社 2006 年版,第 125 页。

刑法规定的空间效力范围的界限所产生的局限，由国际刑事司法协助予以弥补。[1]

——［德］弗兰茨·冯·李斯特

澜湄流域刑事合作可以追溯至 20 世纪 90 年代，基于打击跨国毒品犯罪及非传统安全合作的需要，澜湄国家建立及参与了多种合作机制，在跨国犯罪个案上通力合作，开创了澜湄次区域多边合作机制建构+个案合作的"澜湄模式"，保障了地区的安全稳定。需要说明的是，澜湄国家之间的刑事合作包括多边刑事合作和双边刑事合作。与多边刑事合作相比，在实践中澜湄国家之间双边刑事合作频率更高、合作范围更广、合作意愿更强、合作效果更好，但因本书将澜湄流域多边合作作为考察重点，因此不再将澜湄国家之间双边合作作为专门内容进行梳理，只是在相关的章节进行阐述。

第一节　澜湄多边合作机制

为应对跨国（境）犯罪，澜湄六国建立及参与了合作目的不一、合作范围不一、合作内容相似的六个多边合作机制。根据合作目的和合作内容划分，合作内容为禁毒合作的有三个：中国-东盟禁毒合作，大湄公河禁毒合作，中、老、泰、缅禁毒合作。合作内容为打击跨国犯罪等非传统安全合作的也有三个：中国-东盟非传统安全合作框架，中国-东盟总检察长会议制度，湄公河执法安全合作机制。以合作范围划分，有区域合作——中国-东盟禁毒合

---

〔1〕　［德］弗兰茨·冯·李斯特：《李斯特德国刑法教科书》，［德］埃贝哈德·施密特修订，徐久生译，北京大学出版社 2021 年版，第 118 页。

作，中国-东盟非传统安全合作框架，中国-东盟总检察长会议制度；有次区域合作——大湄公河禁毒合作，湄公河执法安全合作机制；有范围更小的四个国家之间合作——中、老、泰、缅禁毒合作。虽然合作目的、合作内容、合作范围存在差异，但这六个多边合作机制均涉及包括执法合作、刑事司法合作等刑事合作内容。本节将以合作范围由大到小（全区域合作—次区域合作—四国多边合作）顺序梳理澜湄多边合作机制类型，在具体的同类多边合作机制之间以成立时间先后顺序阐述机制构建过程、合作内容、合作特点及功能。

一、中国-东盟区域多边合作机制

湄公河五国均是东盟成员国，中国-东盟构建的多边合作机制为中国与湄公河国家刑事合作提供了依据。东南亚国家联盟（即东盟）（Association of Southeast Asian Nations，ASEAN），是以经济合作为基础的政治、经济、安全一体化合作组织，[1]有文莱、柬埔寨、印度尼西亚、老挝、马来西亚、缅甸、菲律宾、新加坡、泰国、越南10个成员国。[2]周边国家是中国外交的优先方向，中国一直十分重视与东盟的关系，2003年中国与东盟建立了战略伙伴关系，2010年中国-东盟自贸区正式建立，为地区经济发展、货币稳定、和平稳定、共同繁荣起到了非常重要的作用。[3]

（一）中国-东盟禁毒合作框架

"金三角"毒品问题是中国与东盟面临的最复杂、最艰巨的非传统安全问题，因此中国与东盟在禁毒方面较早达成了共识，建立了打击毒品的长效合作机制。2000年中国与东盟在泰国曼谷召开禁毒合作（ASEAN and China Co-operative Operations in Response to Dangerous Drugs，ACCORD）国际会议，通过了《曼谷宣言》和《中国与东盟禁毒合作计划》。中国与东盟第二次禁毒合作会议于2005年在北京召开，通过《北京宣言》和更新后的《中国与东盟

---

〔1〕 "东南亚国家联盟"，载 https://www.mfa.gov.cn/web/wjb_ 673085/zzjg_ 673183/yzs_ 673193/dqzz_ 673197/dnygjlm_ 673199/dnygjlm_ 673201，访问日期：2021年9月1日。

〔2〕 "东南亚国家联盟"，载 https://www.mfa.gov.cn/web/wjb_ 673085/zzjg_ 673183/yzs_ 673193/dqzz_ 673197/dnygjlm_ 673199/dnygjlm_ 673201，访问日期：2021年9月1日。

〔3〕 "中国-东盟战略伙伴关系2030年愿景"，载 http://www.gov.cn/guowuyuan/2018-11/15/content_ 5340677.htm，访问日期：2021年10月10日。

禁毒合作计划》，确立了预防教育、戒毒康复治疗、缉毒执法、替代发展四大支柱，呼吁加强区域紧密合作，实现 2015 年东盟和中国无毒目标。[1] 我国与东盟国家禁毒执法合作开始最早、范围最广、效果最好，[2] 但也存在合作范围狭窄、合作意愿不一、合作实用性有待提高的问题。2014 年 7 月 6 日中共中央、国务院联合印发《关于加强禁毒工作的意见》，提出将中国与东盟的禁毒工作提升到了"中国-东盟命运共同体"高度，标志着中国-东盟警务合作将从局部走向全局、分散走向统一、行动上升到纲领，也充分表明中国政府将全方位加强与东盟国家的警务合作。[3] 而由于各国立法的差异较大，中国与东盟各国虽然在联合审讯、调查取证方面有合作，但打击毒品犯罪的司法协助不够深入，不能适应跨国毒品犯罪社会危害大的严重情势。[4]

（二）中国-东盟非传统安全合作框架

2002 年 11 月 4 日，中国与东盟（10+1 框架）在柬埔寨金边签署《中国与东盟关于非传统安全领域合作联合宣言》（以下简称《联合宣言》），双方决定在打击贩毒、偷运非法移民包括贩卖妇女儿童、海盗、恐怖主义、武器走私、洗钱、国际犯罪和网络犯罪等跨国犯罪领域加强非传统安全合作，[5] 自此拉开中国与东盟非传统安全的序幕。2003 年中国与东盟签订《东南亚友好合作条约》，标志着中国-东盟安全合作机制正式建立。为推动《联合宣言》内容落地，2004 年 1 月 10 日中国与东盟签订《非传统安全领域合作谅解备忘录》（以下简称《备忘录》），确定在反恐、禁毒、打击国际经济犯罪等方面和信息交流、人员交流与培训、执法合作领域加强合作，而且把禁毒放在非传统安全合作领域的首位。[6] 中国与东盟开展非传统安全合作成效显著，

---

〔1〕王虎："浅析中国-东盟禁毒合作机制建设"，载《首都师范大学学报（社会科学版）》2010 年第 3 期，第 140~141 页。

〔2〕张晓春："中国-东盟禁毒命运共同体建设问题研究"，载《广西社会科学》2015 年第 4 期，第 61 页。

〔3〕张晓春："中国-东盟禁毒命运共同体建设问题研究"，载《广西社会科学》2015 年第 4 期，第 60 页。

〔4〕方勇："基于中国与东盟禁毒合作的东盟禁毒研究述评"，载《广西社会科学》2014 年第 3 期，第 47 页。

〔5〕"中国与东盟关于非传统安全领域合作联合宣言"，载 http://russiaembassy.mprc.gov.cn/wjb_673085/zzjg_673183/yzs_673193/dqzz_673197/dnygjlm_673199/zywj_673211/200211/t20021112_7605586.shtml，访问日期 2021 年 8 月 25 日。

〔6〕王虎："浅析中国-东盟禁毒合作机制建设"，载《首都师范大学学报（社会科学版）》2010 年第 3 期，第 141 页。

有力地维护了地区安全和和平，但中国与东盟非传统安全合作框架毕竟不具有强制性和约束性，面临如权威性合作依据缺失、常设性权威合作机构缺失、合作领域狭窄等问题。[1]中国与东盟的非传统安全合作主要以警务合作为主，司法合作最为典型的是中国-东盟总检察长会议制度。中国-东盟总检察长会议制度建立起了总检察长定期会晤、检察官相互交流访问、开展快速便捷司法协助等合作交流机制，在打击跨国犯罪、网络犯罪和追赃追逃国际合作方面成效显著。[2]

二、澜湄次区域多边合作机制

毒品问题是湄公河流域，特别是"金三角"最严重、社会危害性最大的非传统安全问题，跨国毒品犯罪及其关联的危害公共安全的犯罪（涉枪涉黑等犯罪）和侵害公民人身财产权利的犯罪（故意杀人、故意伤害、抢劫等恶性刑事犯罪）不仅扰乱了湄公河流域的社会经济秩序，而且严重威胁着澜湄流域民众的安全。为应对湄公河流域毒品犯罪等严重跨国犯罪，澜湄次区域六个国家建立了两个多边合作机制为刑事合作提供制度基础。

（一）大湄公河 MOU 禁毒合作框架（六国七方禁毒合作）

1993 年 10 月中国与老挝、缅甸、泰国以及联合国禁毒署（现联合国毒品和犯罪办公室 UNODC）签署了《禁毒合作谅解备忘录》（Memorandum of Understanding on Drug Control，MOU），次区域禁毒框架基本形成。[3]1995 年 5 月首届次区域禁毒部长级会议在北京召开，接纳柬埔寨、越南为签字国，通过禁毒合作《北京宣言》，签署《次区域禁毒行动计划》，确定以联合国援助禁毒项目合作方式开展区域禁毒合作。[4]2002 年大湄公河次区域禁毒合作进入第十个年头，六国禁毒高官会议在北京召开，会议回顾了十年禁毒成果，并展示了《次区域禁毒行动计划》下毒品滥用、减少毒品非法生产和贩运、执法合作进展。[5]经过二十多年的发展，大湄公河 MOU 禁毒合作法律基础完

---

〔1〕 何倩："论中国与东盟的非传统安全合作"，西南政法大学 2008 年硕士学位论文，第 19~22 页。

〔2〕 赵奕："加强区际合作 打击跨国有组织犯罪——第四次中国-东盟总检察长会议述要"，载《人民检察》2007 年第 6X 期，第 58 页。

〔3〕 刘稚："中国与东盟禁毒合作的现状与前景"，载《当代亚太》2005 年第 3 期，第 35 页。

〔4〕 封顺、郑先武："中缅跨境安全复合体及其治理"，载《国际安全研究》2016 年第 5 期，第 140 页。

〔5〕 刘稚："中国与东盟禁毒合作的现状与前景"，载《当代亚太》2005 年第 3 期，第 36 页。

备，覆盖范围周全，机制务实高效，成了次区域禁毒合作典范，并带动次区域非传统安全合作，在维护地区稳定、社会安全和增进人民福祉方面意义重大。[1]当前，在大湄公河流域毒品供应大幅增加、合成毒品滥用更加突出、易制毒化学品查获率低、跨国犯罪愈加猖獗的大背景下，我国一直积极参与并努力推动大湄公河次区域禁毒工作不断发展，在区域执法、加强边境执法能力和减少毒品需求的各类项目的设计、更新、实施方面的引领作用不断增强。[2]

（二）湄公河执法安全合作机制

"10·5湄公河惨案"不仅侵害了中国公民的生命权益，挑战了中国司法权威，同时还严重威胁了湄公河航运安全，危害了湄公河沿岸各国人民的切身利益。[3]"10·5湄公河惨案"后中国暂停湄公河航运，昔日繁荣的黄金水道被阴霾笼罩。如何驱散湄公河阴霾，有效打击跨国犯罪，保障航运安全，维护湄公河沿岸各国人民合法利益，是摆在澜湄六国面前的现实需求。[4]"10·5湄公河惨案"是澜湄刑事合作的重要时间节点。在之前的多边刑事合作机制中，中国是追随者、参与者，而在湄公河执法安全合作机制中，中国积极推进执法安全机制的建设，开创中国与周边国家跨境安全治理新模式，[5]标志着中国在澜湄地区安全合作中的角色已向规则的主导者和制定者转变。

1. 湄公河执法安全机制的成立

"10·5湄公河惨案"发生以后，党中央、国务院高度重视，要求尽快查明案情，缉拿凶手，保护人民群众的生命财产安全。[6]受国务院委托，2011年10月23日国务委员、公安部部长孟建柱同志在西双版纳召开会议，专门研

---

〔1〕 "中国积极参与大湄公河次区域禁毒国际合作"，载《人民日报》2016年4月19日。

〔2〕 "地缘大国不断推进禁毒合作内容"，载《光明日报》2016年4月21日。

〔3〕 "中老泰缅湄公河流域执法安全合作机制五周年综述"，载 http://www.xinhuanet.com//world/2016-12/26/c_1120191881.htm，访问日期：2021年9月9日。

〔4〕 "环球时报.湄公河，见证跨国新安全模式"，载 http://star.news.sohu.com/20120918/n353405070.shtml，访问日期：2020年10月1日。

〔5〕 孔令杰："中老泰缅湄公河流域联合执法的法律基础与制度建构"，载《东南亚研究》2013年第2期，第73页。

〔6〕 "云南昆明：缅甸军警联合工作组来华提审糯康"，载《光明日报》2012年8月23日。

究案件处理并部署湄公河航运安全规划，〔1〕指出在保障安全的基础上，尽快恢复湄公河航运。2011 年 10 月 31 日，中、老、泰、缅湄公河流域执法安全合作会议在北京召开，通过了《中老泰缅关于湄公河流域执法安全合作会议纪要》，发表了《中老泰缅关于湄公河流域执法安全合作的联合声明》〔2〕，标志湄公河执法安全合作机制正式建立。这是全球首个在国际河流开展联合执法的区域安全合作机制，标志着"湄公河执法区"〔3〕的成立。在湄公河执法安全框架下，中、老、泰、缅四国通过建立联合巡逻执法、情报交流、应对突发事件合作等机制，保护正常航运中船舶、人员的生命财产安全，补齐了湄公河安全短板。中、老、泰、缅四国在云南西双版纳关累港设立了联合巡逻执法联合指挥部，不仅负责制定具体的制度和规则，还负责情报交流和联合执法工作。

2. 中、老、泰、缅联合巡逻执法：单一执法到多元化合作模式

在执法安全机制的框架内，中国与泰国、老挝、缅甸开始开展执法安全合作。2011 年 12 月 10 日，中、老、泰、缅联合巡逻执法正式启动，湄公河航运正式恢复，昔日的"黄金水道"恢复了往日繁荣。中、老、泰、缅执法机制是维护流域安全的公共产品，是我国保护境外中国公民安全和海外利益的新突破，是我国与周边国家在跨境安全治理方面的重大进展，被视为跨境执法"创造性介入"的典型案例，〔4〕在某种意义上彰显了中国对外战略的新变化。〔5〕

（1）从无到有，从一到百，维护航运安全。自 2011 年 12 月起，湄公河联合巡逻执法以每月一次的频率维护湄公河航运安全。湄公河联合巡逻执法的路线为中国西双版纳关累港—中缅界河—老缅界河—老缅泰三国交界的"金三角"水域共 337 公里的湄公河国际航道，主要开展护航商船、联合执法

---

〔1〕 "孟建柱开会研究处置湄公河货船遇袭事件有关工作"，载 http://www. gov. cn/ldhd/2011-10/23/content_ 1976276. htm，访问日期：2021 年 9 月 3 日。

〔2〕 黄冰："大国竞争与区域合作——以中美日在大湄公河次区域的制度竞争为例"，外交学院 2020 年博士学位论文，第 99 页。

〔3〕 "媒体称湄公河惨案提示建立次区域联合执法区"，载《法制日报》2011 年 10 月 17 日。

〔4〕 谈谭、陈剑峰："'创造性介入'与跨境安全治理——以湄公河惨案后续处理的国际合法律性为例"，载《国际展望》2015 年第 1 期，第 91 页。

〔5〕 章迪禹、赵可金、孙学峰："执法湄公河——武装护航的意味"，载《世界知识》2012 年第 3 期，第 19 页。

多边交流等工作。从 2011 年 12 月 10 日第一次湄公河联合巡逻执法到 2020 年 12 月 8 日的第 100 次湄公河联合巡逻执法，共派出执法船艇 787 艘次，执法队员 15 818 人次，总航程 5.6 万余公里，累计缴获毒品 4600 余千克。[1]湄公河巡逻执法通过设置报警救助站、报警电话方式，救助遇险商船 130 艘 536 人，为 2000 余艘中外船舶护航，为沿岸各国人民挽回经济损失 1.88 亿元。[2]自 2011 年湄公河开展联合巡逻执法以来，湄公河流域再未发生过商船被劫持案例，船只由"10·5 湄公河惨案"发生前的 130 艘增加到 430 艘，沿江港口货物吞吐量翻了两番，旅游人数年增长 20% 以上。中、老、泰、缅四国联合巡逻执法有力维护了"黄金水道"的安全稳定，保障了湄公河国际航运安全，成为我国国际执法安全合作创新的典范。[3]联合巡逻执法改善湄公河安全形势，保障沿岸人民正常生产生活秩序，因此湄公河流域的各国百姓是最大的受益者。[4]

（2）从单一到多元，构建一体化执法模式。在湄公河执法安全合作机制中，湄公河巡逻执法是开展得最成功也是最受关注的执法安全子机制，体现出了常态化、一体化的特点。首先，湄公河巡逻执法常态化。自 2011 年 12 月开始，湄公河巡逻执法保持每月一次常态化运行。作为执法编队中的"中国力量"，云南省公安厅水上边防支队克服了湄公河水域恶劣的自然环境、冬季河水浅船易搁浅、夏季水量大水位暴涨航行条件差等因素的影响，圆满完成了巡逻执法任务。其次，湄公河巡逻执法一体化。中、老、泰、缅四国开展湄公河巡逻执法的初衷是为湄公河商船保驾护航，震慑湄公河沿岸的跨国有组织犯罪集团，保护湄公河航运安全。基于湄公河"金三角"毒情严重以及湄公河航运条件较差，商船容易出现危险的现状，湄公河巡逻执法由单一巡逻执法发展到集联合巡逻、联合扫毒、联合搜救等于一体的多元化合作模式，合作领域从执法护航拓展到打击毒品犯罪、拐卖人口犯罪、网络犯罪等，[5]合

---

〔1〕 "9 年总航程超 56 100 公里　中老泰缅湄公河联合巡逻执法成绩单亮相"，载 https:// baijiahao. baidu. com/s？ id＝1685333131589525543&wfr＝spider&for＝pc，访问日期：2020 年 12 月 8 日。

〔2〕 "9 年总航程超 56 100 公里　中老泰缅湄公河联合巡逻执法成绩单亮相"，载 https:// baijiahao. baidu. com/s？ id＝1685333131589525543&wfr＝spider&for＝pc，访问日期：2020 年 12 月 8 日。

〔3〕 武译天："澜湄次区域联合执法安全合作机制化探析"，载《湖北警官学院学报》2018 年第 5 期，第 11 页。

〔4〕 "见证湄公河四国巡航威慑力　过往商人感叹中国强大"，载《环球时报》2017 年 9 月 11 日。

〔5〕 "湄公河 复平安"，载《人民日报》2016 年 12 月 27 日。

作区域从湄公河水域扩展到湄公河全流域。2013 年 4 月 19 日，中、老、泰、缅四国禁毒执法部门开始展开为期 2 个月的联合扫毒行动，侦破"3·19""4·22"大案等毒品犯罪案件 560 起，抓获毒品犯罪嫌疑人 812 人，缴获各类毒品共计 1931 千克。[1]此后，四国又不定期开展平安扫毒行动，或进行双边合作，或独自开展禁毒行动，效果显著。[2]

表 2-1　公安部公布湄公河联合扫毒典型案例（2016 年）

序号	日期	联合扫毒案件	效果
1	8 月 29 日- 30 日	德宏警方与木姐（缅甸）警方联合侦破贩毒案	抓获 7 名犯罪嫌疑人，查获冰毒 19 公斤，海洛因 36.44 公斤
2	9 月 14 日	泰国国家肃毒委破获贩毒案件	抓获 33 名犯罪嫌疑人，缴获冰毒片剂 17.2 万粒，冰毒晶体 6 公斤，及部分氯胺酮和大麻
3	10 月 11 日	泰国国家肃毒委破获贩毒案件	抓获贩毒头目及团伙 14 名，缴获冰毒 16 公斤
4	10 月 18 日	中国德宏警方破获特大毒品走私案	当场查获冰毒 109.1 公斤，抓获缅甸籍犯罪嫌疑人 1 名
5	10 月 22 日	越南边防警察破获贩毒案件	查获海洛因 25 公斤
6	10 月 25 日	缅甸警方破获贩毒案件	查获海洛因 74 公斤
7	10 月 29 日	缅甸警方破获贩毒案件	查获海洛因 298.8 公斤，粗制吗啡 200 公斤
8	9 月-11 月	柬埔寨警方破获 3 起航空毒品走私案	查获可卡因 4.01 公斤
9	11 月 4 日	中国西双版纳警方中缅边境缉毒	缴获冰毒 21 公斤，抓获 4 名犯罪嫌疑人
10	11 月 17 日	缅甸警方与泰国警方破获毒品走私案	查获毒品 1.73 吨，抓获犯罪嫌疑人 4 名

〔1〕　"中老泰缅四国联合扫毒行动"，载 https://baike.baidu.com/item/%E4%B8%AD%E8%80%81%E7%BC%85%E6%B3%B0%E8%81%94%E5%90%88%E6%89%AB%E6%AF%92%E8%A1%8C%E5%8A%A8/2232969?fr=aladdin，访问日期 2021 年 8 月 20 日。

〔2〕　"公安部公布今年湄公河联合扫毒典型案例"，载 http://news.cctv.com/2016/12/27/ARTI5V4W8dVl0yoN5IPvQ6cM161227.shtml，访问日期：2020 年 10 月 10 日。

（3）建立联合巡逻子机制，提升联合管控能力。湄公河为国际河流，沿岸各国实施分段治理的单边管理模式。因缺失明确的、具体的、有效的国际河流合作机制，临时性、应激性的多边合作不仅效果不尽如人意、效率无法提高，无法形成预防和打击跨国犯罪的合力，也无法遏制恶性跨国犯罪的发生。依托湄公河执法安全合作平台，中、老、缅、泰执法部门建立了湄公河水陆联合查缉、湄公河分段巡逻、湄公河船艇联勤驻训等子机制，[1]目的是补齐多边合作的短板，提升联合管理能力。

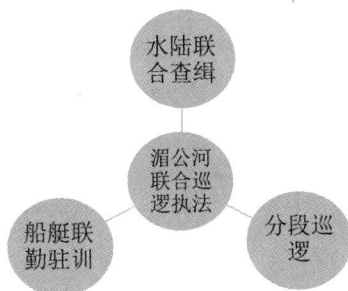

图 2-1　中、老、泰、缅联合巡逻执法系列子机制

首先，湄公河分段巡逻子机制建立双边、多边联合管控模式。原来，老、缅、泰在各自管控河段采用的是单一巡逻模式，湄公河分段巡逻子机制建立了分区域、分行段的中老、中缅、老缅、老泰等双边巡逻模式以及中、老、缅、泰在湄公河水域的全线多边巡逻模式，构建起了立体的单边、双边、多边相结合管控模式，消除了管控盲点，实现了四国执法力量对湄公河水域的全覆盖，改变了湄公河水域，特别是"金三角"水域"三不管"地带的历史。其次，在湄公河水陆联合查缉子机制下建立湄公河流域全面安全合作机制。湄公河水域的安全问题必然会外溢到湄公河流域，导致整个湄公河流域安全问题突出，因此执法合作应该从水路延伸到陆地，实行对整个湄公河流域的全面安全合作机制。对于建立水陆联合查缉，沿岸各国纷纷响应，设立了专门的机构、制定了切实有效的制度和措施共同应对湄公河安全问题。泰国在清盛港设立了防止湄公河犯罪指挥中心，专门负责与中、老、缅三国对接预

---

〔1〕 "中老缅泰湄公河联合巡逻执法第 100 次巡航启动 航程 56 100 余公里护航商船 2000 余艘次"，载《中国青年报》2020 年 12 月 9 日。

防打击湄公河流域跨国犯罪的事宜。在中缅交界的旱泉滩、老挝孟莫和班相果设立联络点。[1]在联络点设立监控系统,对湄公河过往船只进行全程覆盖。在突发事件发生时,可以迅速定位船只位置并及时与各国执法部门联系,确保各国执法力量迅速到达出事位置。除了常规管控、应急救援,因孟莫邻近"金三角"核心区,班相果邻近老挝与缅甸接壤的相腊大桥,均是社会治安形势严峻地区,因此中老两国执法力量在执法点附近开展了陆地查缉行动,配合湄公河水域查缉,形成了水陆联合查缉齐头并进的预防和打击流域跨国犯罪的机制。

3. 澜湄执法中心

中、老、泰、缅四国湄公河流域执法安全合作机制不仅开创了区域执法先河,同时也展示出了湄公河执法安全合作机制在预防和打击跨国犯罪、在跨境安全治理取得的显著效果。但湄公河流域传统跨国犯罪与新型网络犯罪交织,湄公河流域安全形势更加复杂严峻,因此在澜湄合作将非传统安全列为政治安全合作的重要内容背景下,在澜湄合作框架下建立稳定的执法中心成了澜湄各国的必然选择。

(1)澜湄执法中心成立。2015年10月24日,湄公河执法安全合作部长级会议在北京召开,通过了《关于加强湄公河流域综合执法安全合作的联合声明》[2]。中、老、泰、缅四国决定扩大合作范围,将柬埔寨和越南以观察国身份纳入合作机制,建立澜湄执法中心。[3]2016年12月27日,湄公河流域执法安全合作机制五周年部长级会议在北京召开,指出执法安全合作机制有力地维护了地区稳定、保障了地区繁荣发展,已成为国际执法安全合作典范。[4]安全合作具有广阔的前景,我国秉承"亲诚惠容"周边外交理念,以建设"平安湄公河"为目标,升级中、老、泰、缅执法合作机制,建立综合安全执法中心,深化了在联合巡逻执法、反恐、禁毒、边境管理等方面的合

---

〔1〕 "推进正规化建设 打造高素质公安队伍",载 http://www.mdxcaw.org.cn/file_read.aspx?id=1011,访问日期:2021年9月9日。

〔2〕 "湄公河流域执法安全合作部长级会议24日在京举行",载 http://www.gov.cn/guowuyuan/2015-10/24/content_2953285.htm?cid=303,访问日期:2021年8月8日。

〔3〕 曹旭:"澜沧江-湄公河综合执法安全合作中心创立之设想",载《北京警察学院学报》2018年第5期,第45页。

〔4〕 "湄公河流域执法安全合作机制成立五周年部长级会议举行 郭声琨发言",载 http://www.gov.cn/xinwen/2016-12/27/content_5153597.htm,访问日期:2020年10月9日。

作。经过一系列筹备工作，2017 年 12 月 28 日，澜湄执法中心启动仪式在云南省昆明市举行，标志着澜湄流域第一个综合性执法安全合作政府间国际组织启动运行。澜湄执法中心的决策机构为澜湄执法安全合作部长级会议，下设联合巡逻执法指挥部、情报融合与案件协查部、联合行动协调部、执法能力建设部、综合保障部五个部门，[1]是成员国进行各种层次对话与合作的重要场所，也是成员国之间进行跨国犯罪预防和打击、情报信息交流、联合开展专项行动的重要平台。作为澜湄合作固定的常设机构，澜湄执法中心的成立是澜湄刑事合作走向长期性、稳定性的重要标志，是澜湄各国积极应对地区安全形势变化和风险挑战的重要安全平台。

（2）澜湄执法中心职能：

第一，跨国犯罪预防与打击。澜湄流域非传统安全问题突出，其中跨国犯罪是澜湄流域非传统安全的首要问题，预防和打击跨国犯罪是澜湄执法中心成立的主要目标。推进澜湄执法中心预防和打击跨国犯罪工作，首先要清楚认识流域跨国犯罪的现状、特点、趋势。澜湄流域跨国毒品犯罪、跨境拐卖人口、网络犯罪、跨境赌博高发且频发，传统跨国犯罪和新型跨国犯罪交织，不仅威胁到了各国人民的生命财产安全，也成了各国经济发展、政治互信的障碍。其次，要正确认识安全问题的"溢出"效应。在区域合作日趋紧密的背景下，任何一个国家的安全问题都会外溢成为区域性问题，犯罪的主体和犯罪的对象将在区域内进行移动，渗透到各国社会生活的方方面面，[2]使区域安全形势变得更加复杂。最后，提出前瞻性的对策及建议。在总结澜湄流域跨国犯罪特点和规律的基础上，对新趋势、新动向进行分析，以多边合作的视野提出前瞻性对策，整合澜湄各国资源，提出兼具可行性和实用性的推进路径。

第二，情报交流。情报交流是预防和打击跨国犯罪的关键环节，也是有效打击跨国犯罪的前提和基础。有效的情报交流机制可以打通各国的情报交流壁垒，有效促进情报在各国的高效流通并发挥最大效用，使各国掌握的碎片化情报整合为相互关联、相互印证的证据链。[3]澜湄执法中心应用先进的

---

〔1〕 张少鑫："共商共享 共建'平安澜湄'"，载《现代世界警察》2020 年第 1 期，第 11 页。

〔2〕 "澜湄执法中心开展周末课题研究"，载 http://www.lm-lesc-center.org/Pages_3_4569.aspx，访问日期：2020 年 10 月 8 日。

〔3〕 金强："打击跨国犯罪情报协作机制研究"，载《犯罪研究》2017 年第 5 期，第 50 页。

大数据、云计算等技术，打造情报信息交换网络 LMIN，建成违法犯罪信息数据库和跨国案件协查与情报信息管理系统，搭建 720P 高清加密视频会商系统，为成员国案件协查提供技术支持和快捷清晰沟通方式。[1]首先，情报信息交换网络 LMIN 是情报交流的主要载体，同时设置失踪人口等子系统。[2]各参与国均设有 LMIN 与中心的系统连接，畅通情报交流渠道，提高打击跨国犯罪的效率。其次，跨国案件协查与情报信息管理系统和违法犯罪信息数据库满足了跨国犯罪侦查中的犯罪人信息查询、案件协查需要，有利于迅速侦破案件。而且通过网络沟通，可以防止警务合作中不必要的成本及损耗，提高案件侦破效率。2020 年 5 月 11 日，在澜湄执法中心，中柬两国警方通过 LMIN 高清视频会议功能召开了某在侦案件协调会。双方总结了合作前期的进展，交换了取得的犯罪嫌疑人信息和掌握的案情，并就之后的合作方向和重点进行了沟通。[3]

第三，联合行动。自澜湄执法中心成立以来，依托中心指挥、协调、沟通功能，聚焦流域多发的跨国人口拐卖犯罪、跨国毒品跨国犯罪类型，开展联合行动打击跨国犯罪。自 2019 年 9 月开始，澜湄执法中心组织"澜湄流域国家共同打击跨境人口拐卖联合行动"以及"澜湄流域国家打击易制毒化学品联合行动"专项行动。就打击跨境拐卖人口犯罪专项行动而言，在之前反拐合作机制的基础上，依托澜湄执法中心平台，利用 LMIN 系统放大优化、放大合作效能，建立涉拐人员信息库和被拐人员信息库，[4]提升合作效能。易制毒化学品是合作毒品的制作原料，打击易制毒化学品非法流通渠道，实现对流域地区易制毒化学品生产和销售进行有效管控，实现对毒品犯罪的源头治理。[5]

（3）澜湄执法中心优势：

第一，澜湄执法中心是安全合作的常设机构。政治安全是澜湄合作的首

---

[1] 张哲、樊守政："澜湄安全执法合作：历程与发展"，载《世界知识》2019 年第 21 期，第 33 页。

[2] "澜湄执法中心举办 2019 年澜湄流域 LMIN 系统情报信息研修班"，载 http://www.lm-lesc-center.org/Pages_ 43_ 4531. aspx，访问日期：2020 年 10 月 9 日。

[3] "澜湄执法中心组织召开中柬警方某在侦案件视频协调会"，载 http://www.lm-lesc-center.org/Pages_ 43_ 4557. aspx，访问日期：2020 年 10 月 9 日。

[4] "澜湄流域国家共同打击跨境人口拐卖联合行动开展"，载 http://yn.ifeng.com/a/20190909/7540693_ 0.shtml，访问日期：2020 年 10 月 9 日。

[5] "'澜湄流域国家打击易制毒化学品非法贩运'联合行动启动会正式召开"，载 http://www.lm-lesc-center.org/Pages_ 15_4525.aspx，访问日期：2020 年 10 月 9 日。

要内容，[1]非传统安全合作是澜湄合作的短板，因此处于"洼地"的非传统合作现状与"高标准"的澜湄安全要求之间存在矛盾。如何满足湄公河流域各国人民对非传统安全的强烈诉求，澜湄执法中心的成立交出了满意的"答卷"。澜湄六国基于安全合作目的成立常设机构，这是澜湄执法中心作为区域性政府间国际组织的一般特征。同时，澜湄执法开创了一种新的国际组织范式：尊重各国主权和各国多元政治经济社会制度、提倡平等互利、协商一致。

第二，澜湄流域安全合作"平台化"。与上海合作组织专注于反恐议题的单一性不同，澜湄执法中心是综合执法合作平台，集联合巡逻执法、情报交流、案件协查、联合行动、能力建设职能为一体。[2]澜湄执法中心基本满足澜湄流域各国多边警务合作的需求，不仅降低澜湄各国预防和打击跨国犯罪的成本，提高打击跨国犯罪的效率。同时，汇集澜湄各国预防和打击跨国犯罪的力量和资源，形成打击跨国犯罪的合力，成为推动区域发展的重要力量。

三、中、老、泰、缅四国多边合作机制

世界主要的毒品产区"金三角"位于老、泰、缅三国交界处，而中国是"金三角"毒品主要过境国，四国均饱受跨国毒品犯罪侵害，因此中、老、泰、缅四国决定在中国-东盟合作框架和六国七方合作框架的基础上建立了禁毒伙伴关系，紧密合作打击"金三角"制贩毒品犯罪、维护边境地区合作。2001年8月中国、老挝、缅甸、泰国在北京召开部长级会议，通过了加强四国禁毒合作的《北京宣言》，决定以"金三角"禁毒工作带动湄公河流域禁毒合作。尤其是在"10·5湄公河惨案"后，在中、老、泰、缅湄公河巡逻执法机制下发起平安航道联合扫毒行动，目的是摧毁湄公河流域毒品运输网。[3]边境是毒品渗透的主要渠道，因此中国与湄公河国家加强边境合作，目的是切断毒品产业链、供应链。自1996年开始，云南省与老挝、缅甸、越南在边境地区设置了10个禁毒联络官办公室，[4]形成了常态双边警方边境会晤制

---

〔1〕　王成琳："澜湄合作机制中政治安全的内涵及支柱作用探析"，载《中共济南市委党校学报》2019年第3期，第61页。

〔2〕　张敏娇、郑百岗："平台合作构建澜湄流域综合执法品牌——专访澜沧江-湄公河综合执法安全合作中心秘书长郑百岗"，载《现代世界警察》2020年第1期，第13页。

〔3〕　"中老缅泰开展湄公河流域联合扫毒行动"，载《人民日报》2013年3月29日。

〔4〕　王珂："中国参与澜沧江-湄公河次区域警务合作的影响因素及对策研究"，中国人民公安大学2019年硕士学位论文，第49页。

度，在禁毒合作、替代种植、犯罪嫌疑人抓捕等领域积极开展合作。通过每年开展数十次边境扫毒行动，加强在涉毒信息交流、案件侦查、控制下交付、易制毒化学品控制追逃等领域的执法合作，改善合作效果。四国禁毒合作机制、湄公河平安航道扫毒行动、缉毒联络官制度构筑了陆地和湄公河立体禁毒网络，同时发力，目的是破获跨国、跨地区重大涉毒案件、摧毁跨国制贩毒网络和工厂，[1]彰显中、老、泰、缅四国禁毒合作机制效果。

第二节　澜湄刑事合作实践

威慑实质上是一种效果，而不是一种惩罚标准。[2]

——［意］加罗法洛

个案刑事合作是澜湄刑事合作的重要形式和重要合作内容，是澜湄多边刑事合作机制的具体展开和生动实践。澜湄国家双边合作实践较多，比如中缅联合抓捕缅甸毒枭谭某林、中泰实现对陈某秋、陈某园的成功引渡等堪称双边合作典范。但多边合作实践较少，其中最典型的是"10·5湄公河惨案"刑事合作。跨国犯罪的复杂性凸显出了国内刑事管辖权的局限，单靠一个国家无法应对跨国犯罪，需要几个国家形成合力才可以。"10·5湄公河惨案"刑事合作涵盖侦查、起诉、审判、执行等刑事诉讼流程。中国、老挝、缅甸、泰国警方以及相关执法机构精诚团结，紧密合作，联手成功侦破及审理了这起震惊世界的惨案，不仅树立了国际刑事合作的典范，也彰显了我国保护海外利益的态度和决心，同时案件的判决也可以成为区域刑法的渊源，[3]成为澜湄流域类似案件处理的参考和借鉴。

一、侦查领域合作

"10·5湄公河惨案"合作是中国与老、泰、缅三国警务合作重要的时间节点。在案件发生之前及之后，为应对边境多发的毒品犯罪、拐卖人口犯罪、

---

〔1〕"中老缅泰将联合行动，摧毁湄公河流域毒品运输网"，载 http://www.chinanews.com/gn/2013/03-28/4685029.shtml，访问日期：2020 年 10 月 25 日。

〔2〕［意］加罗法洛：《犯罪学》，耿伟、王新译，中国大百科全书出版社 1996 年版，第 219 页。

〔3〕赵永琛：《区域刑法论——国际刑法地区化的系统研究》，法律出版社 2002 年版，第 58 页。

偷越国边境犯罪等跨国犯罪，中国与老、泰、缅三国的刑事合作体现为边境地区的云南和广西与三国之间双边的边境会晤机制、警务联络官制度等。就禁毒合作而言，在作为毒品重灾区的广西和云南设立警务联络官。自2012年开始，中越边境公安部门同时设立了禁毒联络官办公室，即中国东兴-越南芒街、中国凭祥-越南同登、云南河口-越南老街。[1]同时，通过签署会议纪要进行警务合作，[2]如2010年云南省红河哈尼族彝族自治州公安局与越南老街省公安厅会晤后签署了《会议纪要》，云南文山麻栗坡县与越南南河江省谓川县建立了警务合作机制，[3]云南西双版纳公安局与缅甸警方制定了定期、不定期的会晤制度等。广西东兴禁毒部门与越南边境警方通过定期会晤、交流情报信息、递解犯罪嫌疑人等方式建立了警务合作通道。2012年10月，中国云南省与越南河江、老街、莱州、奠边省联合工作组签订了《会议纪要》《边境警务联络机制备忘录》[4]。就打拐联络机制而言，1992年大湄公河地区已经建立了区域合作打拐合作机制。2010年9月15日，中国和越南在北京签订《关于预防和打击拐卖人口犯罪的协定》，决定在中国东兴、凭祥、靖西、河口与越南对应边境省份建立了边境打拐联络官办公室[5]，职责是案件侦查协作、情报交流、定期开展打拐行动等。

案件发生后，我国外交部已向泰国、缅甸、老挝三国驻华使节提出紧急交涉和三项要求。[6]党中央和国务院高度重视，成立了由公安部禁毒局局长刘跃进担任专案组组长，由公安部、云南省公安厅、西双版纳傣族自治州公安局、国内相关执法部门组成，[7]涵盖国内顶尖刑侦专家、痕迹专家检验、弹道检测专家、法医等200多人的专案组。专案组共分为6组，赶赴老挝、泰国、缅甸，具体负责与当地军人、执法机构、当地警方组成联合专案组，承担情报交流、秘密侦查、抓捕糯康犯罪集团等工作。因案件发生在湄公河

---

[1] 邓崇专：《中越刑事合作：现状与展望》，中国法制出版社2017年版，第157页。

[2] 彭可："浅析西南边境跨国警务合作的障碍因素"，载《科技信息》2010年第30期，第97页。

[3] 和煜乾、陆晶："云南边境地区跨国警务合作途径探析"，载《广西警官高等专科学校学报》2014年第4期，第57页。

[4] 肖军："欧盟领域内追逃追赃的经验与启示：以欧洲侦查令为切入点"，载《中国人民公安大学学报（社会科学版）》2016年第3期，第12页。

[5] 邓崇专：《中越刑事合作：现状与展望》，中国法制出版社2017年版，第158页。

[6] "湄公河惨案提示建立次区域联合执法区"，载《法制日报》2011年10月17日。

[7] "公安部披露抓获移交湄公河惨案主犯糯康细节"，载 https://china. huanqiu. com/article/9CaKrnJvnQ4，访问日期：2021年8月8日。

泰国段，刚开始的警务合作主要是和泰国警方一起勘察案发现场、对"华平号"和"玉兴号"登船检查、走访目击证人、调取老挝年检大楼案发现场监控录像，获取案发现场一手资料，还原案件真相，寻找案件疑点，收集案件证据。

表2-2 六个专案组组成情况及分工情况

序号	名称	人数	分工	人员组成
1	境外情报组	3	情报交流与获取	云南省公安厅、西双版纳公安局
2	境外行动组	6	侦查与抓捕	神枪手、抓捕高手、翻译人员，情报人员
3	老挝工作组		与老挝警务合作	公安部禁毒局
4	缅甸工作组		与缅甸警务合作	公安部禁毒局
5	泰国工作组		与泰国警务合作	公安部禁毒局
6	审讯组		对犯罪嫌疑人审讯	110万字的审讯笔录

这是一起有预谋、提前策划、犯罪嫌疑人犯罪后逃匿、证据获取工作在境外的复杂跨国犯罪案件。面对各国社会制度、法律存在差异以及各国执法机构的工作思路、工作方式不一致的现实，专案组克服了重重困难，在2011年12月首先抓获的是糯康团伙的三号人物伊莱。伊莱交代了"10·5湄公河惨案"由糯康犯罪集团勾结不法泰国军人策划实施的事实，[1]并交代了糯康团伙的组织架构。伊莱利用对外联络便利，通过泰国黑社会与泰国不法军人勾结，商量劫持中国船只、栽赃中国船只武装贩毒，泰国军方查获后可以立功受奖，[2]糯康则可以获得泰国军方出售的枪支。在中缅两国警方的不断打击、围剿下，糯康及其团伙藏身地不断被压缩，他们不得不通过东躲西藏来逃避警方的抓捕。2012年4月20日，中国警方与其他国家警方一道抓获了二号人物桑康，桑康交代的情况对于案情的查明及糯康犯罪集团的瓦解起到了重要作用。经过第一次老挝村庄抓捕、第二次缅甸高山密林抓捕的失败，2012年4月25日专案组在老挝警方的配合下，在老挝波乔省的码头抓获了糯

---

〔1〕 "我国警方披露湄公河惨案侦破过程"，载《中国青年报》2012年9月18日。
〔2〕 李春："东南亚跨境犯罪研究初探"，载《云南大学学报（法学版）》2015年第4期，第141页。

康，抓获时糯康只带了两名随从。之后，专案组与老挝、缅甸警方高层紧密合作，抓获了扎西卡、扎波、扎托波等人。糯康犯罪团伙的其他成员向缅甸军方投降，"10·5湄公河惨案"实施者、糯康犯罪集团四号人物翁蔑也向缅甸军方投降，并上缴了大量枪支。自此，"10·5湄公河惨案"的主要犯罪嫌疑人全部被抓获，"10·5湄公河惨案"宣布告破，糯康犯罪集团被彻底摧毁。2012年5月10日，老挝将糯康移交我国，我国警方宣布对糯康进行逮捕。最终，中国将以糯康为首的6名犯罪人成功引渡至中国受审。

二、起诉、审判领域合作

（一）起诉领域合作

"10·5湄公河惨案"是中国与老、泰、缅三国刑事合作的重要时间节点。案件发生前，中国与老缅泰的合作依据为《中国与老挝民事刑事协助条约》《中国与老挝引渡条约》《中国与泰国刑事协助条约》《中国与泰国引渡条约》以及与缅甸的协商沟通，中国与老泰缅在协助调查取证、文书送达、协助抓捕、遣返或移交犯罪嫌疑人或逃犯方面进行合作。2004年7月最高人民检察院在昆明发起中国-东盟总检察长会议制度，签署了《中国与东盟成员国总检察长会议联合声明》，建立了中国与东盟成员国边境地区的检察机关的直接合作机制。[1]云南省普洱市西南与缅甸接壤，东南与老挝越南接壤，是"金三角"毒品过境的重要通道，也是跨境犯罪高发区域。普洱市人民检察院与缅甸边境地区形成的直接合作模式为孟连-佤邦模式、江城-约乌模式。孟连-佤邦模式主要指普洱市孟连检察机关与缅甸佤邦民族武装通过民间形式的刑事司法协助模式，内容包括抓逃、追赃、个案协查、调查取证、人员遣返、联络渠道、会晤机制等。江城-约乌模式指普洱市江城哈尼族彝族自治县人民检察机关与老挝约乌依据中国与老挝签订的刑事协助条约和引渡条约建立了涵盖定期会晤、个案协查的司法协助模式。[2]

案件发生后，经过前期审讯工作获得犯罪嫌疑人口供（共110万字审讯笔录），结合联合专案组的调查资料以及老挝、泰国、缅甸警方移交的证据，

---

〔1〕 "中国与东盟成员国总检察长会议联合声明签署"，载 https://www.cctv.com/news/china/20040709/102945.shtml，访问日期：2021年9月8日。

〔2〕 蒋平、邹俊波："全球化背景下边境地区检察机关的直接合作机制——以云南省普洱市为例"，载《四川警察学院学报》2015年第1期，第62页。

已形成完整、严密的证据链条,案件的真实面貌呈现出来,符合起诉的标准。警方将6000余页共37卷证据卷宗移送昆明市人民检察院后,昆明市人民检察院详细审阅案卷资料,会见了犯罪嫌疑人,认定案件证据确实充分以后,以劫持船只罪、故意杀人罪、绑架罪、贩运毒品罪将以糯康为首的6名被告人起诉至昆明市中级人民法院。

(二)审判领域合作

1. 法院一审

2012年9月20日,昆明市中级人民法院公开审理了糯康犯罪集团策划实施的"10·5湄公河惨案"。在法庭审理第一天,糯康不承认"10·5湄公河惨案"是他指使的,他也是事后才知道惨案发生及案件详情。对于糯康的翻供,检察人员做好了周密准备。[1]在举证质证环节,公诉人出示了大量证据,包括现场勘验结论、证人证言、现场照片、毒品及枪支鉴定结果。根据中国与老挝及泰国刑事司法协助条约的规定,老挝、泰国共13人就案发现场勘察情况和糯康抓捕经过作了证。泰国证人证明13名中国船员尸检情况及弹痕检测情况说明了被害人死于枪杀的事实,另外的证人证明了糯康被抓捕、被拘留原因及移交的经过。[2]面对公诉人出示的证据,糯康终于承认"10·5湄公河惨案"是他指使手下做的。公诉人在公诉意见书中认为被告罪行手段极其残忍、情节极其恶劣、后果特别严重、社会危害极大,希望对糯康、桑康、伊莱等人予以严惩。在法庭上,以糯康为首的6名被告人真诚悔过,并承诺尽力赔偿受害人亲属,希望法庭从宽处理。原计划3天的庭审,经过2天即审理完毕,比原计划提前了一天。但法庭并没有当庭宣判。

此次庭审的特殊性在于这是首次在中国境内审理跨国犯罪案件,境外被告人权益保护、境外证人出庭保护以及境外警方取证资料的转换等难题是法院需要考虑的因素。因此,根据相关法律规定,法庭为被告人指定辩护律师,并对律师会见及阅卷的权利进行充分保护,并在法庭上为来自3个国家的6名被告提供同声传译及拉祜族、傣族的6名现场翻译,以保证其能跟上法庭审理节奏,行使辩护权。因为怕遭到糯康犯罪集团残余分子的报复,法庭通

---

[1] "回顾糯康受审全程 创造中国司法史上多项第一",载 http://special.cpd.com.cn/n13710747/n13711204/c14564336/content.html,访问日期:2020年10月5日。

[2] "湄公河惨案审理实现多个第一次",载 http://www.chinanews.com/fz/2012/09-22/4203651_2.shtml,访问日期:2020年10月5日。

过不公开方式核实 13 名证人身份，在法庭上以编号的形式、不公开的方式对证人进行询问，并保障了 13 名证人的差旅费、误工费等其他事宜。而对于泰国警方移交的 17 份 480 多页的证据材料和 200 多张照片，我国云南司法机关对每一份证据都予以认真核实并进行翻译，转化为在法庭上可以使用的证据。

2012 年 11 月 6 日 14 时，昆明市中级人民法院对"10·5 湄公河惨案"一审宣判，对糯康、桑康、伊莱、扎西卡判处死刑，对扎波判处死刑缓期二年执行，对扎拖波判处 8 年有期徒刑。6 名被告人当庭表示上诉。[1]

2. 法院二审

根据《刑事诉讼法》[2] 的规定，鉴于案件具有跨国性、严重社会危害性、国际影响大等特殊性，云南省高级人民法院承办法官在对案件材料进行严格、详细、审慎书面阅卷的前提下，对案件进行了开庭审理。糯康在法庭上再次翻供，否认其为犯罪集团首领的事实，也否认是由其策划、指挥、制造了"10·5 湄公河惨案"的事实。扎波也否认向中国船员开枪。云南省高级人民法院在查明案件事实的基础上作出了驳回上诉，维持原判的裁定。糯康等 4 人在最高人民法院核准死刑后被执行死刑，另外 2 人在中国监狱执行刑罚。

三、刑事合作实践经验与展望

"10·5 湄公河惨案"刑事合作是中、老、泰、缅应对跨国犯罪案件的临时性、应激性刑事合作，属于典型的"一案一合作"的合作模式。得益于中国与老泰缅之间良好的合作基础，得益于中国与东盟国家之间非传统安全合作的实践，得益于中国与老挝、泰国之间签订的双边司法协助条约，同时也受益于云南省与老泰缅之间的边境会晤机制，此次刑事合作通过外交手段、刑事协助复合手段最终实现了案件的成功侦破和审理。"10·5 湄公河惨案""教科书式"的刑事合作堪称区域跨国刑事案件合作的标杆，为区域跨国犯罪案件处理提供了宝贵经验，同时也可成为典型司法案件，成为区域刑法形成、发展、完善的重要渊源，但也暴露了诸如程序复杂、耗时长以及刑事管辖权存在巨大争议等问题。

---

〔1〕 熊安邦："湄公河'10·5'案件的国际刑事司法合作及其启示"，载《湖北警官学院学报》2014 年第 7 期。

〔2〕《刑事诉讼法》，即《中华人民共和国刑事诉讼法》，为表述方便，本书中涉及我国法律文件直接使用简称，省去"中华人民共和国"字样，全书统一，下不赘述。

（一）合作经验

"10·5 湄公河惨案"是一起典型的跨国犯罪，案发地在泰国，6 个犯罪人有缅甸、老挝、泰国和无国籍人，船舶悬挂中国国旗属于中国领土、被害人为中国人，属于典型的"两头在外"（案件发生在境外、犯罪嫌疑人在境外）的案件。之前中国与湄公河国家的刑事合作具备三个单一特点：案子性质单一（比如禁毒合作，打击偷越国边境合作等）、协助事宜单一（比如只是单纯提供情报、协助抓捕、移交犯罪嫌疑人等）、合作国家单一（仅限于中国与老、泰、缅之间的双边合作）。而此次刑事合作呈现出了三个复杂特点：案件性质复杂（毒品犯罪、故意杀人、劫持船只、绑架勒索等严重暴力犯罪交织）、合作事宜复杂（集侦查、情报交流、罪犯抓捕及移交、案件起诉与审判、刑罚执行为一体）、合作国家复杂（涉及中国、老挝、泰国、缅甸四国）。面对如此复杂、严重的跨国有组织犯罪案件，中、老、泰、缅四国之前并无合作先例，因此所有的刑事合作工作的开展均是在多边合作机制框架、双边合作制度下进行的。中、老、泰、缅四国将外交沟通，联合专案组的多边合作，中国与老、缅、泰双边合作三个层次相结合的合作模式创新性地运用到了案件处理过程中，创立了跨国犯罪案件刑事合作新模式。其中最突出之处就是刑事合作的范围在扩大，不仅限于案件侦查、引渡等执法合作，还包括联合审讯、境外证人出庭等起诉、审判阶段的司法合作，实现了执法合作和司法合作一体化模式，贯穿整个刑事诉讼流程，开创了澜湄刑事合作的新篇章。

（二）区域刑法重要渊源

区域刑法是解决地区刑事法律冲突的产物，刑事管辖权的冲突及其解决机制是区域刑事法律的重要事项。"10·5 湄公河惨案"作为典型的跨国犯罪案例，不仅有利于案件后续的公正处理，为我国之后处理跨国犯罪案件积累了经验、指明了方向，而且也表明了我国对海外利益予以坚决保护的决心、态度和能力。因此，可以说，该案的刑事管辖权争议处理模式取得了较好的法律效果、社会效果、政治效果。"10·5 湄公河惨案"涉及的刑事管辖权冲突及其解决模式不仅具有较强的现实意义，而且具有重要的理论意义，体现在案件创新性合作符合典型司法案例条件上，不仅为之后澜湄流域类似案件的处理提供了经验参考，同时也将成为澜湄区域刑法的重要渊源。

糯康团伙实施的毒品犯罪是国际犯罪，因此根据现行国际刑法规定，涉案各国均有刑事管辖权。糯康在老挝被抓捕，糯康是缅甸人，事发地是泰国水域，被害人是中国人，涉案船舶悬挂中国国旗，依据澜湄各国国内刑法的规定，中、老、泰、缅四国均有刑事管辖权，因此刑事管辖权冲突是案件争议最大的地方。在合作之初，老、缅、泰三国积极协助中国进行案件的侦查，四国均未对刑事管辖权提出异议。当糯康在老挝被抓之后，中、缅、泰三国均提出引渡请求，因为糯康引渡目的国将决定刑事案件的归属，刑事管辖权的冲突和争议开始出现。糯康团伙和泰国军人实施的"10·5湄公河惨案"是严重的跨国犯罪，判处死刑的可能性较大，因此关于死刑犯不引渡、军人不引渡等问题与刑事管辖权冲突问题的交织使得案件的刑事管辖权冲突显得更加复杂。因此，老挝在决定引渡目的国时考量的不仅有引渡的因素，还有对刑事管辖权冲突的解决，甚至中老关系、老缅关系、老泰关系以及中老泰缅四国关系等外交因素。得益于中老良好的合作基础，考虑到中国是此次案件中受害权益最大的国家，依据中老签订的刑事协助条约的规定，老挝同意将糯康引渡至中国，由此确定了中国对案件的刑事管辖权。"10·5湄公河惨案"处理刑事管辖权争议的原则、理由和依据[1]不仅解决了中、老、泰、缅四国的刑事管辖权争端，也为之后类似案件的处理提供了经验和参考，而且最重要的是，用前瞻的眼光来看，如何使合作经验上升为合作条约是刑事合作的未来方向。因此，缔结区域性刑事合作条约，简化刑事管辖权争议乃至侦查合作、引渡等程序，不仅可以提高案件侦破效率，也可以使刑事合作有法可依。[2]

[1] 熊安邦："湄公河'10·5'案件的国际刑事司法合作及其启示"，载《湖北警官学院学报》2014年第7期。

[2] 陈娇、赵长明："'一带一路'倡议背景下的区域禁毒合作研究"，载《警学研究》2019年第5期，第49页。

第三章

澜湄刑事合作困境

法典应该是国际化的。应规定几个国家之间相互引渡逃犯，而这几个国家已参加已成立的国际性组织，至于罪犯不是上述国家的公民，则不应阻止对他的引渡。已经采用相互引渡逃犯的国家所委派的警察、法官和其他司法官员可以直接交往，不必通过外交途径。[1]

——［意］加罗法洛

在全球化、地区化背景下，澜湄经济一体化程度加深，人员、财物、资本等生产要素流动性增强，经济与可持续发展、社会人文合作更需要安全稳定的环境。在信息化背景下，利用信息网络实施的跨境电信诈骗犯罪、跨境赌博犯罪、跨境极端主义等跨国网络犯罪与传统跨国犯罪交织，使得澜湄流域的安全面临更大挑战。而多边刑事合作依据缺失、合作机制碎片化严重、刑事合作程序复杂等困境凸显出了澜湄刑事合作模式的捉襟见肘，导致澜湄刑事合作效率低、刑事合作功能弱化、犯罪人容易逃避处罚后果，湄公河流域安全形势依然严峻。

第一节　澜湄刑事合作依据不充分

区域刑事合作有三个层次的法律依据：国际公约、多边刑事合作条约、双边刑事合作条约。现在澜湄流域国家刑事合作法律基础主要依据国际公约、多边合作机制会议纪要、联合声明、双方签署的刑事司法协助条约，而国际公约的原则性与时滞性、多边刑事合作条约的缺失、双边刑事合作条约的不统一使得三个层次的法律体系不仅无法为澜湄流域刑事合作提供法律依据，

---

〔1〕［意］加罗法洛：《犯罪学》，耿伟、王新译，中国大百科全书出版社1996年版，第359页。

而且还使得澜湄刑事合作陷入了困境。在澜湄区域刑事合作法律依据中，国际公约尚需改进和完善，双边条约也有进一步提升的空间，最突出的问题就是多边刑事合作条约的缺失。

一、国际公约的原则性与时滞性

全球化浪潮在为世界各国带来经济发展机遇的同时也为新的犯罪创造了条件和环境，恶化了国际范围内的犯罪形势，[1]特别是跨国有组织犯罪、毒品犯罪、腐败犯罪、网络犯罪对世界各国的政治、经济、社会、文化造成了巨大破坏，已成为国际重大社会问题。[2]国际刑事合作是打击跨国犯罪的最有力手段，签订"世界司法协助条约"将是实现完全无阻碍地、卓有成效地开展国际刑事司法协助工作的"最佳途径"。[3]截至 2021 年，世界范围内并无《世界司法协助条约》或《国际刑事司法协助法》，但有联合国经过对世界范围内的国际犯罪和刑事司法运作情况进行调查后制定的《联合国禁止非法贩运麻醉药品和精神药物公约》（以下简称《联合国禁毒公约》）、《联合国打击跨国有组织犯罪公约》《联合国反腐败公约》[4]中有关刑事合作的内容。《联合国禁毒公约》第 7 条共 20 款规定了"相互法律协助"。其中，第 7 条第 1 款明确各缔约国在非法贩运麻醉药品和精神药品行为犯罪调查、起诉、司法程序中相互提供最广泛的法律协助；第 7 条第 2 款明确了刑事司法协助种类，第 7 条第 3 款明确了缔约国提供刑事司法协助的义务，第 7 条第 9 款至第 18 款明确了缔约国提供刑事司法协助的具体程序，以上关于国际合作的规定形成了对洗钱进行预防、禁止和惩治的国际合作框架。[5]但其也暴露出了公约适用范围较窄、刑事合作的条款过少、国际合作框架相对简单的特点。相比较而言，《联合国打击跨国有组织犯罪公约》《联合国反腐败公约》以专

---

〔1〕 张毅："《联合国打击跨国有组织犯罪公约》概述"，载陈光中主编：《联合国打击跨国有组织犯罪公约和反腐败公约程序问题研究》，中国政法大学出版社 2007 年版，第 1 页。

〔2〕 陈璐："《联合国打击跨国有组织犯罪公约》研究"，复旦大学 2008 年硕士学位论文，第IX页。

〔3〕 〔德〕弗兰茨·冯·李斯特：《李斯特德国刑法教科书》，〔德〕埃贝哈德·施密特修订，徐久生译，北京大学出版社 2021 年版，第 119 页。

〔4〕 潘峰："中国与东盟国家警务合作的困境及对策研究——以湄公河地区跨国犯罪为例"，外交学院 2018 年硕士学位论文，第 3 页。

〔5〕 邵沙平："联合国禁毒公约与跨国洗钱的法律控制"，载《法学家》1997 年第 2 期，第 90~91 页。

章形式制定了刑事司法协助条约，本节将重点阐述《联合国打击跨国有组织犯罪公约》《联合国反腐败公约》中的刑事司法协助内容。

（一）《联合国打击跨国有组织犯罪公约》中的刑事司法协助内容

2000 年 12 月 15 日，在意大利西西里岛的巴勒莫市，联合国正式开放签署《联合国打击跨国有组织犯罪公约》（ U. N. Convention Against Transnational Organized Crime，UNTOC，又称《巴勒莫公约》）。《联合国打击跨国有组织犯罪公约》是全球首部打击跨国有组织犯罪的国际公约，宗旨是通过国际合作预防和打击跨国有组织犯罪。这部公约通过缔约外交大会的形式制定，有 120 多个国家在《联合国打击跨国有组织犯罪公约》通过之日就签署了公约，反映了世界各国对跨国有组织犯罪的关切。[1]

《联合国打击跨国有组织犯罪公约》共有 41 条，分为公约的宗旨、术语的界定、跨国有组织犯罪的实体规定、跨国有组织犯罪的程序规定、预防跨国有组织犯罪的措施、关于公约的事项性规定。其中，跨国有组织犯罪的实体规定和程序规定是公约的核心。跨国有组织犯罪的实体规定清楚界定了跨国有组织犯罪的特征及适用范围：跨国、有组织犯罪集团的严重犯罪（可能受到 4 年以上剥夺自由刑或更严重的刑罚）或《联合国打击跨国有组织犯罪公约》确立的参加有组织犯罪集团、腐败、洗钱和妨害司法等四类犯罪。在打击跨国有组织犯罪的程序规定中，第 18 条司法协助有 30 款的内容专门规定了司法协助的内容，被称为"超长条款"，超过 5000 字，俨然就是"小公约"。[2]但这里的司法协助仅指狭义的司法协助，也就是对公约涵盖的严重犯罪在侦查、起诉、审判刑事诉讼流程中提供最大程度的司法协助，规定了向个人获取证据或供述、执行搜查、扣押并实行冻结的证据保全等八种司法协助措施。此外，《联合国打击跨国有组织犯罪公约》第 16 条规定了引渡、第 17 条规定了被判刑人员移交、第 21 条规定了刑事诉讼移交，也就是说公约规定了最广义的司法协助内容。[3]我国与湄公河五国均是公约成员国，各国加

---

〔1〕 赵永琛："国际刑法发展新的里程碑——《联合国打击跨国有组织犯罪公约》述评"，载《中国刑事法杂志》2001 年第 6 期，第 110 页。

〔2〕 黄风："国际刑事司法协助"，载陈光中主编：《联合国打击跨国有组织犯罪公约和反腐败公约程序问题研究》，中国政法大学出版社 2007 年版，第 287 页。

〔3〕 莫洪宪主编：《加入〈联合国打击跨国有组织犯罪公约〉对我国的影响》，中国人民公安大学出版社 2005 年版，第 214 页。

入公约的时间详见下表:

表 3-1 澜湄六国加入公约（UNTOC）时间表

国家	签署时间	加入、批准时间
中国	2000 年 12 月 10 日	2003 年 8 月 27 日
老挝		2003 年 9 月
缅甸		2004 年 3 月
柬埔寨	2001 年 11 月	2005 年 12 月
越南	2000 年 12 月	
泰国	2000 年 12 月	

不可否认，《联合国打击跨国有组织犯罪公约》成立之初在构建打击跨国有组织犯罪规则，形成国际打击有组织跨国犯罪合力方面发挥了积极作用。[1]随着经济全球化的进一步深入，信息化、网络化深刻影响着跨国有组织犯罪的样态、趋势，跨国有组织犯罪变得更加复杂、隐蔽，呈现组织化、专业化和国际化等典型特征，而《联合国打击跨国有组织犯罪公约》关于跨国有组织犯罪的界定及处罚时滞性特点更为突出，甚至成了预防和打击跨国有组织犯罪的障碍。湄公河流域"金三角"是全世界传统毒品和合成毒品的主要生产基地和销售基地，围绕毒品犯罪的生产、销售、走私等形成的有组织跨国犯罪成了东南亚地区面临的严重挑战。[2]在东南亚地区，贩卖合成毒品是获利最多的非法交易。近年来，由于相关国家共同开展联合执法不断压缩有组织犯罪集团的生存空间，一些跨国走私集团将其生产基地、存储基地转移至边境等管控薄弱地区，并利用网络进行走私。在这样的情形下，只根据《联合国打击跨国有组织犯罪公约》关于刑事管辖、刑事司法协助的规定无法实现打击跨国有组织犯罪的目的。而且，世界各国均有自己的特殊国情以及独特的法律制度，《联合国打击跨国有组织犯罪公约》关于刑事司法协助统一的原则性的规定在具体的区域实行起来有一定的难度，而且各国对《联合国打击跨国有组织犯罪公约》条款的态度不一，导致在实践中适用起来推进难度

---

〔1〕"打击跨国有组织犯罪的有力武器"，载《法制日报》2003 年 9 月 2 日。

〔2〕"东南亚有组织跨国犯罪问题严重"，载《人民日报》2019 年 7 月 19 日。

更大。例如,《联合国打击跨国有组织犯罪公约》明确规定将公约作为缔约方开展引渡合作的依据,中国也明确公约可以作为中国和其他国家开展引渡合作的法律依据,但老挝、缅甸明确反对将公约作为引渡合作的依据,柬埔寨、泰国、越南并未明确表态,导致中国想要根据国际公约和上述国家进行引渡合作困难重重。[1]

(二)《联合国反腐败公约》中的刑事司法协助的内容

为预防跨国腐败犯罪,化解资金非法流动对世界各国经济社会的影响,联合国于 2003 年 10 月 31 日通过了《联合国反腐公约》(United Nations Convention against Corruption,UNCAC)。该公约是世界上首部联合打击反腐败的国际法律文件,各国高度重视,现在共有 186 个缔约国,我国与湄公河五国均是该公约的成员国,为澜湄流域开展反腐败、打击洗钱奠定了合作基础。

表 3-2　澜湄六国加入公约(UNCAC)时间表

国家	签署时间	加入、批准时间
中国	2003 年 12 月 10 日	2005 年 10 月 27 日
老挝	2003 年 12 月	2009 年 9 月
缅甸	2005 年 12 月	2009 年 3 月
柬埔寨		2007 年 9 月
越南	2003 年 12 月	2009 年 8 月
泰国	2003 年 12 月	2011 年 3 月

《联合国反腐败公约》共 8 章 71 条,专门设置第四章国际合作(第 43 条至第 50 条)规定国际刑事合作的内容,打造比较务实的国际合作机制,其中第 46 条刑事司法协助是超长条款,包括 30 款,对刑事协助内容作了详细的规定。第 43 条国际合作原则、第 44 条引渡、第 45 条被判刑人的移管、第 47 条刑事诉讼的移交、第 48 条执法合作、第 49 条联合侦查、第 50 条特殊侦查手段扩充了国际刑事合作内容。第五章资产追回是反腐败国际合作的特色条款,规定了直接追回财产的措施(第 53 条)、通过没收事宜的国际合作(第

---

〔1〕 王君祥:《中国-东盟区域刑事合作机制研究》,中国人民公安大学出版社 2012 年版,第 51~52 页。

54 条、第 55 条、第 56 条）、资产的返回和处分（第 57 条）。《联合国打击跨国有组织犯罪公约》亦将腐败和洗钱行为及其上游犯罪规定为犯罪，并倡导国际合作，因此与《联合国反腐败公约》一道共同筑成了反腐败犯罪的国际公约体系。[1]《联合国反腐败公约》采用了国际合作概念，矫正了刑事司法协助的被动性特征，提高了各国参与国际刑事合作的积极性。同时，还将追缴犯罪所得或犯罪所得收益作为创新点，拓宽了反腐国际合作的范围。与《联合国打击跨国有组织犯罪公约》一样，《联合国反腐败公约》面对腐败问题的新形势、新特点，难免会体现时滞性。而且，诸多原则性的规定、统一性的规定实际适用起来稍显僵化，使反腐合作的效果大打折扣。

（三）国际公约适用困难重重

国际公约的适用问题一直是理论上和实践中争议的焦点，由此形成了两种截然不同的观点。

一种观点认为，在打击跨国犯罪过程中，可以直接适用国际公约规定。依据《联合国打击跨国有组织犯罪公约》的规定，中国共办理外国刑事司法协助请求 50 多起。[2]针对澜湄流域高发的跨国诈骗犯罪，在多边刑事合作条约缺失的情况下，可以直接适用《联合国打击跨国有组织犯罪公约》打击跨国诈骗犯罪。按照公约规定，缔约国在公约涵盖的犯罪的侦查、起诉、审判、执行程序中给予最大的帮助。[3]首先，跨国诈骗犯罪属于公约规定的严重跨国有组织刑事犯罪，具有隐蔽性、集团化、逐利性等特征，可以适用公约的规定；其次，依据公约规定的刑事管辖权冲突原则，确立条约优先，优先扩大属地管辖为主要原则，属人管辖、普遍管辖为配合，先受理原则为补充的刑事管辖权原则；[4]最后，依据公约确定涉案各国的执法合作原则、执法合作方式、执法合作程序。

---

〔1〕 李蓉：“反腐败的国际刑事司法协助——《联合国打击跨国有组织犯罪公约》的刑事司法协助体系”，载《政法论坛》2005 年第 2 期，第 147 页。

〔2〕 “中国代表在《联合国打击跨国有组织犯罪公约》第七次缔约方会议上的发言”，载中国国际法学会主办：《中国国际法年刊（2014）》，法律出版社 2015 年版。

〔3〕 姚东：“论大湄公河次区域经济发展与区域刑事司法合作——从湄公河惨案谈起”，载《亚太经济》2012 年第 1 期，第 20 页。

〔4〕 于超：“论依托《联合国打击跨国有组织犯罪公约》打击电信网络诈骗犯罪”，云南大学2018 年硕士学位论文，第 17~22 页。

另一种观点认为，根据国际法相关原理[1]和国际公约的规定，国际公约需要各国制定、修改、完善相应国内法律来落实。各国制定、修改、完善国内法律与各国立法技术、立法紧迫性、立法偏好、立法能力有关系，但不可否认的是，将国际条约转化为各国国内立法历时较长、[2]模式较多。[3]在批准国际公约后，考虑到公约对中国刑事政策、刑事实体法、刑法程序法、刑事司法制度的影响，[4]中国应加快对相关法律法规的完善，以刑法罪名、刑事诉讼法制度、反洗钱法完善、推动国际公约内容的中国化。相比较而言，湄公河流域国家法律制度普遍落后，很难根据公约对国内立法进行调整和完善，而直接适用又遭遇诸多理论和实践的障碍，因此在实际操作层面困难重重。[5]就澜湄流域而言，通过缔结多边刑事合作条约、修改和完善双边刑事协助条约是落实国际公约缔约国义务可行性的推进路径。

二、多边刑事合作条约缺失

中国与湄公河国家现在并未缔结多边刑事合作条约，多边刑事合作条约缺失是目前澜湄合作框架下刑事合作最明显的短板。缔结多边合作刑事合作条约既是澜湄政治安全合作的重要抓手，也是国际公约在澜湄流域落实的可靠推进路径，因此缔结多边刑事合作条约迫在眉睫。在澜湄流域刑事合作条约尚未缔结的当下，多边合作机制在持续为澜湄流域刑事合作发挥作用的前提下，多边刑事合作机制签订宣言、联合声明、会议纪要、谅解备忘录等文件的法律效力、法律效果、功能备受质疑。

（一）多边刑事合作依据法律效力低

一般的多边刑事合作条约内容包括刑事合作原则、刑事合作范围、刑事合作实体法、刑事合作程序法、缔约国权利义务以及争议的解决。欧洲的刑事合作堪称区域刑事合作样本，区域性多边刑事公约的缔结过程就是其刑事

---

〔1〕 ［德］格哈德·韦勒：《国际刑法学原理》，王世洲译，商务印书馆 2009 年版，第 96 页。

〔2〕 邓光明、钟博思："检察机关服务保障'一带一路'建设问题研究——以中国-东盟检察机关司法合作为视角"，载《经济与社会发展》2020 年第 1 期，第 62 页。

〔3〕 冯殿美等：《国际刑法国内化研究》，山东大学出版社 2014 年版，第 70 页。

〔4〕 莫洪宪主编：《加入〈联合国打击跨国有组织犯罪公约〉对我国的影响》，中国人民公安大学出版社 2005 年版，第 10 页。

〔5〕 尹策："论惩治跨国有组织犯罪国际合作机制的完善"，载《铁道警察学院学报》2020 年第 2 期，第 75 页。

一体化的形成过程，同时也是区域刑法的形成过程。首先，第一阶段是欧洲多边刑事协助公约缔结。如《欧洲引渡公约》（1957 年）、《关于刑事判决国际效力的欧洲公约》（1970 年）、《欧洲刑事诉讼移管公约》（1972 年）、《欧洲刑事司法协助公约》（1959 年）、《欧洲移交被判刑人公约》（1983 年），目的是在刑事合作领域形成共同的规则以推进欧洲刑事合作进程。[1]其次，第二阶段是欧盟刑事一体化阶段。欧盟的刑事合作条约制定并非一蹴而就，而是经历了从《马斯特里赫特条约》（1992 年）—《阿姆斯特丹条约》（1997年）—《里斯本条约》（2007 年）逐渐完善的过程。《马斯特里赫特条约》在司法内务合作领域条款中开创了欧洲刑警组织情报交流、刑事司法合作和海关合作、统一行动的国家间刑事合作模式；《阿姆斯特丹条约》加大了欧盟对各国刑事司法决策的影响，提出了建立欧洲司法区的概念，形成了欧盟刑事政策一体化；《里斯本条约》加深了欧盟在刑事司法合作的范围和深度，明确在打击跨国犯罪方面采取一致的行动。[2]特别是根据《阿姆斯特丹条约》第 34 条，欧盟于 2000 年签订的《欧盟国家刑事司法协助公约》规定了刑事司法协助请求以及赃物处理、受追诉人移交、控制下交付、联合调查组、秘密侦查等刑事司法协助形式。[3]《东盟刑事司法协助条约》共计 32 条，主要内容有：刑法协助范围、司法协助的请求与执行、文书送达、调查取证、财产的追缴等，[4]其中合作调查取证、注重刑事合作的便捷和简化是条约的重点和亮点。

　　无论是欧盟分散刑事合作条约还是东盟统一的刑事协助条约，明确具体的合作范围、合作内容、合作程序均是刑事合作（协助）条约的共同内容。而且，因为条约表明缔约国就预防和打击跨国犯罪凝聚共识、达成一致协议，因此具有较高的法律效力以及较强的法律约束力，各缔约国均须遵守条约规定。通过梳理澜湄流域各个合作机制签订的合作依据文件（见表 3-3），虽然宣言、联合声明、会议纪要、谅解备忘录等合作依据的文件形式不一，但本

---

〔1〕 何家弘主编：《刑事司法大趋势——以欧盟刑事司法一体化为视角》，中国检察出版社 2005年版，第 35 页。

〔2〕 于文沛，"欧盟刑事　体化的起源与发展"，载《北方法学》2013 年第 4 期，第 144 页。

〔3〕 何家弘主编：《刑事司法大趋势——以欧盟刑事司法一体化为视角》，中国检察出版社 2005年版，第 36 页。

〔4〕 王君祥："东盟刑事司法协助条约评析"，载黄风、赵林娜主编：《国际刑事司法合作：研究与文献》，中国政法大学出版社 2009 年版，第 240~260 页。

质上都是框架协议，内容多是宣誓性的，并无具体合作内容，可操作性不强，不具备多边合作条约的内容、特征和法律效果，也即上述合作机制签订的合作依据文件法律效力低，无法成为澜湄刑事合作的有力支撑。如《备忘录》是澜湄流域非传统安全的重要依据，是澜湄流域打击跨国犯罪达成的共识，双方约定在信息交流、人员培训、执法合作等领域开展非传统安全合作，但并无具体的合作形式、合作程序，加之合作内容不明确，致使《备忘录》无法成为澜湄流域非传统安全合作的依据，导致澜湄流域非传统风险问题突出，成为区域发展的阻碍，甚至无法阻止恶性跨国犯罪的发生。也即，澜湄流域虽然具备非传统安全合作机制、禁毒合作机制，却仍然无法阻止"10·5 湄公河惨案"等类似恶性案件产生，也说明多边刑事合作机制合作依据法律效力低，导致合作效果差。

表 3-3　多边合作机制合作依据

序号	多边合作机制	合作依据
1	中国-东盟禁毒合作（ACCORD）	《曼谷宣言》和《北京宣言》
2	中国-东盟非传统安全合作框架（10+1）	《中国与东盟关于非传统安全领域合作联合宣言》《备忘录》
3	中国-东盟总检察长会议制度	《中国-东盟总检察长会议联合声明》
4	大湄公河禁毒合作机制（MOU）	《禁毒合作谅解备忘录》和《北京宣言》
5	湄公河执法安全合作机制	《中老泰缅关于湄公河流域联合执法安全合作会议纪要》《中老泰缅关于湄公河流域联合执法安全合作的联合声明》《关于建立澜沧江-湄公河综合执法安全合作中心谅解备忘录》
6	中、老、泰、缅多边（禁毒）合作机制	《北京宣言》

（二）多边刑事合作功能弱化

"金三角"是湄公河流域治安形势最严峻地区，也是跨国犯罪最高发地区。"金三角"的治安形势诚然和一直如影相随的毒品问题有关，但也与"金三角"特殊地理位置关系紧密，"金三角"地区属于典型的"三不管"地带，各国国家管控力量弱。跨国犯罪人一旦逃脱，后续的惩罚没有跟上，犯罪人并未承受犯罪严重后果或者说没有受到刑罚惩罚，如自由限制、财产损失乃至生命的剥夺。犯罪人犯罪成本低而犯罪收益高，刑罚的威慑并未对犯罪人的意识产生影响，[1]犯罪人难免会滋生重新犯罪的欲望，严重扰乱湄公河流域的经济社会秩序，成了地区不安全的重要源头，同时也严重挑衅了沿岸各国的司法权威，降低了刑罚的一般预防效用，间接鼓励潜在的犯罪人实施跨国犯罪。"金三角"地区成为跨国犯罪适宜生长的"土壤"，成了湄公河流域跨国罪犯的避罪天堂。纵观整个湄公河流域，由于边境管理松懈和各国法律制度的差异，出现了犯罪人"在东边犯罪，西边安家；在上游犯罪，下游消费"[2]的怪事，导致澜湄流域执法机关罪犯抓捕难问题比较突出。其中，以"10·5湄公河惨案"以及"韩某万案"为典型案例。

在"10·5湄公河惨案"发生之前，糯康犯罪集团是"金三角"最大的武装贩毒集团，其总部在湄公河孟喜岛，在老、缅、泰三国均设立犯罪"窝点"，并通过当地关系网通风报信获取信息逃避追捕。在惨案发生之前，因为糯康实施武装贩毒行为，老、缅、泰三国均对糯康发出通缉令，但因抓捕难度大，糯康及其团伙一直处于逍遥法外的状态。当惨案发生以后，专案组锁定糯康团伙并对其进行抓捕时，糯康及其团伙成员故技重施，在老、缅、泰三国间多个"窝点"间来回穿梭，逃避抓捕。专案组前后对糯康实施五次抓捕，每一次都几乎抓住，却又让其逃脱。曾经有一次糯康出现在老挝一侧，收到其关系网提供的警方抓捕消息后，马上通过湄公河较窄的水域到达缅甸逃避抓捕。[3]因为缅甸山高林密，且因糯康反侦查能力较强，选择的藏身地较为隐秘，当专案组赶到时，他们早已逃脱。鉴于中国警方和老挝军警良好的合作基础，专案组决定在老挝对糯康进行抓捕。缅甸警方通过清剿方式不断挤压其在缅甸的生存空间，逼迫他向老挝转移。经过半年（2011年12月至2012年5月）的时间，中、老、缅警方通力合作，终于在老挝将糯康抓获并引渡至中国。"韩某万案"也是如此，中国德宏陇川籍男子韩某万在缅北通过走私汽车和经营赌场赚取巨额利润后，在缅北"金三角"从事毒品生意，并

---

[1] 徐久生："费尔巴哈的刑法思想——费氏眼中的刑法与社会"，载《北方法学》2013年第5期，第93页。

[2] "湄公河惨案给六国航运安全敲响警钟"，载 http://opinion. china. com. cn/opinion_ 86_ 25186. html，访问日期：2020年第9月10日。

[3] "抓捕糯康多次，每一次都接近很成功"，载《新京报》2016年10月2日。

将毒品贩运到中国，被称为"金三角"甚至东南亚的"毒枭之王"。韩某万成立武装贩毒集团长期盘踞在中老、中缅边境，极少到中国来，中国公安部、云南省公安厅均对其发出过 A 级通缉令，抓捕多年却无果。中国警方在截获韩某万即将将毒品从缅甸邦康运送到缅甸大其力的消息后，联合老、缅、泰三国警方对其进行抓捕，终于在老挝将其抓获并引渡至中国。

在上述跨国犯罪案件中，打击跨国犯罪的常规手段是国际警务合作或国际执法合作，但惩治跨国犯罪依赖国际刑事司法合作，也即预防和打击跨国犯罪需要国际执法合作+国际刑事司法合作双管齐下，实现跨国犯罪侦查、起诉、审判、执法全流程合作。但在实践中，澜湄流域多边刑事合作机制多为执法合作，突出执法功能，刑事司法合作功能不突出，导致对犯罪人惩治不力，降低了犯罪分子的违法犯罪成本，助长了犯罪分子的气焰，成了影响地区安全的首要因素。同时也使刑事司法地区化进展缓慢，刑事管辖权争议、境外证人出庭问题、刑事诉讼移管、移管被判刑人等刑事合作较少。澜湄刑事合作实践少，概括起来主要是以下三方面：

1. 多边合作机制刑事合作功能不突出

如上所述，澜湄流域多边合作机制主要专注于执法合作，主要集中于刑事侦查阶段，但在刑事合作方面进展缓慢，之后的起诉、审判、执行及其相关的合作（如刑事诉讼移管、移管被判刑人合作）甚少，甚至可以说是空白。国际刑事司法合作的内容较广，程序复杂。有实体方面的合作，比如在联合侦查、证据交换、联合抓捕、管辖权争议、引渡、证人出庭、刑事诉讼移管、移管被判刑人刑事诉讼各个阶段的合作；也有程序方面的合作，如合作申请的提起、接收、具体合作的进行。良好的刑事运作效果一般以完善的刑事合作机制为基础，中国与湄公河各国并未建立起多边刑事合作机制，也未缔结相应的多边刑事合作条约，因此澜湄流域刑事合作完全靠流域各国在实践中探索，基本上处于"一案一合作"的临时合作模式，刑事合作进程推进较慢。在刑事合作实践中，"10·5 湄公河惨案"堪称国际刑事合作样本。案件侦破后，中国与老挝、泰国在犯罪嫌疑人审讯、证据交换、起诉、证人出庭、文书送达、罪犯服刑方面开展了一系列刑事司法合作探索。"10·5 湄公河惨案"刑事合作为中国与湄公河国家开展多边刑事合作提供了契机，也为中国创造性介入湄公河流域跨境安全管理打造了平台，加深了中国和湄公河国家对湄公河流域非传统安全合作的强烈意愿。

2. 多边刑事合作涉及国家主权等敏感问题

与民事司法协助相比，中国与湄公河国家刑事司法协助推进缓慢，究其原因是刑事协助涉及国家主权问题，刑事合作本质上是国家司法权的扩张，湄公河流域国家对此抱谨慎和保留的态度也情有可原。[1]跨国犯罪案件极易引起刑事管辖权的争议，刑事管辖权的确立会直接决定后续整个刑事诉讼流程的走向，而刑事管辖权又是一国在跨国犯罪案件中确立刑事司法权的重要依据。中国与湄公河国家法律制度不同、国情不同，对同一个跨国犯罪案件存在刑事管辖权争议是不可避免的。在这样的情况下，中国人在湄公河国家犯罪，一般湄公河国家与中国开展刑事司法协助的形式就是将犯罪嫌疑人移交给中国处理，这样的案件自然不存在刑事管辖权争议。中越警方联合侦破的越南近期最大的网络赌博案件，越南警方考虑到犯罪嫌疑人均具有中国籍，只是租用越南服务器，电脑使用的系统也是中文，而且受害人均是中国人，越南警方处理起来会存在语言障碍，于是将所有犯罪嫌疑人移交中国。但是对于像"10·5湄公惨案"这样涉及四个国家的案件，刑事管辖权难免会存在争议，刑事管辖权的确立也会经历较长时间各种层次的沟通，势必会影响整个案件的侦破速度。

3. 澜湄六国双边刑事合作存在不平衡现象

刑事司法协助存在不平衡现象是指中国与湄公河各个国家的刑事司法合作推进难度不一致，程度也不一致。[2]老挝、泰国是统一独立国家，中国与这两个国家的交流只能通过这两个国家的中央机关及具体执行机关并开展具体的合作事宜。因此，中国与老挝、泰国的刑事司法协助难度相对较低，这在"10·5湄公河惨案"中国与老挝、泰国的合作中就可见一斑。老挝、泰国不仅在案件侦查阶段与中国积极开展合作，泰国警方还到中国提审了3名主要犯罪嫌疑人，收集更加详细的证据，尽快将涉案的9名泰国军人提起诉讼。[3]经过与老挝、泰国的沟通，老挝、泰国的13名执法人员将以不公开姓

〔1〕 孙杰．"云南法院：涉东盟刑事司法合作举步瞩目"，载《中国审判》2014年第10期，第23页。

〔2〕 张旭主编：《国际刑法——现状与展望》，清华大学出版社2005年版，第312页。

〔3〕 "泰警方正在中国审讯糯康等3名杀害中国船员嫌犯"，载http://m.simic.net.cn/news-show.php?id=108768，访问日期：2021年8月26日。

名、身份的方式出庭作证,在举证质证环节指证被告主要的杀人抛尸犯罪事实。[1]缅甸国内局势复杂,而且中缅边境的绝大部分是少数民族地方武装掸邦、克钦邦、佤邦的控制区域,开展刑事合作具有复杂性和特殊性,而这种复杂性和特殊性的外在表现形式就是非规范性、非长期性和非效益性。[2]因此,中国与缅甸的刑事司法协助难度较大。而且,事后的刑事合作耗费成本大、精力多、见效慢,因此探索事前的、集预防与打击犯罪功能于一体的刑事合作机制是打击跨国犯罪的重要手段。澜湄执法中心升级了湄公河流域安全合作层次,其功能定位于国际警务合作,目的是预防和打击湄公河流域跨国犯罪,而且在构建多边刑事合作层面向前推进了一步,体现在澜湄执法中心建立了案件协查系统、情报交流系统、违法犯罪信息数据库,为澜湄流域跨国犯罪多边刑事司法合作提供了合作的渠道及平台。为有效惩治湄公河流域跨国犯罪,澜湄六国依托澜湄执法中心多边合作平台,构建了"国际执法合作"+"国际刑事司法协助"复合型合作模式,完善了国际刑事司法合作内容,形成了预防和打击跨国犯罪的完整、高效、具备可行性的刑事合作机制。

三、双边司法协助条约内容不统一

在理论上,我国采用的是狭义的刑事司法协助概念,并未涵盖引渡和移管被判刑人的内容,因此我国在对外签订刑事司法协助条约时往往需要签订狭义的刑事司法协助条约、引渡条约、移管被判刑人条约。我国与湄公河国家也是通过签订司法协助条约、引渡条约、移管被判刑人条约的形式为双方开展刑事司法协助提供了合法依据。因为地缘相近,且双方有加强边境管理的诉求,因此中国与湄公河国家还签订了边境管理、禁毒合作、边防事务管理、维护社会治安等与刑事司法协助相关的条约。截至2021年9月,中国与湄公河国家签订的刑事司法协助条约、引渡条约、移管被判刑人条约及相关刑事协助条约如下表:

---

[1] "13名外籍证人将'隐名作证'",载《人民公安报》2012年9月21日。

[2] 余江、王朝佐:"对中缅边境管理中与缅甸地方民族武装势力开展警务合作的思考",载《云南公安高等专科学校学报》2001年第1期,第67页。

（一）中国与湄公河五国司法协助条约的特点

表3-4　中国与湄公河五国司法协助条约签订、批准情况汇总

国家	刑事协助条约		引渡条约		移管被判刑人条约	
	签订时间	批准时间	签署时间	批准时间	签署时间	批准时间
老挝	1999年1月25日	2001年4月28日	2002年2月4日	2002年8月29日	未签订	
缅甸	未签订		未签订		未签订	
柬埔寨	未签订		1999年2月9日	2000年3月1日	未签订	
越南	1998年10月19日	1999年6月28日	2015年4月7日	2019年8月26日	未签订	
泰国	2003年6月21日	2003年12月27日	1993年8月26日	1994年3月5日	2011年12月22日	2012年12月16日

表3-5　中国与湄公河五国相关条约签订情况汇总

国家	边境管理和合作条约	禁毒谅解备忘录	禁止非法贩运和滥用麻醉品和精神药物的合作协定	边防事务谅解备忘录（中缅）或边防合作协议（中越）	关于打击犯罪和维护社会治安的合作协定
老挝	1993年12月3日	2001年1月	未签订	未签订	未签订
缅甸	1997年3月25日	2001年1月	2006年5月27日	2004年12月5日	未签订
柬埔寨	未签订	未签订	2008年11月4日	未签订	未签订
越南	2009年11月18日	2001年7月	未签订	2007年8月27日	2001年7月26日
泰国	未签订	2000年10月	未签订	未签订	未签订

由上表可以看出，中国与湄公河五国刑事司法协助条约签订的情况呈现出两个特点：

1. 签订的范围不一致

在湄公河五国中，中国与泰国签订的刑事合作条约最为齐全，涵盖刑事协助、引渡、移管被判刑人等内容。完备的法律基础为中泰两国的刑事合作提供了依据，两国刑事合作得以顺利开展，取得了较好的法律效果。以"10·5湄公河惨案"刑事合作为例，因涉案的主体为泰国军人、案发的地点在泰国境内，中泰两国开展了前所未有的，无论是广度还是深度都堪称典范的双边刑事合作，为之后的双边刑事合作积累了经验。首先，体现在合作广度上。中泰两国不仅在侦查阶段展开联合侦查，搜集证据，泰方在此后糯康被引渡至中国后还与中方一起开展了联合审讯，而且在审判阶段泰方派出泰国证人出庭作证，因此中泰的刑事合作从传统的侦查领域延伸到了审判领域，这对于中泰两国来说都是第一次。其次，体现在合作深度上。泰方不仅为中国警方实地走访、现场勘察等侦查提供便利，同时还为中国提供现场照片、派证人到中国作证等，这些都是之前从未进行过的刑事协助方式。泰国是湄公河流域经济最发达的国家，也是法律制度最完善的国家，在湄公河流域中居于主导地位。[1]泰国是泛亚中线最重要的国家，同时也是大湄公河地区毒品的重要过境中心和消费国，是大湄公河国家人口拐卖集散地和武器走私地，是深受恐怖主义侵扰之地。因存在经济高速发展与非传统安全挑战冲突，泰国基于自身经济的发展考虑必然会对安全提出更高要求，更愿意与中国开展安全合作，以维护经济发展成果与社会稳定。

相对而言，中国与缅甸未签署任何刑事合作条约。原因主要是中国与缅甸接壤的1997公里边境线只有392公里是由缅甸政府控制，其他均由少数民族武装控制，因此我国未与缅甸政府签订刑事司法协助条约，但中缅两国就边界管理、边防合作、禁毒合作、禁止非法贩运和滥用麻醉品与精神药物的合作签订了协议和条约，也有助于两国开展刑事司法协助，并形成独特的协助模式。首先是边境执法合作联络官制度。在联合国禁毒公约框架下，自1996年开始，中缅开始建立边境地区缉毒执法合作联络官制度，开展跨国毒品犯罪和情报交流活动，取得了显著成效。其次，举行中国缅甸打击跨国犯罪部长级会议。中缅打击跨国犯罪部长级会议的目的是在边境地区严厉打击贩毒、拐卖妇女儿童、非法越境、赌博等违法犯罪活动，维护两国边境地区的长治久安。[2]最后，签署关于缅北地区罂粟种植情况的监测文件。2006年5月27日中缅签订《中国国家禁毒委和缅甸中央肃毒委关于在缅北地区联合

---

〔1〕 许扬阳："泰国在澜湄合作中的地位及作用探究"，载《创造》2020年第4期，第16页。

〔2〕 "公安部和缅甸内政部举行会议商讨打击跨国犯罪"，载 http://www.gov.cn/gzdt/2007-04/04/content_ 571251.htm，访问日期：2021年8月25日。

进行卫星遥感监测罂粟种植的意向备忘录》[1]，目的是对缅北地区的罂粟种植面积、分布区域、变化特点和发展趋势以及传统毒品生产情况进行监测，从而对缅北的毒品生产、销售、流向情况进行研判。

中国与柬埔寨并未签订刑事司法协助条约，只签订了引渡条约。但基于中柬的友好合作关系，2019年1月习近平主席与来华访问的柬埔寨首相洪森确定2019年为中柬执法合作年，为中柬执法安全合作指明了方向。[2]中柬执法部门通过通力合作，将网络诈骗、网络赌博、涉黑涉恶列为重点打击对象，截至2019年8月30日，共抓获中国籍犯罪嫌疑人近千名，其中涉网络赌博335名、涉网络诈骗155名。[3]随后，柬埔寨首相洪森签署政府令宣布在柬埔寨全面禁止网络赌博，网络赌博公司和涉赌人员纷纷逃离柬埔寨。之后，公安部又与柬埔寨内政部签署《关于成立执法合作协调办公室的谅解备忘录》，就打击涉华电信诈骗犯罪、网络赌博犯罪加强警务合作，公安部派技术人员和警务专家赴柬埔寨与柬警方联合办公。[4]

2. 签订的内容不统一

中国与老挝签订的是《中华人民共和国和老挝人民民主共和国关于民事和刑事司法协助的条约》（共37条），包含民事司法协助和刑事司法协助的内容，并未将二者作详细的区分。第四章刑事司法协助（第27条至第32条）共6条规定了刑事司法协助的范围、刑事司法协助的拒绝、送达文书和调查取证、赃款赃物的移交、刑事判决的通报，其中第27条刑事司法协助范围规定缔约双方应当根据请求，在刑事方面相互代为送达诉讼文书，向证人、被害人和鉴定人调查取证，讯问犯罪嫌疑人和被告人，安排证人或鉴定人出庭等。

中国与越南签订的《中华人民共和国和越南社会主义共和国关于民事和刑事司法协助的条约》（共34条）亦包含民事司法协助和刑事司法协助的内

---

[1] "中国和缅甸签署禁止贩运和滥用麻醉药品合作协议"，载 http://www.gov.cn/govweb/zwjw/2006-05/27/content_293319.htm，访问日期：2021年9月10日。

[2] "中柬执法合作开启新篇章"，载 http://news.cpd.com.cn/n3559/201910/t20191011_859062.html，访问日期：2020年10月27日。

[3] "中柬执法合作年取得阶段性成果"，载 http://www.gov.cn/xinwen/2019-09-22/content_5432103.htm，访问日期2021年8月10日。

[4] 毛鹏飞："综述：中柬执法合作成效显著"，载 https://m.gmw.cn/baijia/2021-06/06/1302341755.html，访问日期：2021年8月1日。

容，亦并未将二者作详细的区分。第四章刑事司法协助（第 22 条至第 27 条）共 6 条规定了送达文书、调查取证、证人和鉴定人的出庭和保护、赃款赃物的移交、刑事判决的通报、刑事司法协助的拒绝。

中国与泰国签订的《中华人民共和国和泰王国关于刑事司法协助的条约》（第 21 条）第 1 条第 3 款规定，条约不适用于对人员的引渡、移交被判刑人、刑事诉讼的转移等；第 1 条第 5 款规定，条约不适用于军事犯罪；第 3 条第 1 款规定，政治犯罪等可以拒绝或推迟刑事司法协助请求。该条约第 1 条第 2 款条通过列举方式明确了刑事司法协助范围：送达刑事诉讼文书、提供文件、记录和证据物品、查找和辨认人员、移交在押人员、证人鉴定人出庭作证、查询、搜查、冻结和扣押等。该条约第 7 条至第 17 条详细规定了送达刑事诉讼文书等 11 种刑事司法协助形式的内容、具体操作流程等。

综上，中泰刑事司法协助经验丰富，实践中存在的问题、完善的对策、现实的诉求都可体现在刑事协助条约中，加之中泰刑事司法协助条约签订在后，参考、借鉴之前签订刑事司法协助条约的经验，中泰刑事司法协助条约确立了司法协助机关、明确了司法协助流程、细化了司法协助种类，为双方开展刑事司法协助打下了良好基础。相比较而言，中老、中越的民事刑事司法协助条约因为签订时间过早，不仅民事刑事内容混杂，而且刑事司法协助的内容过于简单，较难适应中国与老挝、越南之间的刑事司法协助的需求。

（二）中国与湄公河国家刑事司法协助陷入困境及原因分析

如前所述，中国与湄公河国家开展刑事协助的依据为国际条约、多边合作协议、双边刑事协助条约，但总体而言，国际条约和多边合作协议均为原则性框架性规定，缺乏具体、明确的规定，因此中国与湄公河国家主要依靠双边刑事司法协助条约开展刑事合作。但中国与湄公河国家刑事协助条约签订情况较为复杂而且内容还不统一，但其中情况最突出的就是我国与缅甸并未签订任何司法协助条约，这导致我国和缅甸的刑事合作情况最为复杂，合作效果最难预估。

我国与缅甸未签订任何刑事协助条约，原因与缅甸政治体制不统一、政局不稳定和法律制度有很大关系，[1]因此只有通过外交手段，依据相关刑事协助制度规定与缅甸政府进行刑事司法协助。但在少数民族地方武装控制区

---

[1] 雷珺："中国-东盟司法合作研究（1991-2014）"，云南大学 2015 年博士学位论文，第 69 页。

域或特区，特区政府有高度的自治权，有自己的武装、政党、行政机构、独立的司法权和终审权，非经特别授权，缅甸政府一般不干涉特区内部事务。基于这些特殊性，中缅边境地区开展司法协助，既无刑事协助条约作为依据而且缅甸中央政府的政治命令也无法到达并且顺利实施，就会遭遇刑事司法协助和外交途径双重阻碍。[1]根据 1990 年签订的《关于对缅甸少数民族武装组织若干具体政策问题的规定》，我国对缅甸特区政府的态度是"政治上不承认、军事上不支持、经济上不援助"，将其视为一般地方政府，进行一般事务的接触。[2]

因此，中缅边境的司法协助主要是以云南地方司法机关与缅甸特区政府司法部门展开协助，内容涉及边境管理、禁毒合作、查处边境刑事案件和治安案件、打击跨国犯罪，[3]形式有相互提供犯罪资料、协助缉捕移送犯罪嫌疑人等，合作的范围仅限于特区政府控制范围，但各个特区政府的管理模式有很大不同，导致在开展刑事司法协助时随意性大、结果难以确定，由此可以看出这种协助模式具有较大的局限性。因地处掸邦高原，交通不便、气候恶劣、难以发展现代农业，工业的发展更是缺乏基础，因此缅甸的这些特区是主要的罂粟产区和新型毒品生产地。面对猖獗的有组织跨国毒品犯罪，这样的地方之间的协助模式遭遇了更大"瓶颈"。因此我国与缅甸开展司法协助既要面对无刑事协助条约的困境，还要面临与缅甸政府和缅甸特区政府的两个层次的沟通模式，上述因素会导致中缅刑事协助难以开展，呈现程序复杂、随意性大、结果难以确定的特征，最终会严重影响刑事协助效果。因此为确保刑事司法协助顺利开展，有力打击跨国犯罪，未来应当签订与缅甸的刑事司法协助条约，并与缅甸特区政府进行积极沟通，以保证刑事司法协助条约在特区政府实施。

中柬也未签订刑事协助条约。虽然中柬执法合作成绩显著，但主要针对的是犯罪人是中国人的涉华网络赌博、网络诈骗犯罪，后续的刑事管辖不会

---

〔1〕 杨荣刚："中缅边境地方司法协作问题研究"，载《云南大学学报（法学版）》2009 年第 3 期，第 121 页。

〔2〕 余江、王朝佐："对中缅边境管理中与缅甸地方民族武装势力开展警务合作的思考"，载《云南公安专科学校学报》2001 年第 1 期，第 67~68 页。

〔3〕 余江、王朝佐："对中缅边境管理中与缅甸地方民族武装势力开展警务合作的思考"，载《云南公安专科学校学报》2001 年第 1 期，第 69 页。

面临争议，因此犯罪人都押送回中国接受法律的审判。但面对更加复杂的跨国犯罪，为确保中柬刑事司法合作的顺利进行，建议中柬尽快着手签订刑事协助条约和移管被判刑人条约。中国与越南、老挝签订的双边条约规定较为原则，多为宣言式、缺乏约束力、没有操作细则，[1]操作起来难度较大，弱化了执行力。而且刑事司法协助形式比较单一，以调查取证为主，[2]主要涉及犯罪嫌疑人身份确定、犯罪嫌疑人遣返、证据调取、文书委托送达等内容，[3]并未涉及情报交流、协助逮捕犯罪嫌疑人等细节，[4]也未涵盖管辖权争议、刑事诉讼移管、被判刑人移交、犯罪资产追缴分享等刑事诉讼后续程序内容。面对法律差异、信息不对称、手续繁琐、机构不健全等问题，中国与湄公河国家的刑事协助仍存在较多障碍。而随着国际刑事司法协助理论的发展，实践中出现了一些新型的协助形式，[5]比如刑事管辖权确认、跨境电子证据的调取、刑事诉讼移管、移管被判刑人、犯罪资产追缴分享、缺席审判等。因此应尽快完善澜湄国家之间的双边刑事协助条约内容，将这些新型的协助形式补充进双边刑事协助内容，提升澜湄刑事合作的质量。

第二节　澜湄多边合作机制碎片化严重

虽然澜湄流域多边合作机制众多，但碎片化严重。区域公共安全产品碎片化供给现状与澜湄流域非传统安全需求的矛盾日益突出，成了澜湄流域发展和繁荣的主要障碍。澜湄执法中心成立，使澜湄刑事合作乃至非传统安全合作由碎片化向平台化转化成为可能，[6]也使得"制度竞合"而非"制度竞

---

〔1〕　陆云生："中、越、老、缅区域刑事司法协助的问题与完善"，载《人民检察》2014 年第 22 期，第 32 页。

〔2〕　王君祥："中国东盟打击跨国犯罪刑事合作机制探析"，载《河北法学》2008 年第 12 期，第 177 页。

〔3〕　刘孟海："检察外交视域中的中国–东盟检察制度与地区合作问题"，载《环渤海经济瞭望》2015 年第 10 期，第 75 页。

〔4〕　陈伟强："从形式、问题到完善：中国与东盟国家刑事司法协助探究"，载《昆明理工大学学报（社会科学版）》2019 年第 1 期，第 13~14 页。

〔5〕　刘孟海："检察外交视域中的中国–东盟检察制度与地区合作问题"，载《环渤海经济瞭望》2015 年第 10 期，第 75 页。

〔6〕　李志斐："澜湄合作中的非传统安全治理：从碎片化到平台化"，载《国际安全研究》2021 年第 1 期，第 90 页。

争"〔1〕成为澜湄刑事合作的底色。

一、澜湄多边合作机制出现拥堵

基于湄公河流域特殊的地缘优势、丰富的自然资源、广阔的市场前景，湄公河地区合作机制众多且机制拥堵的现象由来已久。自冷战以后，澜湄区域掀起机制建设高峰，其中有两个阶段最为突出：一是 20 世纪 90 年代，呈现由"战场变市场"的机制建设高峰，大湄公河次区域合作机制、湄公河委员会、东盟–湄公河流域开发合作机制〔2〕相继建立；另一个是 21 世纪初席卷东南亚的金融风暴过后，湄公河流域外大国（如美国、日本、印度、韩国等）建立的以本国利益为核心的合作平台，一时间澜湄流域合作机制、合作议题和合作内容交错，出现了"机制拥堵"现象。〔3〕机制拥堵是一把"双刃剑"，既体现了湄公河流域机制充分，公共产品供给充足，也体现出了机制之间无序竞争、欠缺合作意识、削弱治理效果的困境。

在湄公河流域机制建设的大背景下，着眼于预防和打击跨国犯罪和非传统安全合作，澜湄流域多边合作机制建设也呈现出三个明显的合作高峰：一是自 20 世纪 90 年代，在联合国禁毒办公室（现称为联合国毒品和犯罪问题办公室）主持下成立的联合国+湄公河六国的六国七方禁毒机制，合作议题为毒品犯罪的打击和预防。二是 21 世纪初，中、老、泰、缅四国成立禁毒合作机制，合作议题为禁毒合作，目标为应对"金三角"毒品问题，谋求高层次禁毒会晤和磋商。〔4〕中国–东盟成立的禁毒合作机制合作议题为禁毒合作；中国–东盟非传统安全合作机制合作议题为非传统安全合作。三是"10·5 湄公河惨案"之后，中、老、泰、缅建立湄公河执法安全合作机制，合作议题为打击跨国犯罪的执法安全合作；澜湄执法中心的成立升级了湄公河执法安全合作层次，扩大了合作范围，细化了合作事项。

澜湄流域多边合作机制众多，但发起主体（主导主体）不一样，有国际

---

〔1〕 马婕："澜湄合作五年：进展、挑战与深化路径"，载《国际问题研究》2021 年第 4 期，第 84 页。

〔2〕 赵祺、徐罗卿："大湄公河次区域合作机制'碎片化'问题研究"，载《兵团党校学报》2019 年第 4 期，第 65 页。

〔3〕 卢光盛、金珍："超越拥堵：澜湄合作机制的发展路径探析"，载《世界经济与政治》2020 年第 7 期，第 98 页。

〔4〕 "中老泰缅发表禁毒北京宣言"，载 http://news.sina.com.cn，访问日期：2021 年 7 月 27 日。

组织主导的，如联合国毒品和犯罪问题办公室主导的六国七方会谈（MOU 机制）；有中国与区域组织协商主导的，如中国-东盟禁毒合作框架、中国-东盟非传统安全合作框架；有中国与其他湄公河国家共同主导的，如中、老、泰、缅禁毒合作，湄公河执法安全合作机制，而且上述多边合作机制建立目的不一、参与者诉求不同，并无主导合作机制，各合作机制之间如一盘散沙、碎片化严重，尚未形成层次分明、功能互补的刑事合作体系，澜湄流域多边合作机制"机制拥堵"困境在跨国犯罪预防和打击层面也同样存在。

梳理澜湄流域多边合作机制的时间线和发起主体，可以看出中国由原来多边合作机制的积极参与者、深度追随者转换为机制主导者、规则制定者、公共产品提供者，澜湄合作是中国成为区域合作机制倡导者和规则制定者的重要尝试。湄公河执法安全机制开展湄公河巡逻执法、平安航道扫毒、跨国犯罪案件协查、跨国犯罪信息库建设和情报交流、开展统一行动保障澜湄流域的安全与发展。自开展湄公河巡逻执法以来，湄公河流域见警率高达每月20 天以上，湄公河航运安全得到明显改善，再未发生船只和人员遇袭情况。澜湄执法中心成立以后，依托稳定的多边合作平台开展执法安全合作，特别是在跨国犯罪案件协查方面提供由执法合作向司法合作的可能，因此可以认为澜湄执法中心成立为刑事合作提供了推进路径，澜湄执法中心在澜湄流域刑事合作中发挥着越来越重要的作用。制度竞争并不意味着合作无法实现。[1]面对澜湄流域刑事合作诉求，是维持多种刑事合作机制并存的松散的、碎片化现状，还是形成由澜湄执法中心统领的澜湄流域刑事合作是目前澜湄刑事合作亟须面对和解决的问题。

二、澜湄多边合作机制内容交叉

澜湄流域多边合作机制不仅碎片化严重，而且还存在合作议题相同、合作内容交叉或重复、推进路径相似等问题，无法发挥多边合作机制合力。

内容交叉是指内容出现重复或相关。多边合作机制内容交叉是指多边合作机制内容出现重复的情况。从表 3-6 六个澜湄多边合作机制来看，有三个合作机制合作议题为禁毒合作，占比为 50%，建立以禁毒合作为主题的多边

---

〔1〕 罗仪馥："从大湄公河机制到澜湄合作：中南半岛上的国际制度竞争"，载《外交评论（外交学院学报）》2018 年第 6 期，第 156 页。

合作机制是澜湄流域的现实需求，也是澜湄流域开展禁毒合作的制度基础。具体而言，大湄公河次区域禁毒合作机制是较早成立的次区域禁毒合作机制，制定了世界最早的次区域禁毒合作行动计划。[1]具体的合作内容为：缉毒执法（案件侦办、情报交流、控制下交付、易制毒化学品管制、追逃、移交）、替代发展、人员培训。中国–东盟禁毒合作涵盖缉毒执法（情报交流、案件合作）、毒品预防与教育、戒毒康复、替代发展，并在中国–东盟非传统安全合作框架下将合作内容扩大至禁毒、反恐、国际经济犯罪等跨国犯罪领域。[2]中、老、泰、缅禁毒合作内容包括：缉毒执法、毒品预防与教育、易制毒化学品管制、戒毒康复、替代发展，加强在调查与预警方面的合作。因此，可以看出，无论是中、老、泰、缅禁毒合作机制，还是六国七方大湄公河禁毒合作机制以及中国–东盟禁毒合作框架，合作议题相同、合作内容相同、合作内容交叉，而且都属于论坛或会议合作阶段，合作层次较低，合作效果难免会受到影响。在面临流域毒品犯罪集团化、网络化、专业化的当下，多边禁毒合作机制无法抵御跨国毒品犯罪的猖獗态势，毒品泛滥趋势继续延续。[3]而在多边禁毒合作机制形成的过程中，我国在澜湄流域禁毒领域的参与度、影响力不断提高，逐渐具备了制定规则和提供公共产品的能力，有能力引导和解决多边合作机制的走向。

　　另外三个合作机制的目的是预防和打击跨国犯罪。具体而言，中国–东盟非传统安全合作框架的建设目的是预防和打击贩毒、海盗、洗钱、军火走私、网络犯罪、人口贩运、恐怖主义等跨国犯罪，具体内容为信息交流、人员培训、非传统安全务实合作，为中国–东盟经济合作、政治互信、安全合作奠定基础。[4]中国–东盟总检察长会议制度合作目的加强刑事司法协助，打击跨国犯罪形成合力。具体而言：联合开展专项行动、跨境调查取证、缉捕遣返犯罪

---

〔1〕　王勇辉、余珍艳："中国与东盟小多边安全机制的构建现状——从公共产品供给的视角"，载《世界经济与政治论坛》2015年第4期，第4页。

〔2〕　张晓春："中国–东盟禁毒命运共同体建设问题研究"，载《广西社会科学》2015年第4期，第61页。

〔3〕　刘稚："中国与东盟禁毒合作的现状与前景"，载《当代亚太》2005年第3期，第38页。

〔4〕　罗刚："非传统安全视野下的中国–东盟自贸区建设"，载《思想战线》2009年第6期，第53~55页。

嫌疑人等司法协助、人员培训等。[1]建立湄公河执法安全合作机制的目的是预防和打击跨国犯罪。具体合作内容为：建立稳定的执法机构（澜湄执法中心）、执法合作（湄公河联合巡航、犯罪信息数据库建设、信息共享与协查、案件协查、联合行动）、人员培训等。毒品犯罪是湄公河流域最严重的跨国犯罪，因此打击毒品犯罪亦是这三个合作机制的共同合作议题。因此，可以认为禁毒合作及打击毒品跨国犯罪是所有澜湄流域多边合作机制共同的合作议题，同时也说明了澜湄流域多边合作机制的合作内容存在交叉。

表 3-6　澜湄多边合作机制合作内容

序号	多边合作机制	合作内容
1	中国-东盟禁毒合作框架（ACCORD）	禁毒合作
2	中国-东盟非传统安全合作框架（10+1）	打击跨国犯罪非传统安全合作
3	中国-东盟总检察长会议制度	打击跨国犯罪
4	大湄公河禁毒合作机制（MOU）	禁毒合作
5	湄公河执法安全合作机制	打击跨国犯罪
6	中老泰缅多边（禁毒）合作机制	禁毒合作

三、澜湄多边合作机制功能重叠

澜湄多边合作机制不仅存在合作内容交叉，而且功能也呈现重叠，造成了机制重复建设。机制的重复建设不仅造成资源浪费导致跨境治理成本高昂，而且造成机制拥堵、机制竞争困境，导致无法使多个机制形成合力，不利于澜湄流域刑事合作的开展，无法成为澜湄流域的"稳定器"。

重叠是指相同的东西层层堆叠，部分相一致，叠加。如上文所述，澜湄流域六个多边合作机制合作议题相似，合作内容存在交叉和重复。这些相似的多边合作机制虽然建立时间不同，在应对湄公河流域非传统安全风险的过程中，各个多边合作机制的功能逐渐走向一致甚至叠加。澜湄流域多发的跨国犯罪促成了多边合作机制的建立，开展国际合作是多边合作机制的基本功

---

〔1〕 "张军：携手共进　加强合作　为打造中国-东盟命运共同体贡献更多力量"，载 https://www.spp.gov.cn/spp/tt/201911/t20191106_437466.shtml，访问日期：2021 年 7 月 28 日。

能。具体而言，国际合作分为执法合作和刑事司法合作。国际执法合作是指根据国际公约及国内法的规定，在预防和打击跨国犯罪的过程中，各国执法机关开展的相互协助、协调配合的执法行为。[1] 国际警务合作是国际执法合作的重要表现形式，是警察的跨国界交流，或被称为警察外交。[2] 根据国际惯例和警察职责的规定，国际警务的合作形式有：机制构建、管辖权冲突协调、境外调查取证、嫌疑人引渡、跨国追逃、跨境资产追缴。[3] 刑事司法合作是指为打击跨国犯罪，各国在案件的侦破、起诉、审判、执行开展的各种类型的国际合作。狭义的刑事司法合作仅指法律文书送达、询问证人及鉴定人、搜查、扣押、移交物品。广义的刑事司法合作还包括引渡、刑事诉讼移管、被判刑人移交。

关于国际执法合作和国际刑事合作之间的关系，理论界和实务界有不同看法，理论上的模糊影响了司法实践的开展。[4] 一种观点是"同一说"即国际执法合作和国际刑事合作在内容、范围、功能上具备同一性，二者之间并无本质的区别。[5] 第二种观点是"包容说"，即国际执法合作只解决跨国犯罪案件侦查问题，因此只是刑事合作的一部分。第三种观点是"独立说"，即国际警务合作在概念、主体、机制、合作内容、合作范围、行为方式上均与刑事司法协助有极大区别，因此国际警务合作不同于刑事司法合作，具有独立性。第四种观点是"耦合说"，即国际执法合作和刑事司法合作之间既有区别又有联系，二者是相互促进、相互依赖的耦合关系。[6] 上述的观点均有其合理性，但也存在分析不完整、不周延的问题，导致得出的结论难免偏颇，不仅难以抽象为国际执法合作和刑事司法合作理论，而且也无法指导国际刑

---

〔1〕 罗敏："从湄公河案的侦破解读中国警察的国际执法合作"，载《云南警官学院学报》2013年第2期，第36页。

〔2〕 ［加］弗里德里克·勒米厄编著·《国际警务合作的理论与实践》，曾范敬译，中国人民公安大学出版社2016年版，第1页。

〔3〕 吴鹏："打击跨国网络犯罪警务执法合作的问题与建议"，载《江苏警官学院学报》2021年第1期，第48页。

〔4〕 蒋中慧："论国际警务合作的独立性——以国际刑事司法协助为比较样本"，载《湖北警官学院学报》2012年第3期，第50页。

〔5〕 丁龙："我国与东盟国家国际刑事司法警务合作机制研究"，广西师范大学2014年硕士学位论文，第6页。

〔6〕 王青："国际警务合作与国际刑事司法协助之耦合关系论"，载《湖北警官学院学报》2015年第3期，第6页。

事合作实践。本书认为，国际执法合作和刑事司法合作均为国际刑事合作的有机组成部分，二者的关系并非对立，而应该是耦合且统一的关系，也即在刑事合作实践中，需要二者合力才能推动国际刑事合作的开展，二者的关系是统一而非对立的关系。

表 3-7　澜湄多边合作机制功能

序号	多边合作机制	功能
1	中国-东盟禁毒合作框架（ACCORD）	执法合作
2	中国-东盟非传统安全合作框架（10+1）	执法合作
3	中国-东盟总检察长会议制度	刑事司法合作
4	大湄公河禁毒合作机制（MOU）	执法合作
5	湄公河执法安全合作机制	执法合作
6	中老泰缅多边（禁毒）合作机制	执法合作

从上表中可以看出，澜湄流域六个多边合作机制中有五个多边合作机制功能为执法合作，仅有一个多边合作机制功能为刑事司法合作。但在实践中，上述以执法合作为主的机制下也开展了刑事司法合作，最典型的就是在湄公河执法安全合作机制下的"10·5 湄公河惨案"刑事司法合作，创造了澜湄流域刑事司法合作成功样本，同时也开创了"执法合作+刑事司法合作"模式，也即上述五个执法合作机制也承载了部分刑事司法合作功能，侧面印证了国际执法合作和刑事司法合作统一和耦合的关系。但也突出了多边合作机制功能重叠的问题。在澜湄次区域，具有执法合作功能的多边执法合作机制多达 5 个。放眼世界，如此密集的安全公共产品供应实质上是机制的重复建设，不仅造成了次区域"机制拥堵""机制竞争"，而且也造成了资源浪费，让各成员国疲于应付，造成各成员国跨境安全治理成本增加，跨境治理效果堪忧。而且，澜湄流域多边合作机制虽具备高参与性，但实为多为框架性的合作协议，仅是宏观层面的探讨，未涉及具体议题。澜湄流域多边合作机制实为松散性的、弱制度化的多边合作机制，存在合作程度不够深入、合作渠道不通畅、缺少专门的对接机构、缺少对合作成果的落实定评机制，[1]致使澜湄流域

---

[1] 李嘉琛："21世纪海上丝绸之路战略背景下中国与东盟非传统安全合作研究"，广东海洋大学 2017 年硕士学位论文，第 17 页。

的非传统安全风险突出和安全公共产品无法有效供给之间的矛盾依然存在。

第三节　澜湄刑事合作程序效率低

跨国犯罪涉及国家众多、利益复杂，刑事合作程序不仅繁琐而且复杂。从纵向看，由一般程序和专门程序组成。从横向看，各个具体的环节又有独自的程序。[1]从刑事合作请求的提请到文书的送达、调查取证、引渡、资金追缴、刑事诉讼移管、刑事判决的承认和执行、移管被判刑人，刑事合作链条长、不确定因素多，而且因为受到条约前置和外交因素的影响，刑事合作的程序复杂性非常明显。"10·5湄公河惨案"刑事合作迈出了澜湄流域刑事司法地区化的重要一步，但也呈现出了外交手段、刑事合作复合适用的特征，在具体案件合作过程中，因为管辖权争议等问题又导致推进过程进展缓慢。澜湄刑事合作耗时较多、程序复杂、效率低下，与刑事案件侦破所要求的行动快速、程序简单的矛盾突出，[2]影响到了刑事合作效果。

一、澜湄刑事合作程序繁杂

一般的刑事合作需要依据前置条约或互惠原则。前置的条约分为国际公约、多边条约、双边条约。国际公约因其规定的原则性，在实际中较难被直接援引，而澜湄流域缺少多边刑事合作条约，因此澜湄流域国家进行刑事合作主要是依据双边签订的刑事合作条约。除缅甸外，中国与湄公河四国均签订了不同种类的刑事合作条约，可以成为双边刑事合作的依据。而缅甸与中国是友好邻邦，依据互惠原则，中国与缅甸开展了各种刑事合作，有个案的合作、逃犯的追捕、文书的送达等。[3]因此，前置的条约和互惠的原则是刑事合作的基础和前提。但在处置一些影响较大的跨国犯罪案件时，除了具备常规的合作基础和前提，外交因素在推动刑事合作进程中发挥着重要作用，因此可以认为刑事合作中不仅存在常规刑事合作程序，还包括外交因素，其

〔1〕　赵永琛：《国际刑法与司法协助》，法律出版社1994年版，第174页。

〔2〕　陈伟强："从形式、问题到完善：中国与东盟国家刑事司法协助探究"，载《昆明理工大学学报（社会科学版）》2019年第1期，第15页。

〔3〕　杨荣刚："中缅边境地方司法协作问题研究"，载《云南大学学报（法学版）》2009年第3期，第122页。

至出现了以外交因素主导跨国犯罪案件合作的情况，"10·5湄公河惨案"刑事合作是最好的佐证。

"10·5湄公河惨案"是我国海外公民利益受到严重侵害的案件，不仅震惊世界，而且牵动全国人民的心。[1]中国一直重视周边外交关系，与周边国家一直保持良好的合作关系。特别是与湄公河国家，因地缘相近、经济相融、民族相亲，一直都保持良好的外交关系。因此，在中国的周边，与中国边境相隔仅200多公里的"金三角"水域，在中、老、泰、缅四国签订通商条约的前提下，在中国商船正常进行经贸活动时，发生如此严重的侵害我国公民人身权利的跨国犯罪，不仅社会危害性大，也扰乱了湄公河的正常航运秩序。特别是在中国"走出去"战略背景下，随着我国海外利益体量的增大，跨境安全风险凸显了跨境安全治理的重要性，[2]同时也凸显了保护我国海外利益的紧迫性。因此，在处理利益复杂、关系敏感、牵一发而动全身的严重跨国犯罪案件面前，在周边外交视野下审视此次案件是必要的。所以"10·5湄公河惨案"不再单纯是跨国刑事犯罪案件，也不仅仅是当地的治安案件。

案件发生后，我国外交部对案件给予高度重视，启动应急机制紧急处理。首先指示泰国使领馆迅速查清情况，查找失踪人员。[3]驻清迈总领事馆人员第一时间赶赴现场展开工作。要求西双版纳傣族自治州外事处与老挝南塔省和波乔省外事厅提供协助。2011年10月13日中国外交部副部长宋涛紧急召见老、缅、泰三国驻华大使，紧急交涉案件，要求三国在案件调查、为滞留船员提供协助和保护、加强湄公河航运安全方面提供协助。三国驻华使节表示高度重视中方交涉，并将立即报告本国政府，[4]协助中方展开调查。因案件发生在湄公河泰国段，案发后我国驻泰国使馆派使馆警务联络官前后9次约见泰国禁毒委、缉毒警察总局、水警分局了解案发详情，案件疑点迅速报回国内。此后我国驻泰国大使和警务联络官先后约见泰国副总理、警察总监、

---

〔1〕 "邹伟：'湄公河'专案精神的博大内涵"，载 http://www.nncc626.com/2017-01/06/c_129434769.htm，访问日期：2021年9月9日。

〔2〕 谈谭、陈剑峰："'创造性介入'与跨境安全治理——以湄公河惨案后续处理的国际合法律性为例"，载《国际展望》2015年第1期，第91页。

〔3〕 "湄公河惨案搅动周边多国"，载 https://www.szhgh.com/Article/news/politics/5282.html，访问日期2021年7月30日。

〔4〕 "共同维护湄公河航运安全是当务之急"，载 http://www.xinhuanet.com/comments，访问日期：2021年8月18日。

泰国外交次长，[1]促使泰国快速侦破案件。中国派出了由公安部副部长领导的 6 个专案组赴三个国家与当地国家警方和相关机构开展案件联合调查、证据收集、案犯抓捕等侦查合作。

这是新中国成立以来第一个由公安部领导带领办理的突发刑事个案，是中泰建交史上第一次因刑事个案引起重大外交事件。此后，我国驻泰使馆协助公安部在 13 次约见泰国警方、法官查明案件事实的同时，还积极推动泰国参与湄公河巡逻执法，由此可以看出刑事合作过程中外交因素的重要作用。随着中、老、泰、缅四国警方 7 个月的联合侦查，主犯糯康被抓获，案件宣布告破。基于中老良好安全机制的合作基础，也根源于中老良好的外交关系，当中国、缅甸、泰国同时向老挝提出引渡申请时，老挝决定将糯康引渡至中国，这对于案件能在中国审理起了决定作用。缅甸基于国际互惠原则，积极配合中国警方开展案件侦破、联合审讯等联合调查工作，同时打击糯康犯罪集团，压缩了其生存空间，直至彻底摧毁糯康犯罪集团。"10·5 湄公河惨案"的成功侦破既是四国警方通力合作的结果，也是外交手段介入及主导国际刑事合作的典型样本。而在之后外交手段以创造性介入方式积极推动湄公河执法安全合作机制的成立和运作，[2]体现了外交手段在跨境安全治理中的重要作用。

个案协查是实现全面刑事司法协助的基本步骤，[3]尤其是涉及面广、影响力大、案情复杂的"10·5 湄公河惨案"刑事合作及其后续跨境安全治理，无一不体现出刑事合作及外交手段在打击跨国犯罪和跨境治理中的复合作用，同时也暴露出了刑事合作程序的复杂性。

二、澜湄刑事合作限制理由众多

根据签订的刑事条约和互惠原则，案件相关国家可向其他国家提出刑事合作要求，而被请求国可以拒绝。拒绝的理由很多：双重犯罪原则、政治犯

---

[1] "中国政府联合工作组勘察湄公河袭击事件事发水域"，载 http://www.gov.cn/govweb/jrzg/2011-10/17/content_1971667.htm，访问日期：2021 年 8 月 18 日。

[2] 谈谭、陈剑峰："'创造性介入'与跨境安全治理——以湄公河惨案后续处理的国际合法律性为例"，载《国际展望》2015 年第 1 期。

[3] "普洱市检察机关开展国际刑事司法协助工作的探索与实践"，载 https://pecaw.gov.cn，访问日期：2021 年 7 月 29 日。

罪、军事犯罪、死刑适用、对本国公民的保护等。

双重犯罪原则，即跨国犯罪只有在所涉国家均构成犯罪的情况下才能启动刑事合作程序。双重犯罪原则是刑事合作启动的前提，也是刑事合作的缘起，同时也是拒绝他国刑事合作请求的特别理由。各国法律规定不同，致使针对部分跨国犯罪案件，由于不符合双重犯罪原则而无法开展刑事合作，恶化了流域治安形势。跨境赌博犯罪涉及我国及周边国家，需要我国及周边国家通力合作才能共同应对。赌博行为在中国是违法犯罪行为，而在周边国家是合法行为。2019 年 5 月 7 日，缅甸新修订的《赌博法》正式颁布，允许外国人在合法设置的赌场赌博，表明缅甸成为外国人赌博合法化国家。[1] 由此，西南边境的缅甸、老挝、越南全面实现了外国人赌博合法化。行为人通常在周边国家，如缅甸、老挝、泰国、柬埔寨、越南，以及马来西亚、菲律宾等赌博合法化的东盟国家开设实体赌场或在网络上建立赌场招揽国内公民赴境外赌博。周边国家开设赌场的目的一般是吸引游客、增加旅游收入、增加税收，而且一般禁止本国公民参赌，因此在接到中国的执法合作需求和刑事司法协助请求时，面对开设赌场行为给当地带来的巨大经济利益，这些国家或地区的态度往往摇摆不定。特别是由于赌博在这些国家合法化，相关国家往往可以以跨境赌博不符合双重犯罪原则为由拒绝我国的刑事司法协助和执法合作需求。

基于湄公河国家复杂的政治局势，比如缅甸北部具有高度的独立性，同时作为境外最大的华人居住区，以此为据点开设赌场对国内居民招赌、吸赌等具有天然优势及便利条件，特别是在其他国家和我国开展打击跨境赌博犯罪合作的同时，行为人在缅北开设赌场呈现高发态势。特别是在 2020 年新冠疫情发生之后，由于出境有较大难度，境外赌博集团通过非法技术团队将招赌、吸赌行为迁移到了网络上，跨境赌博犯罪态势依然严峻。面对在缅北地区开设赌场的中国籍犯罪嫌疑人，国内警方无法到缅北直接搜集犯罪嫌疑人的相关犯罪证据或者直接抓捕犯罪嫌疑人，而且无法将犯罪嫌疑人直接引渡回国。跨境赌博犯罪案件虽然立案，但由于犯罪嫌疑人未归国，提起诉讼难度较大。因此，特别是赌博犯罪在周边国家合法化的情形下，为顺利开展刑

---

〔1〕 何永军、邢蓉晶："域外赌博合法化之影响及其应对"，载《山西警察学院学报》2020 年第 3 期，第 89 页。

事合作，是否应该突破双重犯罪原则，明确在中国提出司法协助的要求时，周边国家应积极就跨境赌博犯罪提供刑事合作。当然，还可以借鉴欧盟刑事合作领域的相互承认制度，在中国和湄公河五国政治互信的基础上，建立相互承认制度。具体而言，澜湄流域相互承认刑事诉讼各个阶段作出的司法裁定，司法机关直接开展刑事合作，取消传统合作中的行政审查程序，既简化程序又提高效率。[1]具体而言，就是我国可以根据刑法和刑事诉讼法的规定对隐匿在缅北的跨境赌博犯罪分子进行缺席审判，缅甸承认我国刑事判决后，双方可启动引渡及其他刑事司法协助请求。

政治犯罪和军事犯罪是拒绝刑事合作请求的另外两个理由。政治犯罪这一理由基本获得了国际社会的认可。但就军事犯罪而言，情况明显复杂得多。军人实施犯罪的原因和种类不一，导致军事犯罪一律不能开展刑事合作以及军事罪犯无法适用引渡的标准稍显单一，致使部分跨国犯罪无法得到及时惩治。"10·5 湄公河惨案"是由糯康集团和 9 名泰国军人共同实施的跨国犯罪，在糯康及其他犯罪集团成员伏法之后，对 9 名泰国军人的处理仍是关注的焦点。有学者认为，中国应该对 9 名泰国军人提出引渡要求并分析了其可行性，[2]但是在实践中，依据中国法律处罚泰国不法军人的难度仍然较大。[3]根据泰国法律，9 名军人涉嫌藏匿尸体罪、故意杀人罪和非法持有武器罪等严重犯罪，而泰国法律同时也规定，军人是不能被引渡到他国受审的，因此泰国向 9 名涉案军人发了逮捕令。[4]从上述案件关于军人引渡的困境可以看出，作为刑事合作的限制条件，需要在多边刑事合作条约中明确军事犯罪的范围以及军事罪犯引渡的禁止条件等。

死刑适用是刑事合作的限制因素之一。特别是在引渡过程中，死刑犯不引渡是国际法上的公认原则和国际惯例，也是一些国家引渡法的刚性条款。[5]我国在立法中仍然保有死刑，现行《刑法》中有 46 个罪名设置有死刑。虽然

〔1〕 高秀东："欧盟刑事司法合作领域相互承认制度研究"，载《法治研究》2016 年第 4 期，第 72 页。

〔2〕 罗敏："中国政府引渡审判湄公河案中九名泰国军人的可能性分析"，载《云南警官学院学报》2013 年第 3 期，第 62~66 页。

〔3〕 "警方揭秘湄公河案细节：处置泰国不法军人难度大"，载 https://www.guancha.cn/society/2016_10_09_376571_s.shtml，访问日期：2021 年 7 月 30 日。

〔4〕 "湄公河行动　缉毒办案人员揭秘影片未披露破案细节"，载《京华时报》2016 年 10 月 7 日。

〔5〕 王晓美："死刑不引渡原则的国际法研究"，华东政法大学 2013 年硕士学位论文，第 5 页。

仍然保留死刑，但在实践中，我国审慎适用死刑，从适用的范围、适用的条件、适用的证明标准、适用的程序进行严格限制。湄公河五国的刑法均保留了死刑规定，在实践中也保留了死刑适用。但我国与老挝签订的引渡条约并未规定死刑不引渡条款。在"10·5 湄公河惨案"中，糯康及其团伙犯的故意杀人、毒品犯罪等罪名，根据中国刑法的规定，极有可能被判处死刑，因此在中国提出引渡请求时，根据引渡条约的规定，老挝同意将糯康引渡给中国，从而为后续的起诉审判工作打下良好的基础。中国司法机关最终判处糯康等 4 人死刑，但老挝将糯康引渡到中国并不违反两国引渡条约的规定，而且也并不违反死刑犯不引渡的国际原则和国际惯例。[1]其实，"10·5 湄公河惨案"并非个例，我国也有其他将死刑犯引渡回国的案例，比如被称为新中国成立以来最复杂、耗时 8 年才成功引渡的"黄某勇案"即是一例。黄某勇实施的走私普通货物、物品行为因数量巨大，达到了刑法中的死刑适用标准，虽然《刑法修正案（八）》取消了走私普通货物、物品罪的死刑设置，但这也成了黄某勇无法被引渡的理由。[2]我国仍然保留死刑的现状也成了我国与其他国家，尤其是西方国家在签订引渡条约和开展引渡实践时最大的障碍。特别是在贪官外逃的大背景下，为顺利实现引渡，我国对死刑犯不引渡原则做了调整，作出了不适用死刑的承诺，也可以被理解为是对死刑不引渡的变通，最终才将黄某勇引渡回国。因此，在我国目前无法立即废除死刑的国情下，在引渡问题遇到死刑问题时，是否可以作出承诺，避免犯罪分子将死刑作为逃避引渡甚至逃避处罚的借口，避免国外成为犯罪分子的避罪天堂。

三、澜湄刑事合作程序链条过长

根据国际公约、多边合作公约、双边刑事协助条约的规定，国际刑事合作程序链条较长，环节较多：提请刑事合作请求—文书的送达—调查取证—引渡—刑事诉讼移管—刑事判决的承认和执行—移管被判刑人。上述的刑事合作链条中的众多环节，不仅导致整个刑事合作程序耗时较长，效率极低，而且在某一环节稍微出现差池，便可能导致整个刑事合作程序无法往前推进，

---

〔1〕 李波、周敏："'湄公河惨案'引渡问题探析"，载《法制与经济（中旬）》2015 年第 5 期，第 15 页。

〔2〕 赵秉志、张磊："黄海勇引渡案法理问题研究"，载《法律适用（司法案例）》2017 年第 4 期，第 42 页。

致使刑事合作结果呈现不确定性，也会影响刑事合作的方向和效果。

刑事合作请求的提起是刑事合作程序的第一个阶段。为保证刑事合作效果，也为了维护国家的形象以及与其他国家的外交关系，根据各国相关法律规定，刑事合作请求的提起具有严苛的范围、严格的程序、合格的主体。主体一般为各国的中央机关或外交机构，适用的范围为双边或多边条约里规定的严重的跨国犯罪，程序是按规定的时间、形式向协助方中央机关提出刑事合作申请。以我国为例，当有刑事司法协助请求时，我国基层县（市）公安机关须通过层层上报，通过省（市、自治区）公安厅上报到公安部办理，由公安部办理协助申请书呈递被请求国的中央机关。任何司法协助请求均必须经合法途径送达，否则将被退回或拒收。任何强制送达都会被看作是对他国内政的干涉，不仅不会得到协助，还有可能引发外交争端。[1]协助方的中央机关在收到协助请求后，按照流程自行办理或转交有关机关办理。中央机关（司法部或最高人民法院、最高检人民检察院）依据多边条约、双边条约以及国内法律法规审查刑事协助请求实体和程序的合法性、合理性。如果案件涉及重大外交事项，则需要外交部进行审查。协助方中央机关和外交部审查完毕后，在规定的时间内办结、回复被请求国家，表明接受或拒绝刑事司法协助请求。这样严苛的程序在每个环节都是如此，由此导致整个刑事合作时间较长，与跨国犯罪案件要求快速侦破、证据可能存在湮灭的急迫性要求的矛盾突出。

特别是在跨国犯罪案件涉及多个国家的情形下，情况更是复杂，耗时更长，因为多边合作程序链条是由多个双边合作链条构成的，整个案件的合作时间是每一个链条耗时的总和，导致跨国犯罪案件合作成本高、结果不确定，各国的参与积极性并不高，大量法律障碍的出现会降低合作的效率。[2]以"10·5湄公河惨案"为例，案件涉及中、老、泰、缅四国，刑事合作程序较为复杂。得益于我国与湄公河国家的良好关系，也得益于我国开创的"外交手段+刑事合作"程序的双重推动，多边和双边刑事合作机制的推进，刑事合作程序得到了一定程度的简化。但中、老、泰、缅四国也经过了整整10个月的通力合作，特别是中国付出了巨大的人力和财力成本。比如，我国派出的6

---

〔1〕　赵永琛：《国际刑法与司法协助》，法律出版社1994年版，第177页。

〔2〕　何家弘主编：《刑事司法大趋势：以欧盟刑事司法一体化为视角》，中国检察出版社2005年版，第34页。

个专案组在老、缅、泰三国整整待了 10 个月，开展了大量的侦查、证据收集、抓捕工作。如此强力推进、各国通力合作的成功实践可以被认为是区域刑事合作的典范，但也提高了刑事合作的阈值，其高成本、高投入、耗时长的经验是否可以被复制和推广是值得商榷的。由于各国法律规定不同，在刑事合作过程中，我国与老、缅、泰三国难免存在法律上的争议和冲突，其中最主要的争议在于刑事管辖权的归属问题以及与引渡有关的问题。

刑事合作是刑事管辖权的延伸，关乎各国最关心和最关注的国家司法权问题，因此在"10·5 湄公河惨案"中刑事管辖权归属问题也是中、老、泰、缅四国最为关心的问题，因为这会涉及之后整个刑事合作的走向。依据国际条约和各国国内法的规定，虽然依据的理由各异，但中、老、泰、缅四国均有刑事管辖权。在多个国家均有刑事管辖权的情形下，依据"属地管辖+受到最严重侵害"双重标准，案件将最终交由中国来审理，确立了澜湄流域刑事管辖权争议的样本。但以后类似的案件是否可以通过协商，适用同样的标准来确立刑事管辖权则未可知，因为这不仅时间成本较高，而且具有不确定性。因此还是要缔结澜湄流域多边刑事合作条约，以确立刑事管辖权争议的适用标准。

引渡是刑事合作的重要流程和环节。在制造"10·5 湄公河惨案"之前，糯康犯罪集团在老挝、泰国、缅甸均实施过严重犯罪，老、缅、泰三国都对其发出过通缉令并对其进行过多次抓捕，但都让其逃脱了。因此，在中、老、缅、泰四国警方共同努力下，在老挝将其抓获后，中国、缅甸、泰国均向老挝提出了引渡请求。澜湄流域并无多边刑事合作公约或引渡公约，面对多国提出的引渡请求，既无现成的法律依据，也无之前的先例可以参考，因此老挝当时也较难抉择。由于多边合作条约的缺失，老挝是基于与我国良好的外交关系、属地原则、受到侵害最严重国三个因素决定将糯康移交给中国。如刑事管辖权争议一般，引渡发生争议时，通过典型个案确立的引渡标准是否可以为之后的案件用提供参考，还是通过缔结条约将各国达成的共识固定下来同样存在争议。笔者认为，确立多边引渡争议规则才是解决澜湄刑事合作的必然选择，否则临时性、偶然性的合作带来的随意性和不确定性会影响刑事合作的走向。还是以"10·5 湄公河惨案"为例，设想当时如果老挝决定在老挝起诉糯康，或者是同意将糯康引渡至缅甸、泰国，整个案件的走向都会变得不一样，最后的审判结果也会和现在的结果不一样。中国将错失一次重要的刑事合作机会，当然也就可能无法推动之后的湄公河执法安全合作机制的成立了。

在实践中，越南、老挝向我方提出的协助请求次数要多于我国向对方提出的协助请求次数。[1]因此，面对澜湄流域各国存在较强的司法需求，长链条、多环节、繁琐的刑事合作程序是否可以适当简化是当前澜湄流域刑事合作必须面对的问题。在常规的刑事合作程序之外，依托澜湄执法中心，建立简化的、高效的刑事合作程序非常有必要。因此，解决好程序问题，对于刑事司法协助的顺利推进意义重大。[2]

---

〔1〕 陆云生：“中、越、老、缅区域刑事司法协助的问题与完善”，载《人民检察》2014年第22期，第32页。

〔2〕 赵永琛：《国际刑法与司法协助》，法律出版社1994年版，第174页。

第四章

构建澜湄刑事合作机制的可行性

构建澜湄框架下的刑事合作机制是澜湄刑事合作的内在逻辑和未来愿景。良好的合作基础、有力的制度支撑、强大的科技动力为结果的实现提供了可能性，也是推进澜湄刑事合作机制建设的有利因素。

第一节　澜湄合作框架奠定制度基础

澜湄区域地缘政治优势明显，是世界众多大国重要的"角力场"和博弈区域。作为中国主导的高效的多边合作框架，澜湄合作为刑事合作奠定了制度基础。随着澜湄合作的进一步深入，澜湄命运共同体建设推进良好，不仅使地区合作更加紧密，而且也利于澜湄刑事合作的顺利进行。

一、澜湄合作框架确立多边合作基础

澜湄区域是世界政治经济热点区域，[1]地缘优势明显，是世界众多大国重要的"角力场"和博弈区域。域外大国、国际组织与湄公河国家建立了较多合作机制，在众多合作机制中，澜湄合作虽然成立时间晚，但合作效率高、合作效果好，已成为区域多边合作的后起之秀，[2]为澜湄刑事合作奠定了多边合作基础。

（一）在地理位置上，澜湄区域具有重要战略地位

澜沧江-湄公河地区地处中南半岛，不仅是连接中国和东北亚、东南亚、南亚的水路桥梁而且还是连接太平洋、大西洋及欧亚大陆的重要战略枢纽，

---

〔1〕　卢光盛、王子奇："百年变局下的澜湄合作进程与中国角色"，载《当代世界》2019 年第 11 期。

〔2〕　"'澜湄速度'速度是如何炼成的"，载 http://www.gov.cn/xinwen/2018-01/14/content_5256587.htm，访问日期：2021 年 10 月 10 日。

是陆上丝绸之路和水上丝绸之路的交汇之地。[1]同时，澜湄流域也是连接中国-中南半岛经济走廊、恒河-湄公河合作环孟加拉湾经济合作组织、孟中印缅经济走廊[2]以及中国-东盟自由贸易区的重要区域，是东亚区域一体化中不可或缺的重要节点。而且，澜湄流域是我国连接东盟的重要纽带，也是我国避开"马六甲海峡"困局的重要通道。[3]2020年8月，湄公河领导人第三次会议提出将澜湄流域与国际陆海大通道连接。国际陆海大通道是起源于中国-新加坡的互联互通项目，以重庆-新加坡为双枢纽，通过国际铁海联运、跨境公路运输、国际铁路联运等物流形式，[4]向北连接中亚和欧洲，向南连接东南亚和南亚，辐射数十个国家和地区的国际贸易大通道。[5]澜湄流域与陆海大通道的对接是两个"一带一路"重要节点的连接，连接中国西部和中亚、欧洲两个重要市场。[6]

（二）在外交关系中，澜湄区域一直是大国重要的博弈区域

亚太地区是美国的战略中心，美湄多边合作是"亚太再平衡"战略的重要组成部分。美国一直重视与湄公河国家的关系，积极构建以美国为主导的美湄合作新框架。近年来，美湄多边合作框架从内容到空间都有了大幅度拓展，通过美国与湄公河委员会的合作、建立新的湄公河下游倡议、建立湄公河下游之友、湄公河下游国家部长级会议、美国支持湄公河国家下游国家青年领袖计划、美国与湄公河国家多边军事合作等会议、项目、计划形式，强化了美湄多边政治、经济、军事关系。2020年9月2日，湄公河美国伙伴关系部长级会议召开，柬、缅、老、泰和东盟秘书长出席会议，宣布将"湄公

---

〔1〕"成长中的澜湄国家命运共同体"，载 http://www.rmhb.com.cn/zt/ydyl/201808/t20180809_800137810.html，访问日期：2020年10月28日。

〔2〕"澜湄合作进入带动周边命运共同体建设的关键时期"，载 http://media.people.com.cn/GB/n1/2017/1218/c415917-29713846.html，访问日期：2021年9月1日。

〔3〕汪海："从北部湾到中南半岛和印度洋——构建中国联系东盟和避开'马六甲困局'的战略通道"，载《世界经济与政治》2007年第9期，第48页。

〔4〕王睿："澜湄合作与'国际陆海贸易新通道'对接：基础、挑战与路径"，载《国际问题研究》2020年第6期，第116页。

〔5〕"关于澜湄合作与'国际陆海贸易新通道'对接合作的共同主席声明"，载 https://baijiahao.baidu.com/s? id=1675944075523842804&wfr=spider&for=pc，访问日期：2021年8月18日。

〔6〕"共同命运　共创未来——澜湄合作第三次领导人会议成果解读"，载 https://baijiahao.baidu.com/s? id=1675923557552675682&wfr=spider&for=pc，访问日期：2021年8月18日。

河下游倡议"升格成湄公河－美国伙伴关系。[1]湄公河区域是美湄多边合作与中国周边外交战略的重叠区域，以美国为主导的美湄多边关系的迅速发展对中国的周边外交和"一带一路"倡议产生了一定影响，[2]比如，美国反复炒作中国在澜沧江建大坝对湄公河国家环境、渔业、农业的影响，给中国与湄公河国家的合作带来了较大的压力。[3]日本一直重视与湄公河国家的合作，不仅通过联合国开发计划署、亚洲开发银行（主要是以介入 GMS 形式）等渠道参与湄公河机场、公路、港口、桥梁等基础设施建设，而且一直将湄公河地区视为原料进口来源地和出口市场。[4]在美国转变策略后，日本成了中国与柬、老、缅、泰、越这五个湄公河流域国家合作最大的竞争者。[5]印度的"向东行动"政策与湄公河各国"向外"发展战略正在对接；韩国正在实施"新向南政策"，并决心加强与湄公河五国的合作。[6]

除了上述大国与湄公河国家的合作外，目前，湄公河流域主要的合作机制有大湄公河次区域合作机制、湄公河委员会、中南半岛三河流域合作机制。由亚洲开发银行主导的大湄公河次区域合作机制已运营二十余年，致力于经济、环保、禁毒合作，合作经验丰富，在促进次区域经济发展、缓解贫困方面发挥了重要作用。

（三）在多边合作机制中，澜湄合作是中国主导的多边合作框架

我国一直重视周边外交关系，周边外交是我国外交战略的重点。澜湄区域是我国周边外交战略的重点，对中国的周边战略和全球战略意义重大。中国主导的澜湄合作虽然起步较晚，但经过 5 年的发展，澜湄合作从培育期加速迈入成长期、全面发展期，已成为中国主导的高效的多边合作[7]框架，

---

〔1〕 李志斐、王婧："美国与湄公河国家合作步步升级"，载《世界知识》2020 年第 22 期，第 36 页。

〔2〕 尹君："后冷战时期美国与湄公河流域国家的关系"，载刘稚主编：《大湄公河次区域合作发展报告（2015）》，社会科学文献出版社 2015 年版，第 97~98 页。

〔3〕 "中方：美国反复炒作澜湄水资源问题，这完全违背事实"，载 https://baijiahao. baidu. com/s? id=1677986382890138498&wfr=spider&for=pc，访问日期：2020 年 10 月 28 日。

〔4〕 李志斐："日本对澜湄合作机制怎么看"，载《世界知识》2019 年第 22 期，第 30 页。

〔5〕 "专家：日本或将取代美国 成中国与湄公河国家合作最大竞争者"，载 https://world. huanqiu. com/article/9CaKrnK1GtN，访问日期，2020 年 8 月 1 日。

〔6〕 "多国与东南亚湄公河流域国家增进合作"，载 https://finance. huanqiu. com/article/9CaKrnKjhCN，访问日期：2020 年 3 月 19 日。

〔7〕 郭芳："澜湄之约"，载《中国经济周刊》2016 年第 12 期，第 18 页。

不仅创造了举世瞩目的澜湄速度，[1]同时也为澜湄刑事合作奠定了多边合作基础。

1. 澜湄合作培育期（2016年3月至2018年1月）

澜湄合作第一次领导人会议确定的覆盖水资源管理、生态和环境保护、减贫、疾病防治的45个早期收获项目正在逐渐落实，取得了较大进展。在第二次外长会议上，中方提出了13项动议，湄公河五国积极响应并参与、落实。此后，澜湄六国就百余个新的合作项目达成新的合作共识并积极推进落实，带动了次区域其他项目的落实，澜湄区域全面合作格局已经形成。[2]澜湄水资源合作中心、澜湄环境合作中心、全球湄公河研究中心、澜湄执法中心已成立并陆续开展工作。[3]

2. 澜湄合作成长期（2018年1月至2020年8月）

2018年1月，澜湄第二次领导人会议通过了领导人会议宣言以及澜湄合作五年行动计划。[4]其中，在五年计划中，前两年为打基础阶段，主要任务是做好规划、明确方向；后三年为落实阶段，加强优先领域合作、拓展合作项目、完善合作模式。[5]同时，澜湄国家将积极响应"一带一路"倡议，根据本国实际，制定发展规划。澜湄国家均成立澜湄合作国家秘书处或协调机构，目的是拓宽合作领域，提升合作效能。[6]

3. 澜湄合作全面发展期（2020年8月至今）

受新冠疫情影响，2020年8月24日第三次领导人会议通过视频方式举行，澜湄六国领导人就水资源合作、扩展区域经济合作范围、共同抗击新冠疫情达成共识。在水资源合作领域，与湄公河国家分享澜沧江-湄公河全年水

---

〔1〕　倪月菊："澜湄合作五周年，走向区域繁荣新征程"，载《现代世界警察》2021年第5期，第6~7页。

〔2〕　于宏源、汪万发："澜湄区域落实2030年可持续发展议程：进展、挑战与实施路径"，载《国际问题研究》2019年第1期，第76页。

〔3〕　"澜湄合作：从培育期步入成长期"，载《中国日报》2017年12月17日。

〔4〕　"澜沧江-湄公河合作五年行动计划（2018-2022）"，载 http://www.gov.cn/xinwen/2018-01/11/content_ 5255417.htm，访问日期：2021年8月21日。

〔5〕　"澜沧江-湄公河合作五年行动计划（2018-2022）"，载 http://www.gov.cn/xinwen/2018-01/11/content_ 5255417.htm，访问日期：2021年8月21日。

〔6〕　于宏源、汪万发："澜湄区域落实2030年可持续发展议程：进展、挑战与实施路径"，载《国际问题研究》2019年第1期，第76页。

文信息、建设信息交流平台[1]是中国为澜湄合作提供的又一公共产品。同时提出澜湄合作要对接陆海大通道，实现更高水平的区域经济一体化。[2]自新冠疫情爆发以来，为共同抗击疫情，在澜湄专项基金下专门设立公共卫生资金，为湄公河国家提供技术支持和抗疫物资，[3]帮助湄公河国家尽快复工复产，减少新冠疫情对湄公河国家的影响，实现澜湄流域的共同发展。

二、澜湄命运共同体建设推进良好

当今世界正处于百年未遇之大变局，政治多极化、经济全球化的潮流正在向前，世界各国依存度不断加深，人类命运共同体格局已然形成。资源短缺、环境污染、气候变化、经济危机、跨国犯罪等非传统安全严重挑战着人类生存和发展底线。应对人类共同挑战，形成人类命运共同体的价值观已成国际社会的共识。2012 年 11 月，党的十八大明确提出要倡导"人类命运共同体"意识。[4]2019 年 10 月，中国共产党十九届四中全会提出，坚持和完善独立自主的和平外交政策，推动构建人类命运共同体。[5]人类命运共同体（a Community of Shared Future for Mankind）是指在追求本国利益时兼顾他国合理关切，在谋求本国发展的过程中促进各国共同发展。[6]建设人类命运共同体，是中国领导人基于对历史和现实的深入思考给出的"中国答案"和"中国智慧"，也是重塑世界秩序、引导全球治理的重要旗帜，亦是中国外交的重要方向。

澜湄合作是中国周边外交的重要方向，亦将成为构建人类命运共同体的先行版。澜湄命运共同体可以被理解为基于共同发展与利益，在澜湄共建、

---

[1]　"李克强：中方将与湄公河国家分享澜沧江全年水文信息"，载 https://baijiahao. baidu. com/s？id=1675874282558212392&wfr=spider&for=pc，访问日期：2021 年 9 月 7 日。

[2]　"共同命运　共创未来——澜湄合作第三次领导人会议成果解读"，载 https://baijiahao. baidu. com/s？id=1675923557552675682&wfr=spider&for=pc，访问日期：2021 年 8 月 22 日。

[3]　"李克强在澜沧江－湄公河合作第三次领导人会议上的讲话（全文）"，载 https://baijiahao. baidu. com/s？id=1675918841316187985&wfr=spider&for=pc，访问日期：2021 年 8 月 8 日。

[4]　"中共首提'人类命运共同体'倡导和平发展共同发展"，载 https://www. 12371. cn/2012/11/10/ARTI1352561549248410. shtml？from=timeline，访问日期：2021 年 9 月 8 日。

[5]　"坚持和完善独立自主的和平外交政策（深入学习贯彻党的十九届四中全会精神）"，载 https://baijiahao. baidu. com/s？id=1652749816905167457&wfr=spider&for=pc，访问日期：2021 年 8 月 22 日。

[6]　任慕、彭旭："'人类命运共同体'背景下澜湄合作机制的推进路径与中国角色"，载《经济视角》2019 年第 3 期，第 87~88 页。

共商、共享合作基础上更加高阶的合作形式，目的是共同应对挑战，缩小地区发展差距，共同促进澜湄区域发展和共同繁荣。[1]

（一）澜湄各国具备实现命运共同体的土壤

澜湄合作因水而生。"同饮一江水，命运紧相连"既是澜湄合作的主题，也是澜湄命运共同体的天然注脚，也表明澜湄合作具有无可比拟的地缘政治优势。中国已由经济高速增长转向经济高质量发展阶段，创新驱动作用显著增强，消费结构、产业结构加快升级，[2]正与湄公河工业化、现代化、城市化的需求实现互补。《澜沧江-湄公河合作五年行动计划（2018-2022）》作为澜湄发展规划，是走向澜湄命运共同体的楼梯。[3]澜湄各国山水相连、民心相通，天然形成的千年"胞波"情谊源远流长。增加湄公河沿岸各国人民福祉是澜湄合作的目标，让每个普通人都受益是澜湄命运共同体的追求。2016年，澜湄合作机制正式启动，中国政府设立3亿美元的澜湄合作专项基金。以缅甸为例，缅甸是澜湄合作专项基金重点支持国家，获得了51个项目支持，资金总额超过1600万美元。[4]特别是农业减贫领域，中国利用自身农业发展的资金和技术优势，带动农业产业化，尤其是在咖啡和水稻产业化方面表现突出。[5]缅甸咖啡种植历史悠久，主要种植地集中在掸邦、克钦邦和曼德勒省，但产业化发展受限。2018年，澜湄合作机制框架下的"提升澜湄地区咖啡产量和质量"项目在缅甸实施。此项目不仅援助资金、项目、培训计划，还赠送咖啡苗、咖啡机、咖啡指南，小小咖啡成了带动当地经济社会发展和农民增收的大产业。以咖啡为代表的农业合作是澜湄合作的一个缩影。近几年，中缅在澜湄机制下开展的合作正由水资源管理、农业发展与减贫等向医疗卫生、科教文化、能力建设等拓展，已成功实施了一批标志性项目。"湄公河缅甸万崩港扩建可行性研究""万崩水警局改造升级""缅甸水稻良种

---

〔1〕 叶国华："澜湄国家命运共同体建设研究"，云南大学2018年硕士学位论文，第9页。

〔2〕 "王毅：建设澜湄国家命运共同体，开创区域合作美好未来"，载 http://www.gov.cn/guowuyuan/2018-03/23/content_5276766.htm? cid=303，访问日期：2021年8月26日。

〔3〕 "综述：从'培育期'到'成长期'——澜湄合作收获喜人、前景光明"，载 http://www.xinhuanet.com/world/2018-01/11/c_112224 5923.htm，访问日期：2020年10月29日。

〔4〕 "澜湄合作在缅甸：让每个普通人受益 践行和谐发展的命运共同体"，载 https://baijiahao.baidu.com/s? id=1675843571863616839&wfr=spider&for=pc，访问日期：2021年8月27日。

〔5〕 "澜湄合作机制助推次区域发展"，载《经济日报》2016年3月25日。

培育以及优化种植""农村发展和蔬菜栽培技术转移"〔1〕等项目提升了澜湄六国各界对澜湄合作的认知，有利于传承澜湄国家历史文化，促进各国民心相通。〔2〕这些一点一滴的民间交往让澜湄流域的国家和人民逐渐汇聚成了互帮互助、互利共赢的命运共同体。〔3〕

（二）安全合作是建设澜湄命运共同体的动因

以跨国犯罪为首的非传统安全威胁是澜湄各国生存发展的障碍，预防和打击跨国犯罪的安全合作是建立澜湄命运共同体的动因。跨国犯罪产生的原因有很多，有历史的因素、政治的因素、各国管理的因素，但具体到湄公河国家而言，贫困是跨国犯罪产生的重要原因。无论是"金三角"毒品的泛滥，还是湄公河各国跨国人口拐卖的猖獗，背后都可以看到贫困问题如影相随。因此，缩小发展差距，实现共同发展和繁荣是澜湄合作的宗旨和目标。但在注重区域发展的同时，非传统安全的合作不能缺位，其不仅能保障来之不易的澜湄合作成果，也为澜湄的进一步深化合作提供了安全和平的环境。因此，以非传统安全合作为切入点，构建澜湄安全合作机制是建立澜湄命运共同体的关键。刑事合作是非传统安全合作的重要内容，必将扩充和拓展澜湄合作内涵，成为区域发展的稳定器。在澜湄命运共同体积极推进的同时，中国与湄公河国家先行建立了双边命运共同体。截至2021年9月，中国与湄公河国家的双边命运共同体建设情况详见下表：

表4-1　中国与湄公河国家双边命运共同体建设情况

名称	时间	签署文件	内容
中柬命运共同体	2019年4月28日	《中华人民共和国政府和柬埔寨王国政府关于构建中柬命运共同体行动计划（2019-2023）》〔4〕	涵盖了政治安全、经济、人文、多边等五大领域合作。

---

〔1〕　"70载相向而行，中缅'金银大道'越走越宽广"，载 https://www.fx361.com，访问日期：2020年7月30日。

〔2〕　"驻缅甸大使陈海：中缅澜湄合作大有可为"，载 https://www.fmprc.gov.cn/ce/cemm/chn/sgxw/t1760930.htm，访问日期：2020年10月29日。

〔3〕　"澜湄合作在缅甸：让每个普通人受益　践行和谐发展的命运共同体"，载 http://news.cri.cn/20200824/ce374a39-c3a9-a999-541c-e553da21f895.html，访问日期：2020年10月29日。

〔4〕　梁薇："柬埔寨：2019年回顾与2020年展望"，载《东南亚纵横》2020年第1期，第41页。

名称	时间	签署文件	内容
中老命运共同体	2019 年 4 月 30 日	《中国共产党和老挝人民革命党关于构建中老命运共同体行动计划》[1]	围绕政治、经济、安全、人文、生态五个方面。
中缅命运共同体	2020 年 1 月 18 日	《中华人民共和国和缅甸联邦共和国联合声明》[2]	深化互联互通、电力能源、交通运输、农业、金融等领域的合作。

人类命运共同体理念在运行过程中彰显了其独特的魅力和价值，因此联合国也认可人类命运共同体提议并于 2017 年 2 月写入联合国相关决议。[3]中東命运共同体、中老命运共同体、中缅命运共同体的建设是人类命运共同体的重要探索和实践，也将进一步推动中国与中南半岛国家政治互信，为地区各国的发展带来新机遇。[4]现在中越、中泰命运共同体的建设也正在推进当中。从澜湄合作机制建设到澜湄命运共同体建设，不仅是地区合作机制层级的跃升，也使得地区合作更加紧密。澜湄命运共同体建设从达成共识到积极实践，也为地区安全治理打下了良好基础。地区安全治理是中国周边外交重要课题，刑事合作机制的构建是地区安全治理或跨境治理重要的推进路径。

第二节　《国际刑事司法协助法》提供法律支撑

2018 年 10 月 26 日，第十三届全国人民代表大会常务委员会第六次会议通过了《国际刑事司法协助法》，该法自公布之日起施行。[5]《国际刑事司法协助法》作为顶层制度设计，为我国的刑事司法协助提供了国内法律支撑。同时也应利用地方省份的地缘政治优势，打造次国家政府对外司法合作模式，通

---

[1]　宋万："老挝民众对'一带一路'倡议的态度及对策建议——基于对老挝进行的实证调研分析"，载《西部学刊》2020 年第 13 期，第 35 页。

[2]　"中华人民共和国和缅甸联邦共和国联合声明"，载 http://www.scio.gov.cn/31773/35507/htws35512/Document/1672183/1672183.htm，访问日期：2021 年 8 月 20 日。

[3]　"'构建人类命运共同体'首次写入联合国决议"，载 http://www.xinhuanet.com/world/2017-02/12/c_129476297.htm，访问日期：2021 年 9 月 10 日。

[4]　"习近平主席访缅推进命运共同体建设"，载《光明日报》2020 年 1 月 17 日。

[5]　"国际刑事司法协助法专题"，载 http://www.npc.gov.cn/zgrdw/npc/lfzt/rlyw/node_33603.htm，访问日期：2021 年 9 月 8 日。

过提供安全公共产品积极参与次区域治理，推动澜湄非传统安全合作层次的跃升。

一、《国际刑事司法协助法》的重要意义

从制定立法计划到最终公布施行，《国际刑事司法协助法》走过了整整十年的时间，其间几易其稿，有深刻的国际国内背景。《国际刑事司法协助法》的制定是顺应刑事司法全球化的必然趋势，同时也填补了我国国际刑事司法协助的立法空白，完善了我国法律体系，为我国刑事合作提供了法律支撑。

（一）《国际刑事司法协助法》的制定是顺应刑事司法全球化的必然要求

经济全球化带来资源、技术、信息、人员、财物快速和大量移动，在给世界带来经济活力，创造财富、机会、发展的同时也扩大了矛盾、冲突，[1]给犯罪制造了机会、创造了条件，犯罪问题也呈现出全球化趋势。[2]为应对犯罪全球化带来的挑战，世界各国达成共识并在联合国框架下制定了《联合国打击跨国有组织犯罪公约》《联合国反腐败公约》等国际公约，成立了联合国毒品与犯罪办公室、国际刑警组织、国际刑事法院等机构来共同预防和打击跨国犯罪和国际犯罪。犯罪治理的模式也在改变，犯罪的全球化促进了刑事司法全球治理或刑事司法全球化。[3]在刑事司法全球化背景下，世界各国纷纷制定刑事协助法来开展刑事合作，如《英国国际刑事合作法》《加拿大刑事司法协助法》《澳大利亚刑事司法协助法》等。[4]面对犯罪全球化和刑事司法全球化趋势，我国须调整刑事政策和刑事司法治理模式，特别是要建立和完善全球犯罪风险防控体系。[5]我国从 2004 年开始着手制定，2018 年 10 月 26 日通过《国际刑事司法协助法》可以被理解为主动融入刑事司法全球化浪潮进而参与全球犯罪治理的重要举措，对于提升我国犯罪治理能力意义重大。

（二）《国际刑事司法协助法》的制定是我国国际刑事司法协助的法律支撑

在《国际刑事司法协助法》出台之前，我国开展刑事司法协助的国内法

---

〔1〕 朱建忠："试论犯罪全球化"，载《湖州师范学院学报》2002 年第 4 期，第 41 页。

〔2〕 程荣斌："经济全球化与刑事司法协助"，载《中国法学》1999 年第 4 期，第 138 页。

〔3〕 张文龙："刑事司法的全球治理——读《通过全球化犯罪的治理：国际刑事司法的未来》"，载《清华法治论衡》2014 年第 2 期，第 257 页。

〔4〕 黄风："国际刑事司法合作的新近发展"，载《法制日报》2009 年 3 月 6 日。

〔5〕 张文龙："刑事司法的全球治理——读《通过全球化犯罪的治理：国际刑事司法的未来》"，载《清华法治论衡》2014 年第 2 期，第 279 页。

依据主要是《刑事诉讼法》《引渡法》等零散的规定，未就刑事协助范围、协助要件、协助审查、执行程序作明确、具体的规定，使得各地刑事司法协助在探索中进行。各地开展刑事协助工作的标准不一、随意性大、程序复杂、耗时较多，造成刑事司法协助效果受到影响，不利于我国刑事司法协助工作的开展，也影响到了我国的对外形象，因此迫切需要进行刑事司法协助顶层设计。[1]而且，随着我国反腐力度的加大，针对外逃犯罪人的追赃追逃以及与其他国家和国际组织的沟通协调问题也阻力重重，因此司法实践的需求也倒逼着立法的推进。基于完善我国刑事法律体系的需要、现实国际刑事合作的需求，在2003年签署《联合国反腐败公约》后，2004年由中央纪委牵头制定《国际刑事司法协助法》。[2]2015年6月，第十二届全国人大常委会将《国际刑事司法协助法》列为立法规划一类项目。[3]经过3年的调研论证、5次征求国家机关及专家学者等意见后形成法律草案，提请审议并最终通过。[4]根据《国际刑事司法协助法》，国家监委被增设为《联合国反腐败公约》司法协助的中央机关。国家监委开展刑事司法协助[5]，助推国际追逃追赃顺利进行，在新冠疫情期间，"天网2020"行动共追回外逃人员799人，其中从东盟国家追回292人。[6]

（三）《国际刑事司法协助法》的制定是我国落实国际条约义务的保障

《联合国打击跨国有组织犯罪公约》和《联合国反腐败公约》是联合国制定的打击跨国有组织犯罪公约，我国是两个国际公约的成员国。目前，我国已经与81个国家缔结了169项引渡条约、司法协助条约、移管被判刑人条约。[7]为有效打击跨国犯罪，我国与上述国际组织或相关国家进行刑事合作

---

〔1〕　孙梦爽、王博勋：“国际刑事司法协助法通过：加强国际刑事司法合作的法律保障”，载《中国人大》2018年第21期，第46页。

〔2〕　“织密反腐败国际追逃追赃法律网”，载《人民日报》2018年10月28日。

〔3〕　“织密反腐败国际追逃追赃法律网”，载《人民日报》2018年10月28日。

〔4〕　孙梦爽、王博勋：“国际刑事司法协助法通过：加强国际刑事司法合作的法律保障”，载《中国人大》2018年第21期，第46页。

〔5〕　“新冠疫情期间追逃追赃力度未减”，载 http://www.legaldaily.com.cn/IT/content/2020-10/22/content_ 8335332. htm，访问日期：2020年10月29日。

〔6〕　“新冠疫情期间追逃追赃力度未减”，载 http://www.legaldaily.com.cn/IT/content/2020-10/22/content_8335332. htm，访问日期：2020年10月29日。

〔7〕　“我国已与81个国家缔结引渡条约、司法协助条约等共169项”，载 https://baijiahao.baidu.com/s？id=1683018756940137284&wfr=spider&for=pc，访问日期：2021年9月13日。

需要履行相关国际义务，但我国是法典化国家，国际条约和双边司法协助条约的实施有赖于国内法的协调、修改、完善。《国际刑事司法协助法》是一部内容较为完备、行之有效的法律，不仅为我国开展刑事合作提供了法律依据，同时也是国际条约和双边司法协助条约内容在国内法的具体落实。同时，为了严密法网，配合《国际刑事司法协助法》的实施，我国对《刑事诉讼法》进行修订，增加了缺席审判制度。因此，《国际刑事司法协助法》《刑事诉讼法》《刑法》《监察法》《引渡法》共同组成了我国刑事司法协助领域较为完善的法律体系。

二、《国际刑事司法协助法》的主要内容及存在的不足

《国际刑事司法协助法》共 9 章 70 条。除第一章总则，第二章刑事司法协助请求的提出、接收和处理，第九章附则以外，第三章至第八章详细规定了刑事司法协助的内容，涵盖文书送达、调查取证、安排证人作证或者协助调查、查封、扣押、冻结涉案财物、移管被判刑人[1]等内容。

（一）内容全面，覆盖刑事司法协助的流程

国际刑事司法协助涉及的是一国主权，因此需明确刑事司法协助的范围。一般而言，从内容上看，狭义的刑事司法协助是指送达文书、调查取证等刑事司法协助的内容，加上引渡、刑事诉讼移管、被判刑人移交就构成了广义的司法协助的内容。因为我国在 2000 年制定了《引渡法》，因此《国际刑事司法协助法》和《引渡法》共同构成了我国开展国际刑事合作的完备的法律依据和法理基础。从程序上看，送达文书、调查取证、引渡属于侦查的内容；安排证人作证或者协助调查、查封、扣押、冻结涉案财物、没收、返还违法所得及其他涉案财物[2]属于侦查、起诉或审判阶段的内容，移管被判刑人属于刑罚执行的内容，上述内容规定涵盖了刑事诉讼侦查、起诉、审判、执行全流程。

（二）职责明确，细化相关国家机关的责任

根据《国际刑事司法协助法》，司法协助主管机关有明确、具体的职责。《国际刑事司法协助法》第 5 条规定中华人民共和国司法部等对外联系机关负

---

[1] 参见《国际刑事司法协助法》第三章到第八章。

[2] 参见《国际刑事司法协助法》第五章到第七章。

责提出、接收和转递刑事司法协助请求。司法部一般都是对外国提交的刑事司法协助材料作形式审查，然后将相关材料移交给相关职责部门。《国际刑事司法协助法》第6条第1款规定国家监察委员会、最高人民法院、最高人民检察院、公安部、国家安全部等部门是开展国际刑事司法协助的主管机关，按照职责分工，审核向外国提出的刑事司法协助请求，审查处理对外联系机关转递的外国提出的刑事司法协助请求，承担其他与国际刑事司法协助相关的工作。在移管被判刑人案件中，司法部按照职责分工，承担相应的主管机关职责。

（三）底线划定，禁止损害国家主权的协助事宜

制定《国际刑事司法协助法》的目的是加强国际合作，预防和打击跨国犯罪。但是如果外国提出的刑事司法协助请求危害了中国国家利益，危害了中国司法主权，那么我国便有权拒绝，因为事关国家利益底线。《国际刑事司法协助法》第4条第2款明确规定国际刑事司法协助不得损害中华人民共和国的主权、安全和社会公共利益，不得违反中华人民共和国法律的基本原则。一旦发现外国刑事司法请求有上述情况，不仅主管机关可以拒绝（第16条），对外联络机关也可以拒绝（第15条）。按照《国际刑事司法协助法》第11条的规定，被请求国就执行刑事司法协助请求提出附加条件，需以不损害中华人民共和国的主权、安全和社会公共利益为前提。同时为维护我国司法主权，在我国境内开展刑事司法协助，必须经中华人民共和国主管机关同意，坚决抵制有关国家长臂管辖要求。[1]

（四）《国际刑事司法协助法》存在不足

1. 主管机关职能出现交叉重叠现象

如上所述，《国际刑事司法协助法》明确了最高人民检察院、最高人民法院、司法部、公安部、监察委、外交部在刑事司法协助中的职责，但未详细规定上述主管机关具体在刑事司法协助中的具体职责，导致上述主管机关在行使部分职责时出现了职能交叉或重叠情况。[2]以"查封、扣押、冻结"职责为例，依据在刑事诉讼法中的职权分工，公安机关是无可争议的主管机关和办案机关。《国际刑事司法协助法》第43条规定经主管机关经审查符合条

---

〔1〕 "国际刑事司法协助法草案拟对'抵制外国"长臂管辖"'作出规定"，载《新京报》2018年10月22日。

〔2〕 秦一禾："公安机关在国际刑事司法协助中的职能范围"，载《中国人民公安大学学报（社会科学版）》2019年第5期，第70页。

件的，同意查封、扣押、冻结涉案财物，并安排有关办案机关执行，此处的主管机关和办案机关应该是公安机关。[1]但第 39 条规定外国提出协助执行查封、扣押、冻结涉案财物的请求，在不违反中华人民共和国法律的基本原则的情况下，由人民法院作出。该条款明确了法院在侦查阶段对"查扣冻"涉案财物的司法审查权，第一次出现人民法院与侦查程序、监察程序的直接关联。[2]此处的主管机关是法院还是公安机关？如果不明确二者在查处、扣押、冻结涉案财物中的职责，会导致司法机关在实践中开展刑事司法工作时陷入困境。为顺利推进国际刑事司法协助工作，需要结合《刑事诉讼法》《刑法》《监察法》等相关法律法规的规定，明确主管机关的职责。

2.《国际刑事司法协助法》配套制度有待完善

我国刑事司法协助制度是以《国际刑事司法协助法》为核心，涵盖《刑法》《刑事诉讼法》《引渡法》《监察法》相关法律法规的完整体系。依据完善的刑事司法协助体系，我国与外国开展刑事司法协助，取得了较好的法律效果和政治效果，特别是在国际追逃追赃方面，成效显著。但因为《国际刑事司法协助法》相关配套制度尚未完善，导致刑事司法协助工作开展困难较多，难以实现立法的预期目标。在国际追逃追赃领域，刑事诉讼法设立缺席审判制度后，实践中已经出现适用案例，对潜逃境外 19 年的贪污犯罪嫌疑人程某昌提起公诉，[3]但在适用范围、提起条件、审理程序以及与刑事司法协助的衔接工作等问题上尚需作出具体、明确的规定。[4]违法所得没收程序缺少国际合作方面的配套规定，[5]导致违法所得没收效果不佳。刑法中洗钱罪的入罪门槛高、适用范围窄，对涉腐洗钱犯罪惩治力度弱，地下钱庄屡禁不绝，追赃难度加大。[6]国家监委作为刑事司法协助主管机关和办案机关，是

---

〔1〕 秦一禾："公安机关在国际刑事司法协助中的职能范围"，载《中国人民公安大学学报（社会科学版）》2019 年第 5 期，第 76 页。

〔2〕 梁坤："国际刑事司法协助法第三十九条中人民法院的角色定位"，载《人民法院报》2019 年 1 月 3 日。

〔3〕 "缺席审判：从纸面到行动"，载《法治日报》2021 年 3 月 11 日。

〔4〕 聂友伦："刑事缺席审判：制度设计与理论问题"，载《暨南学报（哲学社会科学版）》2020 年第 6 期，第 73 页。

〔5〕 "国家监察委员会关于开展反腐败国际追逃追赃工作情况的报告"，载 http://www.npc.gov.cn/npc/c30834/202008/e7e5519ba34a45c58a4fe552e91e9569.shtml，访问日期：2021 年 8 月 28 日。

〔6〕 "国家监委称：履行引渡、刑事司法协助、资产追回等法定职责的配套制度有待健全"，载 https://www.chinanews.com/gn/2020/08-10/9261075.shtml，访问日期：2020 年 11 月 5 日。

新设机关，原来的制度设计并未包含其职能及其工作机制，因此国家监委履行引渡、刑事司法协助、资产追回等法定职责的配套制度有待健全。[1]

三、打造次国家政府刑事司法合作模式[2]

《国际刑事司法协助法》颁布后，我国司法机关及相关国家机关开展刑事司法协助有充分的、明确的法律依据，有法律赋予的职责和权力，有利于司法机关高效、便捷地开展刑事司法协助，维护我国司法主权。除了加强国家层面顶层设计，澜湄刑事合作也需要发挥我国地方省份的重要作用，打造次国家政府刑事司法合作模式。

在之前的刑事司法合作实践中，我国公安机关、法院、检察院、监察委等有关部门在和湄公河国家相关机关开展刑事司法协助过程中，进行了积极探索，积累了丰富的实践经验。特别是在"10·5湄公河惨案"的侦破和审理中，因为毗邻湄公河地区以及面向东亚和东南亚"桥头堡"的特殊地缘优势，云南成了跨境刑事合作的前沿阵地。云南的公安机关和检察院、法院等司法机关详细调查了案件的每一个细节，辨析每一份证据，研究每一项法律条文，为案件的公正判决和恢复湄公河航运安全奠定了坚实的基础，[3]同时也让云南的公安机关、法院、检察院、司法行政机关积累了重大涉外刑事案件刑事合作经验，为澜湄刑事合作乃至中国-东盟刑事合作打下了良好基础。随着澜湄区域互联互通的推进，我国涉东盟的刑事案件逐渐增多。北京大学法治与发展研究院大数据法律研究中心联合北京国双科技有限公司进行的一项统计结果显示：中国裁判文书网2014年至2016年涉及东盟国家刑事案件为1684件，[4]825名被告人多数为缅甸籍和越南籍，罪名主要是走私、贩卖、运输、制造毒品罪，拐卖妇女儿童罪，偷越国（边）境罪、盗窃罪等。其中，

〔1〕 "国家监委称：履行引渡、刑事司法协助、资产追回等法定职责的配套制度有待健全"，载 https：//www.chinanews.com/gn/2020/08-10/9261075.shtml，访问日期：2020年11月5日。

〔2〕 此处的次国家政府是指在与周边国家开展区域合作过程中，位于地缘前线的地方政府在落实具体合作计划方面扮演重要角色。处于地缘前线的地方政府（如云南、广西）即是中国与湄公河国家合作中的次国家政府。李秀芳："次国家行为体参与区域合作的实践逻辑解析——以云南参与大湄公河次区域为例"，载《印度洋经济体研究》2020年第3期，第95页。

〔3〕 "彰显中国严惩跨国犯罪的决心"，载 https：//www.chinacourt.org/index.php/article/detail/2012/11/id/784409.shtml，访问日期：2020年3月19日。

〔4〕 "大数据看中国-东盟深化司法交流合作方向"，载 http：//www.xinhuanet.com//legal/2017-06/09/c_1121117967.htm，访问日期：2021年8月8日。

发生在云南的案件文书量占到了总量的近 80%，其次是广东、福建和广西。[1]

我国当前与湄公河国家的刑事合作是在中国-东盟合作框架下进行的，比如中国-东盟警务合作机制、中国-东盟总检察长会议机制以及中国-东盟大法官论坛。面对边境地区日益增加的司法需求，如云南利用澜湄执法中心设置在云南的优势，以次国家政府刑事合作先行的模式，积极创新与湄公河国家有效的刑事合作方式、合作内容，加强与湄公河国家警察机关的警务合作以及与湄公河国家司法机关的合作，打造次国家政府对外司法合作模式，维护了我国西南边疆的安全并促进了跨境管理机制的优化。同时，以次国家政府刑事合作为切入点，通过提供安全公共产品积极参与次区域治理，推动澜湄非传统安全合作层次的跃升，对接中国-东盟非传统安全合作框架以及"一带一路"非传统安全多边合作构想，为全球治理贡献了中国智慧。

第三节　科技发展提升刑事合作效能

共同的利益诉求、相近的地缘优势、良好的合作前提、美好的合作愿景是澜湄六国加强刑事合作的前提，但如何运用科技手段或科技工具提升刑事司法合作的效率、改善刑事司法合作效果是澜湄刑事合作机制在全球大数据发展时期面临的挑战。

一、科技发展缓解刑事合作困境

科技发展将人类社会从工业社会快速推进到信息社会。信息社会也称信息化社会，是指以信息技术为基础，信息产业为龙头，数字化和网络化为主要交往方式的社会形态。在信息化社会中，信息成了重要的发展资源，信息的生产、应用成为国民经济支柱产业，深刻影响着人类社会的产业结构、生产生活模式。随着社会经济活动信息化和网络化程度的提高，市场累积基础数据爆炸式增长，大数据已经深入社会的各个行业和领域。科技是一把"双刃剑"，信息的开发和利用在为社会发展和国民经济带来正效应的同时，随之而来的安全挑战已经无法忽视。基于网络传播快、隐蔽性强、涉及面广的特

---

〔1〕"大数据看中国-东盟深化司法交流合作方向"，载 http://www. xinhuanet. com//legal/2017-06/09/c_ 1121117967. htm，访问日期：2021 年 8 月 8 日。

点，网络犯罪，特别是网络诈骗犯罪一跃成为数量最多的犯罪形式，成为新型犯罪的主要毒瘤。最高人民法院发布的 2016 年至 2018 年《司法大数据专题报告之网络犯罪特点和趋势》显示：全国各级法院一审审结的网络犯罪案件达 4.8 万余件，其中诈骗案件量占比最高，为 31.83%；其次为开设赌场罪，占比为 10.45%。[1]

随着我国国内对网络犯罪打击力度的加大，犯罪人利用湄公河国家边境地区管理松懈的特点，将网络诈骗、网络赌博、资金盘诈骗据点设置在湄公河国家与我国边境地区，专门对我国国内被害人进行诈骗（如中缅边境、缅北、中老边境、中越边境），甚至扩展至湄公河国家的主要城市（如柬埔寨的西哈努克、金边，泰国的曼谷）。因网络诈骗犯罪成本低、收益高、周期短、易复制、难追查，大量人员参与其中，不少人弃盗从诈、弃赌从诈、弃毒从诈，作案群体逐渐壮大。据统计，仅在缅北，诈骗分子将近有 10 万人，[2]东南亚国家（主要是缅甸、柬埔寨、马来西亚）将近有 30 万人，[3]而且在 2019 年达到最高点。犯罪分子进入湄公河国家时，有些走正规通道，而部分通过偷渡的方式出境或入境，形成了边境双向偷渡产业链，给边境社会管理带来了极大挑战。因为有大数据和 AI 技术加持，网络诈骗已然形成完整的产业链条，从非法获取信息、实施精准诈骗、分赃销赃，诈骗手段越来越娴熟、诈骗手段越来越专业、受害者群体越来越大。比如，俗称"杀猪盘"的交友赌博投资类诈骗案件，诈骗分子以谈恋爱名义骗取被害人的信任，后诱骗其至赌博或者投资平台进行诈骗，[4]给受害者造成了巨大损失。为给网络诈骗提供便利，行为人通过提供帮助，充当网络诈骗犯罪的"共犯"，如提供技术服务、支付通道、网络推广、洗钱服务，[5]形成了完整的网络诈骗犯罪链条。

跨国网络诈骗、跨国网络赌博案件多发，不仅扰乱了湄公河国家社会经

---

〔1〕　"司法大数据：网络诈骗犯罪仍然是'社会毒瘤'"，载 https://baijiahao. baidu. com/s？id＝1650636958329751808&wfr＝spider&for＝pc，访问日期：2021 年 8 月 28 日。

〔2〕　"缅甸北部，10 万诈骗者的天堂，每年从中国卷走数万亿，势力盘根错节"，载 http://k. sina. com. cn/article_ 6192937794_ 17120bb4202001c12d. html，访问日期：2020 年 11 月 2 日。

〔3〕　"东南亚 30 万骗子，正在毁掉中国三代人！"，载 https://www. sohu. com/a/311252494_649781，访问日期：2020 年 10 月 30 日。

〔4〕　"公安部：'杀猪盘'诈骗大量向缅北地区和东南亚转移"，载 http://news. sina. com. cn/c/2019－12－25/doc-iihnzhfz8188922. shtml，访问日期：2020 年 11 月 1 日。

〔5〕　"缅甸北部，10 万诈骗者的天堂，每年从中国卷走数万亿，势力盘根错节"，载：http://k. sina. com. cn/article_ 6192937794_ 17120bb4202001c12d. html，访问日期 2020 年 11 月 2 日。

济秩序，也使我国公民财产权益、人身权益遭受了巨大损失，甚至影响到了我国对外交往的形象。犯罪分子通过网络助推毒品交易、实施恐怖犯罪，甚至散布对政府的不满，澜湄流域猖獗的网络犯罪危害不容小觑，而且网络犯罪与传统犯罪交织，形式复杂、手段多变、受害群体不断扩大，给流域内的安全稳定造成了巨大冲击。[1]面对网络犯罪跨国性、隐匿性、有组织性的特点以及流域国家独特的地理人文因素和有限的执法能力，我国与湄公河国家传统的刑事司法合作遇到了挑战：在信息化时代，传统的刑事司法协助中的调查取证方式是否适用于跨境电子取证？跨境电子取证的合法性和边界在哪里？怎么解决电子取证耗时长和效率低的问题？怎么解决赃款跨境耗散速度快的问题？[2]

　　网络犯罪团伙隐匿境外，境外远程、非接触作案使得国内警方无法直接干预，[3]跨境取证难度加大，传统的属地管辖取证模式较难满足此类案件侦破要求。但在大数据时代，不法分子的一举一动都能在某个数据库中找到电子"痕迹"，因此跨境电子证据是打击网络犯罪的最佳手段。目前，国际上通行的有三种电子取证模式：依托国际刑事司法协助取证、单方自行远程取证、请求跨境服务商数据披露。[4]国际刑事司法协助取证模式程序繁琐、耗时较长，极容易导致错过电子取证最佳时机引发取证困境；单方自行远程取证虽然便捷、成本低，但存在合法性问题和证据证明力问题；请求跨境服务商数据披露方式面临披露内容和披露义务有限性问题进而影响证据的证明力。电子取证对专业性和时间性要求较高，传统的数据主权原则导致电子取证在云数据、云计算时代面临巨大挑战。纵观之前我国开展的打击跨国网络诈骗、跨国网络赌博案件，得益于我国与湄公河国家高层的互动和执法合作基础，电子取证过程顺利且效果好，有利于案件的侦破。而且，此类犯罪有其特殊性，即虽然是中国人在境外通过网络实施非接触犯罪，但犯罪主体、犯罪对

　　〔1〕 "2020澜湄流域打击网络犯罪论坛"，载 http://www. lm-lesc-center. org/Pages_ 3_ 4585. aspx，访问日期：2020年11月4日。

　　〔2〕 丁晨："电信网络诈骗案件侦查中的跨境合作问题研究"，中国人民公安大学2019年硕士学位论文，第22页。

　　〔3〕 吴跃文："跨境快捷电子取证的探索与展望——以打击整治电信网络诈骗犯罪为例"，载《山东警察学院学报》2019年第6期，第85页。

　　〔4〕 吴跃文："跨境快捷电子取证的探索与展望——以打击整治电信网络诈骗犯罪为例"，载《山东警察学院学报》2019年第6期，第86页。

象均是中国人，甚至使用的是中国的电脑操作系统等，较少涉及湄公河国家的网络主权或网络权益，因此案件的后续处理还是以中国为主。但其中的电子取证问题还是需各国在此后的刑事司法协助中去关注、去探索。在区域化日益加深的今天，网络犯罪不仅是中国特有的棘手问题，也是湄公河各国需要共同面对的难题，流域各国需共同应对新型挑战和现实威胁，利用科技手段缓解刑事合作困境。

二、科技发展提高刑事合作效率

不可否认，大数据时代对世界各国的刑事司法体制造成的冲击和影响确实存在，[1]更遑论不同法律制度国家的刑事合作体制了。新的科技，意味着新的挑战，也意味着新的机遇，因此大数据时代的澜湄刑事合作挑战与机遇并存。挑战指的是传统的刑事合作模式在大数据时代遭遇了"水土不服"，进而影响了刑事合作效果；机遇指的是我国的刑事合作理念、刑事合作模式、刑事合作基础也正在适应大数据时代的要求作出调整和改善、提升。澜湄区域数字设施互联互通为新时期澜湄刑事合作打下了坚实基础，大数据的警务合作模式、澜湄执法中心的网络数据库、大数据禁毒中心以及与国际接轨的国际犯罪统计形式是澜湄流域刑事合作的重要形式。

（一）加强澜湄数字设施互联互通，打造刑事合作良好基础

我国现在处于大数据加速发展期，而且在将发展大数据上升为国家战略的前提下，大数据与5G、云计算、人工智能、物联网等新一代信息技术结合使得我国的大数据收集、整理、使用处于世界领先地位。如何将大数据、云计算、人工智能等技术更广泛、更深层次地应用于流域国家间的情报交流网络、信息数据库建设以及帮助澜湄国家进行信息网络建设，助力澜湄国家实现产业跃升将成为下一步澜湄合作互联互通的重要内容。2020年8月25日，澜湄第三次领导人会议强调，推动数字技术创新，促进电子商务和数字经济，建设澜湄"快捷通道"和"绿色通道"网络。[2]

在具体落实信息通道网络建设方面，中国与老挝等国共筑"天基丝绸之

---

〔1〕 江溯："大数据在刑事司法体系中的应用及其问题"，载《月旦法学杂志》2020年第9期，第136页。

〔2〕 "澜沧江-湄公河合作第三次领导人会议万象宣言（全文）"，载"http://www.scio.gov.cn/31773/35507/htws35512/Document/1685938/1685938.htm"，访问日期：2021年8月28日。

路"，为中国与相关国家互联互通提供信息保障。[1]2018 年 10 月，中国-东盟信息港老挝云计算中心正式投入运营，助力老挝开展智慧城市、云计算、大数据、物联网等技术开发和应用。[2]

（二）构建大数据警务合作模式，提升网络空间治理能力

作为澜湄合作实体化国际组织，澜湄执法中心应发挥多边合作平台优势，利用建立情报信息交换网络、违法犯罪信息数据库、跨国案件协查与情报信息管理系统优势，不仅能满足澜湄各国对情报交流和沟通的需求，同时也是澜湄刑事合作政策的制定、刑事合作内容的调整、类型化犯罪的打击和预防前提。通过实体化平台构建掌握打击网络犯罪主动权，倡导多边治理行动，开展网络技术能力执法能力培训，建设流域打击治理网络犯罪合作机制。[3]同时，面对网络跨国犯罪猖獗的态势，我国公安机关整合警种、以大数据互联共享为重要技术支撑的反电信网络诈骗"合成侦查"探索已经得到了广泛应用，并陆续形成了区域性的数据信息共享平台。[4]为提升打击网络跨国犯罪效能，我国还积极加强与东盟国家及周边国家的警务合作交流，利用贵州率先建设中国首个国家级大数据综合试验区的优势，在贵州贵阳召开第一届中国-东盟及周边国家大数据警务国际交流合作论坛，与会人员探讨用大数据理念、思维、方法、技术，拓宽国际警务合作形式与范围。[5]同时，依托贵州警察学院开设中国-东盟及周边国家大数据警务合作研修班，运用大数据资源与技术，开展大数据警务交流合作，提升跨境治理水平和治理能力。[6]

---

[1] "构建'天基丝绸之路'推动中老通讯和文化产业合作发展"，载 https://www.imsilkroad.com/news/p/83034.html，访问日期：2020 年 10 月 1 日。

[2] "用大数据架起中国-东盟合作桥梁"，载《广西日报》2019 年 3 月 11 日。

[3] "2020 澜湄流域打击网络犯罪论坛"，载 http://www.lm-lesc-center.org/Pages_3_4585.aspx，访问日期：2020 年 11 月 4 日。

[4] 张淑平、郭亦农："大数据与电信网络诈骗之跨境治理"，载《净月学刊》2018 年第 3 期，第 90 页。

[5] "大数据如何助推警务？东盟警界精英齐聚贵阳讨论"，载 https://www.sohu.com/a/243703002_100002963，访问日期：2020 年 11 月 3 日。

[6] "中国-东盟及周边国家大数据国际警务合作研修班在贵州开班"，载 https://www.sohu.com/a/332594020_100253945，访问日期：2020 年 11 月 3 日。

（三）加强信息情报交流，保障西南边境安全与和平

随着信息化的发展和犯罪智能化的加剧，情报主导警务成为世界警务趋势。[1]将大数据应用于违法犯罪的预警、发现、打击领域是世界各国警务创新的方式。云南陆地边境线长，边民往来频繁，天然出入境便道多，跨国赌博犯罪、网络诈骗犯罪、毒品走私犯罪、枪支走私犯罪、妨害国边境管理犯罪多发，而且是恐怖主义犯罪分子和外逃人员通往东南亚的重要通道。传统的边境管理模式是用人防、物防、技防措施达到物理隔绝效果，同时通过优化警力布防，加强卡点查缉，全面开展网格化地毯式大排查，坚决打击偷越国（边）境违法犯罪活动，鼓励群众积极主动地举报偷渡行为，形成对偷越国（边）境违法犯罪活动全方位、无死角的震慑态势。[2]在边境融合发展的大背景下，依托边境管理部门搜集的海量边境数据，对出入境情况进行分析、整理、研判，与接壤的国家进行资源互换和信息共建共享，[3]实现信息实时交流与互通，打击非法偷渡，共同实现边境安全。

因毗邻"金三角"，云南是境外毒品向中国境内输入和过境的重要通道，因此也成了全国禁毒斗争的第一道防线和主战场。为遏制境外毒品的全面渗透，形成对内服务全国禁毒工作，对外面向南亚、东南亚共同打击跨国犯罪、维护边境秩序的高效警务合力，[4]公安部禁毒局联合云南省公安厅共同启动了国家禁毒大数据云南中心，利用"互联网+大数据"模式对内服务全国禁毒工作。[5]该中心通过掌握的海量数据对毒情进行研判，研发多个智能实战应用模型，提高了查缉效率，增强了查缉精准度，缉毒工作取得了较好效果。[6]国家禁毒大数据云南中心缴获的毒品占全国的比重从2019年的48%增加到了2020年的57.2%，其中1/3以上得益于大数据的支撑。[7]

---

［1］刘爱姣："大数据在打击跨境犯罪和维稳中的应用研究"，载《云南警官学院学报》2017年第6期，第79页。

［2］"汲取教训总结经验　坚决做到外防输入内防反弹"，载《云南日报》2020年9月19日。"

［3］唐超："大数据背景下边境管理创新研究"，载《武警学院学报》2017年第3期，第5~9页。

［4］龙琼燕、吴怡："2018云南十大法治事件"，载《云南法制报》2018年12月29日。

［5］"'国家禁毒大数据云南中心'建成使用，云南禁毒工作迈进大数据时代"，载《云南日报》2018年6月27日。

［6］"国家禁毒大数据云南中心提升禁毒堵源截流能力"，载《中国青年报》2018年6月26日。

［7］"任军号：大数据智能化推进'平安云南'建设"，载 http://legal.people.com.cn/gb/n1/2020/1019/c42510-31897654.html，访问日期：2020年11月5日。

将大数据应用于刑事合作，构建新的警务平台也是诸多国际组织打击跨国犯罪和国际犯罪的有力手段，澜湄执法中心就是在这样的环境下孕育而生的。其基于大数据建设跨国犯罪信息数据库、澜湄国家远程会议系统、案件协查库，推动澜湄国家执法工作和跨境管理进入大数据时代。国际警务合作的目的是快速、高效打击犯罪，因此未来澜湄执法中心将持续推进成员国的大数据警务合作与交流，[1]运用科技力量提升澜湄国家跨境执法能力，保障澜湄流域的安全和稳定。澜湄合作机制一直重视非传统安全合作，并选择将澜湄执法中心落户云南。云南是中国与澜湄合作的前沿阵地，同时也是澜湄执法安全合作的具体参与者和直接受益者。澜湄执法中心落地云南为云南公安边境治理合作带来了新契机，因此加强澜湄执法中心与云南的对接，实现管理数据的交流融合，积极服务于云南边境管理，为云南边境管理提供了便利，重塑了云南边境管理格局，筑牢了西南边境安全屏障。

（四）加强在刑事司法（统计）领域交流，打造区域刑事合作样本

犯罪与刑事司法统计是全球犯罪治理乃至社会治理科学化、现代化、高效化的重要支撑。[2]在刑事司法全球化时代，刑事司法的统计也应实现全球化，以此统一各国刑事司法统计标准，从而更好地促进各国的刑事合作，共同打击跨国犯罪和国际犯罪。因为大数据技术的加持，刑事司法的统计变得更加便利起来。在全球化的时代，每一个国家都不是孤岛，每一个国家的刑事司法数据都不是数据孤岛，我们应积极融入司法全球化潮流，推动我国刑事司法统计的国际化。在大数据时代避免成为数据孤岛的做法即是改变数据可获得性，建立完备的犯罪数据统计制度，鼓励数据的流通和共享。[3]与发达国家相比，我国欠缺完备的司法统计制度，刑事司法统计数据不完整且参考价值不大，影响到了我国刑事政策的制定以及我国的立法质量和司法运作效果。

根据联合国《2030年可持续发展计划》的要求，为落实联合国统计委员会和联合国犯罪预防与刑事司法委员会执行的"改善国际和国家层面的犯罪

---

〔1〕 张敏娇："二十国汇聚贵州共商深化大数据警务国际合作"，载《现代世界警察》2019年第7期，第10～11页。

〔2〕 葛向伟："第三届亚太地区犯罪与刑事司法统计会议在华成功举办"，载《犯罪与改造研究》2020年第1期，第3页。

〔3〕 江溯："大数据与刑事立法、刑事司法"，载《人民法治》2018年第Z1期，第71页。

统计质量和可得性路线图",联合国毒品和犯罪问题办公室于 2015 年正式完成《犯罪统计的国际分类》（International Classification of Crime for Statistical Purposes, ICCS）。[1] ICCS 根据国际公认的概念、定义和原则对刑事犯罪进行分类,宗旨是实现刑事司法统计标准统一化。ICCS 为不同刑事司法制度和法域国家制定和比较刑事司法数据搭建刑事司法统计标准,通过行为而非法典对犯罪进行分类,对处于侦查、起诉、审判、执行各个阶段的犯罪进行统计,无遗漏、不重复、无盲点,本质上是理解犯罪模式和犯罪特征的工具。[2] 进行犯罪统计的目的是系统收集、分析传播数据,从而对跨国犯罪的特征和趋势进行精准分析。

ICCS 为我国进行司法统计提供了标准的模板,运用大数据便利,我国应积极整合国家统计局、公安机关、检察院、法院的资源开展犯罪数据统计,提高犯罪数据统计的质量,与其他国家一道共同形成打击跨国犯罪和国际犯罪的合力。同时,也应对 ICCS 统计分类和由我国刑法对犯罪的规定不一致导致的在统计中出现的问题有充分的了解和认识。ICCS 统计工作耗时长,工作标准统一且要求高,我国现行分散的统计主体实施统计的情况与之尚有巨大差距,因此根据 ICCS 标准理顺我国司法统计工作尚有很长的路要走。

澜湄流域的安全需要澜湄国家共同守护。在做好我国司法统计工作的同时,我国应与湄公河国家积极开展刑事司法数据统计的双边交流与合作,就统一犯罪和刑事司法统计工作达成共识,共同遵守 ICCS 标准和要求进行犯罪和刑事司法统计工作,达成不同法律制度国家同一司法统计的目标,为双边打击跨国有组织犯罪和恐怖主义犯罪提供政策制定的基础。同时,通过澜湄执法中心多边合作平台跨国犯罪信息系统推动流域国家刑事司法统计标准统一化,利用大数据有效分析犯罪跨国犯罪趋势、特点,有效控制和预防跨国犯罪,走出刑事合作数字化、网络化、智能化洼地,打造区域刑事合作样本。

---

〔1〕 葛向伟:"犯罪统计的国际分类标准介绍与实施",载《犯罪与改造研究》2019 年第 12 期,第 68 页。

〔2〕 葛向伟:"国际犯罪与刑事司法统计领域大数据建设动态及其思考",载《中国司法》2019 年第 9 期,第 42~45 页。

第五章

澜湄刑事合作机制构建

国际合作的长期有效性依赖于国际机制的建设。国际机制是指在国际关系特定问题领域里行为体愿望汇聚而成的一整套明确的或含蓄的原则、规范、规则和决策程序。[1]

—— [美] 克拉斯纳·斯蒂芬

针对湄公河流域跨国犯罪猖獗的现状，澜湄刑事合作依据不充分、多边合作机制严重碎片化、刑事合作程序效率低的实际较难满足区域经济发展需要以及澜湄合作深入发展要求。因此，以澜湄执法中心整合澜湄流域刑事合作资源，构建澜湄合作框架下的刑事合作机制是澜湄刑事合作的内在逻辑和未来愿景，也是本书的结论。

第一节 澜湄刑事合作机制

为应对复杂的非传统安全挑战，有力打击澜湄流域的跨国犯罪，维护周边安全，澜湄流域各国间的刑事合作亟待升级，需要优化成常态化、规范化、法治化、长效化合作机制。澜湄合作框架下的刑事合作机制是积极适应时代发展的安全公共产品，其不仅是国际刑法地区化的表现，亦是未来澜湄刑事合作的重要制度保障，也将成为中国推进周边外交战略、优化周边外交环境的重要抓手。

---

〔1〕 Stephen Krasner, "Structural Causes and Regime Consequences: Regimes As Intervening Variables", *International Organization*, Vol. 36, 1982, p. 186, 转引自王虎: "浅析中国-东盟禁毒合作机制建设", 载《首都师范大学学报（社会科学版）》2010 年第 3 期，第 137 页。

一、澜湄刑事合作机制内容

（一）澜湄刑事合作机制概念

澜湄合作"3+5+X"是一个开放的合作框架，其中的"X"具有调适和补充功能，可以扩容和拓展澜湄合作领域，刑事合作就是这一框架下新增的"X"。刑事合作具有广泛的含义，涵盖刑事管辖、侦查、起诉、审判、刑罚执行整个刑事诉讼流程，既包括刑事合作基本原则的制定、缔结刑事合作条约等规则的制定内容，也包括规范刑事程序、刑事合作组织建设等保障的内容。在深化刑事合作过程中，机制搭建是不可或缺的重要环节。[1]因此，本书谓之刑事合作机制构建，是指为打击流域跨国犯罪，澜湄流域六国形成了一套完整的、紧密的、高位阶的涵盖刑事诉讼管辖、侦查、起诉、审判、刑罚执行等刑事合作领域的制度。

（二）澜湄刑事合作机制内容

澜湄合作框架下的刑事合作机制的构建是澜湄刑事合作法治化、制度化、长期化的前提，涉及刑事合作基本原则的遵守、刑事合作条约的制定、刑事合作规则的确立、刑事合作程序的运作、刑事合作组织的建设等内容，其中刑事合作基本原则是纲领、刑事合作条约是关键、刑事合作规则是核心、刑事合作程序是保障、刑事合作组织是主体。构建澜湄合作框架下的刑事合作机制是本书的结论，也是完善澜湄刑事合作的对策。具体推进路径为确立刑事合作原则、缔结多边刑事合作条约、签订双边刑事协助条约、加强主体建设、加强边境管理、加快澜湄命运共同体建设等。因为构建刑事合作机制的内容较多且是本书重点，因此将其分为两章进行论述，第五章从原则、多边条约、双边条约角度阐述澜湄刑事合作机制构建的内容，第六章从主体、边境管理、澜湄命运共同体建设角度探讨刑事合作机制的配套制度。

（三）澜湄刑事合作机制制度设计

澜湄框架下的刑事合作机制并不需要"另起炉灶"，增加跨境管理和区域治理成本，而是在澜湄刑事合作顶层设计获得认同后，在澜湄执法中心内部下设刑事合作部（详见图5-1），将原来的情报融合与案件协查部中的案件协

---

[1]　王宝峰："澜湄次区域反恐安全公共产品供给合作初探"，载《武警学院学报》2019年第7期，第21页。

查职能划归刑事合作部，情报融合与案件协查部修改为情报融合部。在刑事合作部下面设置澜湄警察组织和司法组织，专门负责协调澜湄流域各国刑事合作，做好案件管辖、起诉、审判、刑罚执行的协调和管理工作。[1]

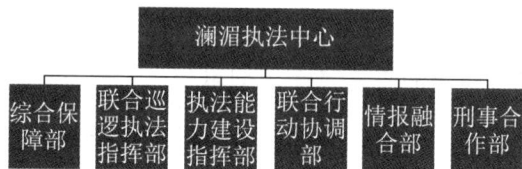

图5-1　澜湄执法中心组织架构图（含刑事合作部）

（四）澜湄刑事合作机制特点

1. 完整性

澜湄刑事合作完整性指刑事合作覆盖刑事诉讼整个流程，即刑事管辖、侦查、起诉、审判、刑罚执行全流程。依托澜湄执法中心多边合作平台，由澜湄警察组织和司法组织对案件性质进行研判，确定案件归属，随后涉案澜湄国家警察机关和司法机关通力合作，合力打击跨国犯罪。

2. 紧密性

澜湄现行的刑事合作机制主要是靠双方的外交关系推动，并依据澜湄各国之间签订的双边刑事协助条约开展具体刑事司法协助工作。因受双边外交关系影响，双边的刑事司法协助呈现出事后性、随意性、不确定性等松散的特征，影响了跨境治理效果。澜湄合作框架下的刑事合作机制是超越社会制度、意识形态、价值观念的有效的法律控制，[2]其目的是使澜湄刑事合作从松散的合作现状走向紧密的合作形态。[3]

3. 高阶位

澜湄刑事合作机制的构建本质上是澜湄流域国家之间制度-规则-程序的建设，是中国在澜湄安全合作领域提供的公共产品。其实现难度比达成合作

---

〔1〕　胡钰："上海合作组织框架下'刑事司法协助区域化'研究"，新疆大学2009年硕士学位论文，第41页。

〔2〕　阿不都热合曼·卡德尔："上海合作组织刑事法律机制的构建"，新疆大学2005年硕士学位论文，第1页。

〔3〕　阿不都热合曼·卡德尔："上海合作组织刑事法律机制的构建"，新疆大学2005年硕士学位论文，第8页。

意向、签订合作协议、发表联合声明、统一联合行动要大得多，且不是可以一蹴而就的事情。[1]因为其事关外交、区域经济合作、各国国情及制度等多种不确定性因素，因此属于高阶位的合作形式。

二、构建澜湄刑事合作机制意义

构建澜湄刑事合作机制本质上是为澜湄流域提供安全公共产品，不仅顺应刑事司法全球化的国际潮流，同时也有利于重塑澜湄流域的法律秩序。

（一）提供流域安全公共产品

出于对澜湄流域共同发展繁荣的利益追求和共同打击跨国犯罪的需求，澜湄流域各国正携起手来打造澜湄安全公共产品以填补澜湄区域安全公共产品空白。以构建澜湄刑事合作机制为抓手，提供区域公共安全产品，加强澜湄非传统安全合作，助推澜湄政治安全合作，是中国周边外交的重要内容，也是中国加强与湄公河国家战略伙伴关系的重要举措。[2]中国作为澜湄区域负责任的大国，不仅使用规则制定优势引领澜湄流域安全合作进程，同时也将在硬件设施投入、执法人员培训、执法行动开展、执法环境优化方面更有作为，让湄公河国家可以搭乘中国的便车，享受到区域公共产品实实在在的好处，化解湄公河流域潜在的安全风险，为湄公河流域的繁荣发展保驾护航。刑事合作为安全公共产品，具有很强的外部性和非竞争性，其联动和外溢效应明显，体现在三个面向：首先，面向澜湄合作领域。安全领域合作会外溢到其他领域，从而形成新的合作议题、新的合作机制、新的合作利益，带动澜湄其他成员国参加，积极推进澜湄合作进程。其次，面向澜湄流域安全。安全合作外溢效应将清晰地覆盖澜湄地缘范围内的所有国家而且继续溢出国境，形成明显的区域效应，成为保障澜湄流域安全的"稳定器"。最后，面向我国海外利益。澜湄合作机制是"一带一路"的旗舰平台，是中国-东盟框架下的次区域合作平台，具有重要的示范效应。应以次区域层次的非传统安全合作为切入点，行使区域发展主导权和规则制定权，构建成熟的刑事合作样本，使其逐渐扩展和外溢到"一带一路"其他地区，为我国海外利益保护提

---

〔1〕　樊勇明、钱亚平、饶芸燕：《区域国际公共产品与东亚合作》，上海人民出版社2014年版，第136页。

〔2〕　黄河、杨海燕："区域性公共产品与澜湄合作机制"，载《深圳大学学报（人文社会科学版）》2017年第1期，第130页。

供借鉴和参考。

（二）顺应刑事全球化潮流

跨国犯罪和国际犯罪是经济全球化最显著的负面效应，信息化又助推跨国犯罪和国际犯罪变得更具专业性、复杂性、隐蔽性，因此各国须携起手来共同应对。跨国犯罪和国际犯罪案件的侦查、起诉、审判、刑罚执行呈现跨国化的特点，刑事司法全球化的趋势成了潮流，国际刑法的理论和实践随之丰富起来。[1]而随着区域刑事合作的推进，国际刑法的"区域化"或区域刑法也随之产生和发展。

放眼世界，欧盟的刑事合作是国际刑事合作"区域化"的标杆和榜样。从《马斯特里赫特条约》到《里斯本条约》，欧盟刑事合作逐渐呈现一体化特点，体现在建立完善的制度、缔结刑事合作条约、制定统一刑法典（《刑事大法典》）、组成欧盟刑事合作组织（欧洲刑事警察组织、欧洲刑事检察组织、欧盟法院）上。[2]美洲国家组织通过缔结刑事法条约、创制完整法律体系的方法推进国际刑法地区化进程。美洲国家组织于1889年1月23日制定了世界上第一部规定刑事管辖和引渡的国际刑法条约。此后又经多次修改，制定完善了关于引渡和其他犯罪与刑罚规定的刑事法条约：《美洲人权公约》《泛美预防和惩处酷刑公约》《美洲司法互助公约》《美洲反腐败公约》等，形成了具有美洲特色的区域刑事法律，同时制定内部的条例、规则、建议来发展美洲区域刑法。[3]为打击恐怖主义、非法贩毒、洗钱、拐卖人口、海盗等跨国犯罪，在1997年12月18日至20日召开的东盟内务部长会议上，东盟通过了《关于跨国犯罪的东盟宣言》，呼吁各成员国加强刑事司法协助，积极推进签订东盟刑事司法互助协定。但东盟部长级会议通过的宣言对成员国只具有建议的性质，并无法律约束力。[4]2018年10月12日第十次东盟司法部部长会议在老挝万象召开，签署《东盟刑事司法互助协议》，起草完成《示范

---

〔1〕［德］格哈德·韦靳："全球刑事司法的实现——国际刑法的现状与未来"，喻桂英译，载赵秉志、卢建平主编：《国际刑法评论》（第5卷），中国人民公安大学出版社2010年版，第11页。

〔2〕何家弘主编：《刑事司法一体化大趋势——以欧盟刑事司法一体化为视角》，中国检察出版社2005年版，第41~45页。

〔3〕赵永琛：《区域刑法论——国际刑法地区化的系统研究》，法律出版社2002年版，第71~72页。

〔4〕赵永琛：《区域刑法论——国际刑法地区化的系统研究》，法律出版社2002年版，第73页。

性东盟引渡条约》。[1]相比较而言,澜湄合作已经具备良好的合作基础,但尚未实现一体化的目标,因此在开展刑事合作方面必然不能照搬照抄欧盟、美洲国家组织、东盟等国际组织的区域刑法模式。但可以上述区域刑事合作经验为参考,通过缔结多边刑事合作条约,以澜湄合作框架下的构建刑事合作机制满足澜湄流域国家对安全公共产品的需求和打击跨国犯罪的诉求,打造澜湄流域区域刑法样本,积极适应刑事司法全球化的趋势。

(三)重塑澜湄流域法律秩序

恐怖主义犯罪、毒品犯罪、人口拐卖犯罪、枪支走私犯罪是世界公认的公害,也是威胁世界安全和地区安全的主要跨国有组织犯罪形式。目前,澜湄流域跨国犯罪情势依然严峻,"金三角"毒品生产、制造、运输、贩卖、走私行为不会马上就停止,而由于"金三角"地区特殊的历史遗留、地缘政治、毒品利益、国际关系因素,毒品犯罪及其关联的枪毒合流、恐毒合流等跨国犯罪仍然是澜湄流域治安形势严峻的主要原因。湄公河流域拐卖妇女儿童的犯罪依然猖獗,给沿岸各国人民带去了无尽的痛苦,进而影响到了家庭的稳定、社会的动荡和流域的安全。新型的网络恐怖主义、网络诈骗、网络赌博与传统的毒品犯罪、人口拐卖犯罪、枪支犯罪、非法移民问题的交织使得澜湄流域的社会治安形势严峻。为预防和打击湄公河流域跨国有组织犯罪,在澜湄合作框架下成立的澜湄执法中心专门打击跨国有组织犯罪,但澜湄执法中心本质上是区域多边警务合作平台,其功能单一,且并未延伸到后续刑事管辖、起诉、审判、刑罚执行等刑事诉讼领域的合作。而中国与湄公河国家中的老挝、泰国、越南虽然签订了刑事协助条约,但面对突发的、范围广的、危害性的有组织跨国犯罪,碎片化的、事后的、缺乏针对性的刑事合作对策与措施还是显得"力不从心""后续乏力",致使犯罪分子"成功"逃避处罚,进而影响湄公河流域跨国犯罪治理效果。打击跨国犯罪是澜湄国家的共同利益,构建澜湄刑事合作机制,缔结刑事合作条约,编制预防和打击跨国犯罪法网,既不给犯罪分子可乘之机,同时通过执法行动压缩跨国有组织犯罪生存空间,双管齐下,形成了对跨国犯罪的快速预防和处理机制,也增加了犯罪分子违法犯罪成本,有力震慑了犯罪分子,为流域发展营造了安全稳

---

[1] "第10次东盟司法部长会议在老挝举行",载 http//baijiahao.baidu.com/s? id=1614128061919524412&wfr=spider&for=pc,访问日期:2020年12月3日。

定的环境。

中国通过构建刑事合作机制提供安全公共产品是迈出参与地区治理的第一步,后续可以和湄公河国家在协商一致的基础上制定和缔结相关安全协议或规定,在区域内形成以保护我国海外利益为中心、相关法律法规为保障的完善的法律体系和法律制度。在澜湄流域形成依法治理、按法办事的氛围,重塑澜湄流域法律秩序,发挥国际刑法对澜湄次区域国际秩序的塑造作用,发挥区域大国通过法律和外交对周边地区国际秩序的引领构建作用,[1]推进周边区域国际法治进程。历史的经验已经证明,健全、稳定的国际法律秩序是应对非传统安全危险的利器,[2]但与此同时,需要警惕的是,国际刑法在的过度扩张会削弱主权国家的独立地位和侵蚀主权国家的司法独立,造成区域国家之间的撕裂甚至对抗局面,[3]而且国际刑法执行力弱,天生具备的"软法""弱法"特质也使得澜湄刑事合作条约的作用发挥存在"瓶颈"。因此,我们要善用国际刑法地区化理论,通过法治手段加强对地区的影响力,积极参与地区治理,塑造稳定、安全的周边秩序,为中国的发展营造良好的周边环境。但也应对国际刑法过分扩张趋势以及其天生的执法力弱的特质保持充分清醒的头脑,防范国际刑法负面效应对中国与周边国家关系的侵蚀、撕裂,妥善解决与周边国家的争议和纠纷,将"亲诚惠容"的周边外交理念贯彻到周边命运共同体的建设中。

第二节　澜湄刑事合作基本原则

一、澜湄刑事合作基本原则的含义

澜湄合作框架下的基本原则是澜湄各国认可的、具有普遍性的、可以适用于澜湄刑事合作整个范围的法律原则。刑事合作基本原则是澜湄刑事合作的纲领,贯穿于澜湄刑事合作全过程,对刑事合作的具体开展具有指导意义。它是刑事合作各项具体规则产生的根源,是理论体系的起点,具有全局性、

---

〔1〕 李罗胜:"论大国的崛起对国际法律秩序的影响",载《知识经济》2008年第10期,第61页。

〔2〕 郑远民、朱红梅:《非传统安全威胁下国际法律新秩序的构建》,法律出版社2014年版,第46页。

〔3〕 盛红生:"论国际刑法对后冷战国际法律秩序的影响",载《法学评论》2016年第2期,第91页。

根本性地位，发挥确立核心、指示方向的作用。[1]澜湄合作框架下的刑事合作机制本质上是多边合作机制，是澜湄合作中政治安全合作的重要内容，[2]因此澜湄刑事合作要在遵守国际法规定的同时结合澜湄刑事合作的实际，在尊重各成员国主权和法律的基础上，坚持平等互利、协商一致的原则。

二、澜湄刑事合作基本原则的特点

（一）具有国际法属性

国际刑事合作是各主权国家之间追诉、打击跨国犯罪和国际犯罪的合作，其本质是国与国之间在安全领域的合作，因此澜湄刑事合作首先要遵守国际法基本原则。国际法基本原则有互相尊重主权和领土完整原则、互不侵犯原则、互不干涉内政原则、和平解决国际争端原则、善意履行国际义务原则，[3]这些国际法基本原则将成为澜湄刑事合作基本原则的主要渊源和参考模板。区别于单纯的经济层面合作，国际刑事合作涉及各国刑事司法主权，因此各主权国家在开展国际刑事合作时总是慎之又慎，刑事合作的基本原则一般要比国际法基本原则范围更小、内容更细才能体现刑事合作的特性。国际刑法是国际法的分支，国际刑法的基本原则为：尊重主权原则、罪刑法定原则、国际刑事责任原则、合法性原则、普遍管辖原则、国际刑事合作原则等。[4]国际刑事合作属于国际刑法的范畴，因此国际刑法的基本原则是澜湄刑事合作基本原则的行为准则和根本遵循。

（二）具有外交属性

从 21 世纪开始，我国形成了"大国是关键，周边是首要，发展中国家是基础，多边是重要舞台"的基本外交格局。[5]澜湄合作集齐了周边、发展中国家、多边三个因素，因此澜湄合作是我国周边外交的重要组成部分，开展好澜湄合作的目的是为国家发展的稳定提供良好的周边环境。[6]和平共处五

〔1〕 周露露：《当代国际刑法基本原则研究》，中国人民公安大学出版社 2009 年版，第 4 页。

〔2〕 宋清润、宋均营："澜沧江-湄公河下游五国期待'澜湄机制'"，载《世界知识》2015 年第 22 期，第 21 页。

〔3〕 马呈元主编：《国际法》（第 3 版），中国人民大学出版社 2012 年版，第 39 页。

〔4〕 张旭主编：《国际刑法——现状与展望》，清华大学出版社 2005 年版，第 3~4 页。

〔5〕 李晨阳："新形势下中国如何与周边国家相处"，载《世界知识》2020 年第 16 期，第 73 页。

〔6〕 卫灵："周边外交是中国外交之'首要'"，载《思想理论教育导刊》2014 年第 5 期，第 70 页。

项基本原则是我国处理国际关系的基本原则，也是我国处理好与湄公河国家基本关系的指导原则。就历史渊源而言，中国与湄公河五国传统上就是好邻居、好伙伴。现在我国与湄公河五国均建立了战略伙伴关系，[1]政治上高度互信。澜湄合作是周边外交的典范，进入新时代，中国高度重视周边外交，提出了亲诚惠容、正确义利观、亚洲安全观、周边命运共同体等新理念和新思想。[2]澜湄合作机制成立之初就将政治安全合作、经济与可持续发展、社会人文合作列为三大支柱，目的是加快澜湄各国经济社会发展，构建澜湄休戚与共命运共同体。[3]由于澜湄流域内跨国犯罪等非传统安全问题突出，政治安全是湄公河区域国家面临的现实挑战，我国发挥了引领作用，带动各国加强流域内国家可持续安全合作。从"10·5湄公河惨案"刑事合作到湄公河安全执法机制成立再到澜湄执法中心设立，中国一直是澜湄流域安全公共产品的提供者，也是澜湄流域安全的坚定守护者和捍卫者。构建澜湄合作框架下的刑事合作机制可以被视为中国在澜湄政治安全合作领域提供的又一个安全公共产品，其事关澜湄各国人民的切身利益，也是澜湄合作实现繁荣发展的前提和保障。

三、澜湄刑事合作基本原则的内容

澜湄刑事合作基本原则是国际法原则和国际关系原则的最大公约数，既体现国际法的特点也体现国际关系的特质，具有国际法和国际关系的复合依赖性质，[4]因此澜湄刑事合作的基本原则为尊重成员国主权原则、国际合作原则、平等互利原则、协商一致原则。

（一）尊重成员国主权原则

尊重成员国主权是国际法基本原则和国际关系的基本准则，也是《联合国宪章》确立的宗旨和原则，同时也是我国处理对外关系的重要内容。主权

---

〔1〕 "透视澜湄六国合作"，载"http://www.gov.cn/govweb/zhuanti/2016-03/21/content_ 5056239. htm"，访问日期：2020年11月7日。

〔2〕 李益波："新时代中国周边外交：理念、内涵和实施路径"，载《国际论坛》2019年第3期，第100页。

〔3〕 卢光盛、金珍："超越拥堵：澜湄合作机制的发展路径探析"，载《世界经济与政治》2020年第7期，第97页。

〔4〕 刘志云："复合相互依赖：全球化背景下国际关系与国际法的发展路径"，载《中国社会科学》2007年第2期，第139~140页。

是国家的本质特征，是国家对内最高对外独立的权利。对内最高和对外独立是国家主权的两个特征，且相辅相成，因为如果对外不独立则国家要服从外来干涉，便丧失了对内处理事务的最高权力，[1]因此也不可能实现主权自由。澜湄合作机制是澜湄六国共建、共商、共享的次区域合作平台，遵守《联合国宪章》和国际法的规定，遵守和平共处五项基本原则是澜湄各国在开展各领域合作时必须遵守的义务。澜湄刑事合作是澜湄合作框架下政治安全合作的重要内容，理应将尊重各成员国主权放在刑事合作各原则之首。澜湄框架下的刑事合作以互相尊重主权为基础和前提，同时将此原则贯穿于刑事合作全过程。在澜湄刑事合作过程中，针对案件本质厘清各国刑事司法管辖权边界从而达到维护澜湄各国国家主权目的，因此可以说澜湄刑事合作不仅维护了各成员国的主权安全同时还强化了各成员的主权意识。当然，一个主权国家对外主权独立权利并非绝对，在特殊时期的特殊场合，比如各国应对跨国犯罪为首的非传统安全风险时，绝对的主权意识将会成为合作的障碍，因此在此种特殊情形下，主权需要适度让渡，从而顺利开展区域安全合作甚至国际安全合作。关于主权让渡的问题，各国都比较敏感，特别是湄公河国家，因为有过被殖民和侵犯的历史（除了泰国），在面对湄公河联合巡逻执法时，泰国的态度是巡航编队不允许进入其湄公河水域，缅甸的态度也比较消极，仅仅只是参与联合巡逻执法，只有老挝是澜湄合作的主要获益者，因此对中国巡逻艇进入其境内表示欢迎并积极配合湄公河联合巡航行动。基于巡逻执法时各国的不同态度，可以预见，面对刑事合作时，各国的态度也将比较复杂。因此，须加强澜湄政治安全合作，提高澜湄国家的政治互信水平，推动治国理政交流。[2]

（二）国际合作原则

国际合作原则是国际法和国际刑法的重要原则，也是新型国际关系的核心。20世纪以前，国际合作基本上是双边的，极少有多边合作和国际合作。但随着时代的发展，多边合作和国际合作日益增多，各国的依存度日益加深，非传统安全问题更加凸显，国际合作意义更加重大。基于维护安全、促进共同发展的需要，各主权国家携起手来共同应对、凝聚共识、形成合力、实现

---

〔1〕　马呈元主编：《国际法》（第3版），中国人民大学出版社2012年版，第38~39页。

〔2〕　"澜湄国家命运共同体：理想如何变成现实？"，载 http://world. people. com. cn/n1/2018/0126/c1002-29789846.html，访问日期：2020年11月9日。

双赢是现代国际合作的主流。澜湄合作也顺应这样的合作趋势,山水相连、文化相亲、经济交融的六个国家共商、共建、共享的次区域合作机制是多边次区域合作的典范,是"一带一路"的重要合作平台,目的是实现澜湄流域政治安全、经济持续发展、社会进步的目标。澜湄流域以跨国犯罪为首的非传统安全问题突出,随着合作进程的加快,一国的安全问题容易外溢形成区域安全问题,犯罪主体、犯罪对象在不同国家间的流动给流域安全带来了极大威胁,因此加强国际合作是应对澜湄流域非传统安全的必然。非传统安全风险不仅催生了国际合作,同时还拓展了国际安全合作的范围和内涵,转变了其形态,充实了其内容,改变了其性质,使得国际安全的困境得以缓解。[1]特别是国际组织的出现凸显了国际合作的优越性和制度性。[2]澜湄执法中心作为打击跨国犯罪的多边合作平台,在预防和打击跨国犯罪领域发挥了重要作用,是澜湄地区安全和稳定的"压舱石"。依托澜湄执法中心多边合作平台,专门设立澜湄警察组织和澜湄司法组织,专门成立刑事合作部,专门的人员、专门的部门承担起了澜湄刑事合作的沟通、协调、管理职责,推进澜湄刑事合作健康、平稳、顺利地运作。同时将澜湄执法中心制度优势转化为治理的效能,肩负起维护流域安全的态度、决心、能力,传递规则治理意识,[3]实现区域治理的法治化。国际合作不仅是国际法的重要原则,同时也是国内刑法的重要导向。[4]澜湄各国应积极履行澜湄刑事合作条约义务,培养刑事合作的意识和习惯,并自觉将刑事合作条约内容转化为国内刑法的相关条款,积极推动澜湄刑事合作条约在流域内的实施。

（三）平等互利原则

国家主权平等原则是国际法的基本原则,是指各个国家虽在领土面积、人口数量、经济实力、军事力量等方面存在差异,[5]但作为国际法主体具有

---

〔1〕 郑远民、朱红梅:《非传统安全威胁下国际法律新秩序的构建》,法律出版社 2014 年版,第35~36 页。

〔2〕 曾令良:"论中国和平发展与国际法的交互影响和作用",载《中国法学》2006 年第 4 期,第 117 页。

〔3〕 何志鹏:"国家治理与全球治理的共融互动:中国国际法实践 70 年回顾与展望",载《法商研究》2019 年第 5 期,第 178 页。

〔4〕 童德华、王一冰:"国际合作原则与我国反腐败立法完善",载《广西社会主义学院学报》2019 年第 3 期,第 102 页。

〔5〕 杨泽伟:"国家主权平等原则的法律效果",载《法商研究（中南财经政法大学学报）》2002 年第 5 期,第 109 页。

相同的法律地位，享有相同的法律权利。国家主权平等原则的法律效果有四：
①各主权国家享有相同的表决权；②排除他国的自主管辖权；③轮换制原则；
④无歧视原则。[1]澜湄合作是六国共建、共商、共享的次区域合作平台，澜
湄首次领导人会议就明确澜湄六国地位平等。[2]澜湄合作的六个国家中国、
缅甸、柬埔寨、老挝、泰国、越南均为发展中国家，相比较而言，中国是区
域大国，同时是负责任的大国。中国的和平崛起不仅为自己创造了发展的机
遇和机会，也为周边国家带来了发展的机遇。通过澜湄合作，湄公河五国可
以搭乘中国的便车，畅享中国发展的红利。平等原则既是国家主权平等在刑
事合作领域的延伸适用，也是澜湄合作各国法律地位的生动体现。澜湄流域
各国属于不同的法律体系，法律文化和法律制度有较大差异，但各国在刑事
合作中的地位平等，平等地开展相互间刑事合作，拥有相同的法律地位，享
有相同的法律权利。当然，主权平等并不意味着绝对的、僵化的平等，本着
为合作各方利益着想，流域大国因较强的经济实力和科技实力在合作中承担
合作引领者和规则制定者的责任，其他国家"搭便车"，同时合作成果大家共
享，也是平等的应有之义，并未突破平等的定义和范围。在"10·5 湄公河
惨案"发生后，中国积极倡导成立湄公河安全合作机制，一边进行"10·5
湄公河惨案"的刑事司法协助工作，一边通过开展联合巡逻执法、联合行动
将合作机制构想变为现实。在澜湄合作机制成立后，经过澜湄六国合议，成
立澜湄执法中心。中国在湄公河安全机制的规划、实施、推进、落实方面投
入最大，但收获的安全利益归澜湄六个国家共同享有，这就是平等互利的含
义。平等互利原则也将体现在澜湄刑事合作中，构建澜湄刑事合作机制目的
是要编织一张澜湄流域的刑事法网，促使各国打击犯罪、追诉犯罪的力量形
成合力，加快推进跨境安全治理合作[3]，达到 6 个 1 相加大于 6 的合作共赢
的结果。

（四）协商一致原则

协商一致原则是平等原则的体现和深化。协商一致原则是指在合作过程

---

〔1〕 杨泽伟："国家主权平等原则的法律效果"，载《法商研究（中南财经政法大学学报）》2002
年第 5 期，第 111~113 页。

〔2〕 "打造亚洲命运共同体的金字招牌"，载 http://www.chinatoday.com.cn/chinese/lianghui/
2017/bkzg/201703/t20170314_800091213.html，访问日期：2020 年 11 月 9 日。

〔3〕 卢光盛、别梦婕："澜湄国家命运共同体：理想与现实之间"，载《当代世界》2018 年第 1
期，第 45 页。

中，就达成的协议、方案、计划和措施，各国经过充分协商并达成一致。中国与湄公河五国均成立了战略伙伴关系，在 2012 年泰国就提出了建立澜湄合作机制的想法，后中国积极响应，在 2014 年 11 月中国–东盟第 17 次领导人会议上，李克强总理提出了建立澜湄合作机制的建议。随后澜湄六国经过协商一致，经过一系列磋商会晤，一年多以后，澜湄首次领导人会议在海南三亚召开，也就是说，澜湄合作机制从规划到成立就是协商一致的结果，澜湄合作富含协商一致"基因"。澜湄合作机制运作也是以协商一致、平等相待、相互协调的方式进行的。[1]澜湄合作首次领导人会议在海南省三亚召开，三亚意为三川汇流之处，在有的东南亚国家语言中也意味着协商一致。[2]协商一致原则贯穿于澜湄合作的所有领域，当然也适用于刑事合作领域。从"10·5湄公河惨案"的侦破到湄公河联合巡逻再到澜湄执法中心成立，澜湄六国在案件合作、协议制定、联合行动等环节中均协商一致，体现各国共同利益，展现共同合作结果。不同于临时、松散、短期的刑事协助，澜湄刑事合作机制作为稳定的、长期的刑事合作制度也须在各国协商一致的基础上达成合作共识，凝结合作智慧，形成合力。澜湄刑事合作原则的确定、澜湄刑事合作条约的缔结、澜湄刑事合作组织的建设均需在澜湄六国协商一致的基础上才能实现。

第三节　缔结澜湄刑事合作条约

纵观世界范围内的区域性刑事合作条约缔结现状，欧盟于 1992 年制定的《马斯特里赫特条约》到 1997 年制定的《阿姆斯特丹条约》再到 2007 年制定的《里斯本条约》，堪称区域性刑事合作条约的典范。这三个层层递进的条约基本奠定了欧盟刑事合作的基础，构建了欧盟刑事合作制度。相比较而言，美洲组织和东盟并未制定统一的刑事合作条约，只有零散的立法，甚至决议、声明等松散的立法形式，弱化了刑事合作效果。经过五年的发展，澜湄合作机制促进了澜湄国家的政治互信、经济发展、社会进步，提升了澜湄一体化

---

〔1〕 "因为利好，所以叫好——缅甸对澜湄合作寄予厚望"，载 "http://www. gov. cn/xinwen/2018-01/09/content_ 5255736. htm"，访问日期：2021 年 8 月 28 日。

〔2〕 "李克强引东南亚谚语寄语澜湄合作"，载 "http://www. gov. cn/guowuyuan/2016 - 03/23/content_ 5056719. htm? cid＝303"，访问日期：2021 年 8 月 28 日。

水平，黏合了澜湄六国的关系，使澜湄六国关系亲上加亲、好上加好。[1]澜湄六国正向澜湄命运共同体建设目标大步迈进。基于澜湄一体化尚未形成的现实，澜湄刑事合作条约无法成为欧盟刑事合作条约那样的样本，但可以借鉴欧盟刑事合作样本，[2]结合澜湄实际，通过统一立法推进澜湄刑事合作进程，制定刑事合作规则，明确澜湄刑事合作模式，建立澜湄刑事合作制度，目的是构建正义、安全、和平的司法区域。[3]

一、刑事合作条约宗旨

流域跨国有组织犯罪高发已经严重威胁流域安全和稳定以及流域各国经济社会的发展，严重影响流域各国人民的切身利益。出于共同惩治流域跨国犯罪的需要，基于澜湄各国的亲密伙伴关系和澜湄合作机制良好的合作基础，澜湄各国达成共识、凝聚力量，在遵守各国宪法和国内法律法规并遵守国际法的基础上缔结刑事合作条约、构建刑事合作机制、形成打击跨国犯罪合力，为澜湄发展创造安全、稳定的环境。"同饮一江水，命运紧相连"揭示了自然和历史的秩序；缔结刑事合作条约，构建刑事合作机制，打造的是地区的安全、稳定和和谐。

二、刑事合作条约内容

澜湄刑事合作的目的为预防、打击、惩治澜湄流域的跨国犯罪，因此刑事合作应呈现实体和程序全方位的合作态势，所以澜湄多边刑事合作条约是实体法与程序法合一的区域性国际公约。澜湄刑事合作条约实体法的内容涵盖多边刑事条约适用范围以及刑事管辖、跨国侦查、证据交换、罪犯引渡、追缴犯罪收益、刑事诉讼移管、移管被判刑人等刑事合作规则。澜湄刑事程序法的内容包括受理、管辖权确认、调查启动、案件起诉、司法审判、移管被判刑人六个阶段。

---

〔1〕　"外交部：澜湄合作使澜湄六国关系好上加好，亲上加亲"，载 http://news.china.com.cn/txt/2019-03/22/content_ 74602761. htm，访问日期：2020 年 11 月 10 日。

〔2〕　于文沛："欧盟刑事一体化的起源与发展"，载《北方法学》2015 年第 4 期，第 138 页。

〔3〕　马贺："欧盟区域刑事合作进程中的制度缺陷与对策——从《马斯特里赫特条约》到《里斯本条约》"，载《犯罪研究》2010 年第 5 期，第 103 页。

（一）刑事合作条约实体法内容

1. 刑事合作条约适用范围

澜湄刑事合作条约仅适用于在澜湄流域的中国、缅甸、老挝、泰国、越南、柬埔寨发生的跨国毒品犯罪、跨国人口拐卖犯罪、跨国枪支犯罪、跨国恐怖主义犯罪、跨国网络诈骗犯罪、跨国赌博犯罪、跨国洗钱犯罪、跨国偷渡犯罪以及其他严重的跨国有组织犯罪。此处的"有组织犯罪集团"是指三人或以上组成的为获取经济利益或特定利益，成员固定、目标一致的犯罪集团。此处的"严重犯罪"是指将受到法定最低刑为 3 年的剥夺自由的处罚或其他严重处罚的犯罪行为。[1]

2. 刑事合作具体内容

（1）刑事管辖。根据澜湄各国国内法的规定，确立刑事管辖权原则有属地管辖原则、属人管辖原则、保护管辖原则、普遍管辖原则（具体法律条文参见下表），各国的规定不一，但都大同小异，体现出了属地管辖和属人管辖是基本原则，其他原则是对这两个原则的补充与发展。[2]刑事管辖原则是一国司法主权的重要内容，着力于保护本国国民和本国国家利益，但在全球化、信息化背景下，各国的刑事管辖权面临挑战。特别是澜湄流域跨国犯罪基于其特殊性，犯罪的主体、犯罪受害人、犯罪行为、犯罪结果在不同的国家，因此对于跨国犯罪处理而言刑事管辖权应该是争议最大的地方。比如，在"10·5 湄公河惨案"中，中国、缅甸、老挝、泰国曾就管辖权问题相持不下。[3]确立刑事管辖权是澜湄刑事合作的起点，因为其涉及是否要进行刑事诉讼移管以及后续的侦查、起诉、审判的具体问题。

特别是网络犯罪案件，由于网络无边界性，网络犯罪案件超越时间和空间的限制，相比于传统犯罪而言，犯罪主体、犯罪受害人、犯罪行为、犯罪结果等构成要件更加分散和隐秘，传统刑事管辖权规则难以适用，犯罪的追诉、罪犯的抓捕变得更加困难。[4]面对澜湄区域经济一体化的实际以及信息

---

[1] 《联合国反腐败公约、联合国打击跨国有组织犯罪公约》编写组编：《联合国反腐败公约、联合国打击跨国有组织犯罪公约》，中国方正出版社 2013 年版，第 152 页。

[2] 张明楷：《刑法学》（第 5 版·上），法律出版社 2016 年版，第 69 页。

[3] 赵远："糯康案件所涉刑事管辖权暨国际刑事司法合作问题研究"，载《法学杂志》2014 年第 6 期，第 131 页。

[4] 蔡艺生、王歆钰："跨国网络犯罪刑事管辖权冲突的解释与规范——以'一带一路'为分析背景"，载《广西警察学院学报》2018 年第 5 期，第 3 页。

化网络化对传统刑事管辖权的冲击，在遵守相关国际法规定和《联合国跨国有组织犯罪公约》《联合国反腐败公约》前提下，澜湄刑事合作条约应该确立以属地管辖为主，属人管辖、保护管辖、普遍管辖为辅的刑事管辖规则。同时，在各国刑事管辖权发生争议时，通过"属地原则＋受侵害严重程度原则"确立刑事管辖权的归属。关于网络犯罪刑事管辖权的确立，建议采用属地管辖和实害联系原则确立刑事管辖权。实害联系原则通过行为人客观上造成的实害以及造成的实害程度[1]两个因素确立刑事管辖权。

表 5-1　澜湄六国刑事管辖权依据一览表

国家	法律依据	法律条文	具体规定
中国	《中华人民共和国刑法》（1997年制定，2020年修订）	第6～9条	属地管辖（6）、属人管辖（7）、保护管辖（8）、普遍管辖（9）
老挝	《老挝人民民主共和国刑法典》（1990年制定，2017年修订）	第3～4条	属地管辖（3）、属人管辖、普遍管辖（只起诉不引渡）（4）
缅甸	《缅甸刑法典》	第2～5条	属地管辖（2-3）、属人管辖（4-5）
泰国	《泰国刑法典》（1957年颁布）	第4～8条	属地管辖（4-7）、属人管辖、保护管辖（8）
柬埔寨	《柬埔寨王国刑法典》（2009年颁布，2018年修订）	第13～23条	属地管辖（13-18）、属人管辖（20），保护管辖（21）、国家利益（23）
越南	《越南刑法》（1985年制定，2000年修订）	第5～6条	属地管辖（5）、属人管辖、普遍管辖（6）

（2）案件侦查。刑事案件侦查是指依据法定的程序和规定，收集犯罪嫌疑人有罪或无罪、罪重或罪轻的证据材料。侦查内容涵盖调查性措施和强制性措施，具体包括讯问犯罪嫌疑人、询问证人、勘验、检查、搜查、扣押物

---

〔1〕　蔡艺生、王歆钰："跨国网络犯罪刑事管辖权冲突的解释与规范——以'一带一路'为分析背景"，载《广西警察学院学报》2018年第5期，第4页。

证调查性措施，以及对犯罪嫌疑人采取必要的强制措施。[1]刑事案件侦查工作在刑事合作中居于首先和首要地位，而其耗时长、程序繁琐特征在刑事合作背景下变得更加复杂、难度更大，因此在澜湄刑事合作条约中须明确委托调查、境外调查、联合调查是跨国犯罪案件三种常见的调查取证方式，明确三种调查取证规则的适用条件、适用范围、适用程序及责任承担等。在具有管辖权的各国协商一致的情况下，应采取其中的一种或几种组合的模式，快速收集证据，避免因时间过长证据湮灭或无法收集的情形。

特别是在网络犯罪中，电子证据的易灭性、脆弱性和不稳定性使跨境电子取证问题难度更大。一国依据传统刑事管辖属地原则通过单边主义进行远程取证和要求网络服务商披露数据进行跨境取证，极容易引发侵犯他国网络主权和侵犯他人隐私的问题甚至引起外交冲突和纠纷，[2]因此跨境电子取证面临三大难题：国家数据主权、取证中的权利保障问题和高效便捷的取证程序问题。[3]电子证据初查、跨地域取证，比如收集、提取和判断、审查，[4]必须坚持在联合国框架下制定和适用电子证据取证标准以及考虑建立双边或多边的电子证据取证机制。跨境电子取证是未来打击网络犯罪和传统犯罪的关键。[5]作为全球惩治跨国犯罪和有组织犯罪最重要的平台，联合国毒品与犯罪办公室在2019年3月召开联合国网络犯罪政府间专家组会议专门研究跨境电子证据与刑事司法协助的问题，明确了网络犯罪的定义和范围、电子证据的定义和范围、调取方式和可采性标准。[6]但在全世界范围内，统一规则的建立尚需各国的努力且不容易马上达成共识，这与网络犯罪电子取证的迫切性和紧迫性存在较大矛盾。

在澜湄合作框架下，依据澜湄执法中心平台，在相互尊重主权的前提下，澜湄六国协商一致制定澜湄流域电子证据取证规则、程序，推行澜湄证据统

---

〔1〕 任惠华、赵东平主编：《刑事犯罪侦查实务教程》，中国人民大学出版社2013年版，第5页。

〔2〕 叶媛博："我国跨境电子取证制度的现实考察与完善路径"，载《河北法学》2019年第11期，第113页。

〔3〕 冯俊伟："跨境电子取证制度的发展与反思"，载《法学杂志》2019年第6期，第33页。

〔4〕 喻海松：《网络犯罪二十讲》，法律出版社2018年版，第137~177页。

〔5〕 裴炜："未来犯罪治理的关键：跨境数据取证"，载《中国信息安全》2019年第5期，第35页。

〔6〕 方芳："坚持在联合国框架下制定电子证据国际标准——联合国毒品犯罪办公室第五届网络犯罪政府间专家组会议研究"，载《信息安全与通信保密》2019年第5期，第17~20页。

一调查令制度，采纳多边或双边、高效且灵活的电子证据取证模式，[1]助推传统刑事协助证据模式向证据"电子化"模式迈进，提高多边刑事合作效率，兼顾维护国家数据主权、程序权利保障与打击网络犯罪三者的平衡。在双边协助场合，澜湄国家之间也须就电子证据取证规则和程序达成共识，通过双方直接执法方式（如中柬打击电信诈骗模式）、派员进行域外取证方式[2]简化程序，提高网络犯罪电子证据取证效率。特别是在澜湄各国互联互通信息化建设完成以后，依托大数据、人工智能侦查手段完成网络犯罪全景的描述和全貌的描画，[3]同时积极与跨境电子取证相结合，也有利于迅速侦破案件，保护受害人权益。

（3）罪犯引渡。17世纪著名的自然法学家格老秀斯在《战争与和平法》中"或起诉或引渡"的表述被认定是引渡制度的最先起源，[4]也阐述了犯罪在突破一国刑事管辖权之时当事国和罪犯居留国之间力量博弈以及罪犯居留国的两个选择：对犯罪人要么起诉要么应当事国要求将罪犯交给当事国处理，后面的制度就是引渡。引渡现在已成为刑事司法协助的基本制度。引渡是指根据相关国家提出的刑事司法请求，一国将在其境内但被请求国指控为犯罪或被判刑的人，移交给请求国进行审判或处罚的司法审判活动。[5]引渡一般以条约为明确的适用依据。因《联合国打击跨国有组织犯罪公约》《联合国反腐败公约》对引渡规定得过于原则，澜湄国家较少直接适用国际公约启动引渡事宜。在当前环境下，在国际层面还一时难以建立引渡制度。[6]

就双边刑事司法协助条约而言，因我国与老挝、柬埔寨、泰国、越南均签订了引渡条约，与缅甸未签订引渡条约，且与各国签订的条约内容不一，各国在具体开展引渡时标准不一，引渡开展过程中困难重重。目前，我国与湄公河国家主要的引渡情形是犯罪主体为中国人在湄公河国家实施犯罪侵害

---

〔1〕 梁坤："欧盟跨境快捷电子取证制度的发展动向及其启示"，载《中国人民公安大学学报（社会科学版）》2019年第1期，第41页。

〔2〕 王立梅："论跨境电子证据司法协助简易程序的构建"，载《法学杂志》2020年第3期，第90页。

〔3〕 王燃：《大数据侦查》，清华大学出版社2016年版，第136～140页。

〔4〕 黄风：《或引渡或起诉》，中国政法大学出版社2013年版，第1～11页。

〔5〕 马德才：《国际法中的引渡原则研究》，中国政法大学出版社2014年版，第1页。

〔6〕 李宁、刘健："建立区域性多边引渡合作机制的可行性"，载《山西省政法管理干部学院学报》2011年第1期，第56页。

中国受害人，比如近几年多发的网络诈骗犯罪、网络赌博犯罪等，因此引渡开展难度不大。引渡以条约为依据，澜湄刑事合作条约明确了罪犯引渡规则，构建多边引渡制度是澜湄国家刑事合作的重要形式，由此流域各国在国际法上就有了国家引渡的义务。因此，有必要在刑事合作条约中明确引渡种类、证明标准、引渡适用条件、引渡禁止条件（本国国民不可引渡、政治犯不引渡）、拒绝合作的理由、引渡程序等。

关于引渡种类，根据标准不同有不同的划分方法，按执行的阶段划分为诉讼引渡和执行引渡，按引渡的主动性划分为主动引渡和被动引渡。主动引渡是指一国请求从外国引渡在逃的犯罪嫌疑人、被告人或者被判刑罚的人。[1]党的十八大以来，我国积极推进追逃追赃工作，积极实施"天网"行动和"猎狐"行动，同时积极推进反腐败立法，形成了以《监察法》《国际刑事司法协助法》为核心，《刑法》《刑事诉讼法》为补充，可以与《联合国反腐败公约》相衔接的完整的国内法律制度。同时，积极加强和推进与外逃人员重点国家开展执法合作并签订引渡条约、刑事司法协助条约，进行依法追赃。截至 2020 年 11 月，我国已与 81 个国家签订引渡条约、刑事司法协助条约、资产返还和分享协定共 169 项。[2]由此可以看出，引渡，主要是主动引渡是我国追逃追赃的利器。当然，引渡在实践中也面临较多因素的掣肘，因此需综合利用引渡、劝返、遣返、异地缉捕、国外追诉等合作手段，追回外逃人员和赃款。[3]

湄公河国家与我国地缘相近、风俗相近，边境管理宽松，因此也是我国外逃人员的集中出逃之地。我国较早与东盟开展追逃追赃工作，通过多种形式开展刑事司法协助和引渡协助，积极运用中国与东盟总检察长论坛和中国-东盟警务合作平台开展追逃追赃工作，对外逃人员进行引渡。总体来说，得益于中国与东盟国家良好的合作基础，将外逃至周边国家的犯罪分子引渡回国相对容易。自 2017 年签订《中国-东盟全面加强反腐败有效合作联合声明》

---

〔1〕 黄风："我国主动引渡制度研究：经验、问题和对策"，载《法商研究》2006 年第 4 期，第 3 页。

〔2〕 "境外追逃追赃国际刑事合作：现状与未来"，载 https://www.spp.gov.cn/spp/llyj/202011/t20201110_484430.shtml，访问日期：2020 年 11 月 11 日。

〔3〕 王一冰："'一带一路'背景下反腐败的国际预控合作机制"，载《天水行政学院学报（哲学社会科学版）》2020 年第 1 期，第 101 页。

以来，中国与东盟各国开展了高层互访、追逃追赃、廉洁丝绸之路建设等反腐合作，[1]取得了较好的反腐效果。2019 年 4 月中国与泰国、老挝、柬埔寨发起《廉洁丝绸之路北京倡议》，构筑紧密便捷司法执法合作网络[2]，构建"一带一路"廉洁建设示范机制，为我国追逃追赃工作打下了良好的制度基础。

（4）追缴犯罪收益。追缴犯罪收益是指在国际司法合作中相关国家对犯罪人在国家之间转移财物的查封、扣押、冻结及没收措施。[3]追缴犯罪收益的制度设计是对犯罪人的经济犯罪所得及收益进行剥夺，消除犯罪人再次犯罪的资本，铲除滋生犯罪的土壤，从根本上消除犯罪的影响，有利于塑造安全稳定的国际秩序。《联合国反腐败公约》(31 条) 明确规定了追缴犯罪收益的内容，特别是第五章专章规定了资产追回，涉及四个内容：预防和监测犯罪所得的转移、直接追回财产措施、通过没收追回财产、资产的返还以及合理费用的支付。[4]澜湄刑事合作条约中应设置追缴犯罪收益的条款，明确犯罪收益的范围、明确追缴犯罪收益的方式、明确资产分享制度。犯罪收益的范围为犯罪所得及犯罪所得收益，追缴的方式为查封、扣押、冻结以及没收。1988 年《联合国禁止非法贩运麻醉药品和精神药物公约》最先提出了"涉及毒品犯罪非法资产可由合作国依据协商或条约规定进行分享"的资产分享制度。[5]资产分享制度是指依据国际条约和双边条约规定或临时协定，请求国将犯罪资产按一定比例与被请求国进行分享，[6]现在已经成为国际刑事司法协助中对犯罪资产的一种常见的处理模式。澜湄流域的跨国犯罪类型多为获利型犯罪，比如毒品犯罪、拐卖人口犯罪、枪支犯罪、网络诈骗犯罪、网络赌博犯罪皆是如此，因此打击上述跨国犯罪，仅将犯罪人绳之以法只是实现

---

〔1〕 "中国与东盟国家深化反腐败合作 织密追逃追赃之网"，载 http://www.xinhuanet.com/world/2020-09/30/c_ 1126560418.htm，访问日期：2020 年 11 月 11 日。

〔2〕 "廉洁丝绸之路北京倡议"，载 http://www.ccdi.gov.cn/yaowen/201904/t20190426_ 192942.html，访问日期：2020 年 11 月 11 日。

〔3〕 向党："论国际侦查措施——追缴犯罪收益"，载《公安研究》1998 年第 3 期，第 86 页。

〔4〕 外交部条约法律司编译：《联合国反腐败公约及相关法律文件》，法律出版社 2004 年版，第 36~39 页。

〔5〕 赵宇、喻国奇、杨春："中国-澳大利亚追赃合作中的资产分享机制建构"，载《广西警察学院学报》2019 年第 3 期，第 13 页。

〔6〕 张国宁："我国国际追赃中的资产分享制度完善研究"，华中师范大学 2020 年硕士学位论文，第 8~9 页。

正义的第一步，还应对跨国有组织犯罪所有的收益进行追缴，斩断利益链条，防止跨国犯罪死灰复燃。

资产分享制度设计可激发被请求国进行追逃追赃合作的积极性，弥补被请求国协助成本，因此在国际追逃追赃工作中越来越受欢迎。但其同时也遭遇了质疑，因为受害国会因资产分享遭受二次伤害，也就是说犯罪人携赃款赃物外逃使受害国第一次遭受财产损失，现在再将资产与被请求国分享使财产遭受第二次损失。因此，有些国家难免对此制度抱有怀疑态度，或直接抵抗或消极应对。而且因为犯罪资产难以锁定、分享比例难以达成共识，资产分享制度显得繁琐、性价比低，因此又出现了多种灵活性好、成本低、效果好的替代措施：成功酬金安排、贷款、共分罚款之诉、费用补偿。[1]

我国外逃人员主要为经济犯罪嫌疑人，而且大多数是职务犯罪罪犯，政府官员和国企高管占比较大。外逃的时候往往会带走较多的犯罪资产，特别是随着科技金融化，我国每年因腐败犯罪转移到境外的资产数额不断攀升。[2]虽然官方没有公布统一的数据，但据美国《全球金融诚信》统计：自 2002 年至 2011 年，中国被非法转移至海外的资产高达 3.79 万亿美元[3]，使我国蒙受了巨大损失，而且资金外流的情况还在加剧，严重损害了我国的经济发展，严重损害了我国的司法权威，因此我国应积极推进追逃追赃工作，积极挽回我国的财产损失。对于跨国追捕经济犯罪嫌疑人，不仅要强调追逃，还要强调追赃。追赃和追逃要并重，以追赃促追逃，以追诉辅追逃。[4]对于资产分享，我国不仅要与相关国家分享资产、分享实践，而且要将资产分享条约化。2016 年 9 月，我国与加拿大签订了《中国政府和加拿大政府关于分享和返还被追缴资产的协定》[5]，为中加追缴、返还和分享犯罪所得提供了具

---

[1] 张晏宁、王瑾浩："资产分享制度及其替代措施"，载《人民法治》2019 年第 10 期，第 85~86 页。

[2] 李海滢："腐败犯罪资产追缴的现实选择：资产分享机制的构建"，载《社会科学战线》2017 年第 7 期，第 230 页。

[3] "美报告称 2011 年 6000 亿美元资金从中国非法转移"，载 https://money. 163. com/12/1219/09/8J31VGEJ00252G50. html，访问日期，2020 年 11 月 12 日。

[4] 蒋皓："海外追赃资产分享态度明朗 变相引渡为追逃主要方式"，载《法制日报》2014 年 11 月 5 日。

[5] "外交部就李克强总理访问加拿大期间签署关于分享和返还被追缴资产的协定等答问"，载 http://www. gov. cn/xinwen/2016-09/26/content_ 5112341. htm? _ k = fg8w8j，访问日期：2021 年 8 月 30 日。

有可操作性的法律依据，是中国追缴境外的犯罪所得对外缔结的第一项专门协定。

我国《国际刑事司法协助法》第 54 条规定了资产分享制度："……分享的数额或者比例，由对外联系机关会同主管机关与外国协商确定。"由此，我国对外追逃追赃工作开展时进行资产分享具备了明确的法律依据，不仅打开了我国追逃追赃工作新局面，改善了外方不愿意协助的处境，同时也有利于激发各国开展司法合作的积极性，使资产分享成为追缴和没收犯罪资产的驱动力和有效方法，[1] 借此之机积极推进我国追逃追赃工作的开展，提高对外追逃追赃的工作效率。虽然资产分享制度缺乏具体的操作明细规则，如缺失分享比例的规定，使得在实践中操作起来标准不一、随意性过大，影响立法效果，并可能会出现与制度设计初衷背反的情况。因此，需要在以后的立法中进行明确，或通过实施细则的方式将规定得比较模糊的问题明确化。

（5）刑事诉讼移管。刑事管辖争议是跨国犯罪和国际犯罪争议最为激烈的领域，为妥善解决好刑事管辖争议问题，在刑事司法协助基本制度中，前有刑事管辖制度垫底，后有刑事诉讼移管规则托底，目的就是妥善解决刑事管辖权纠纷，合力打击跨国犯罪和国际犯罪。刑事诉讼移管制度可以被视为刑事诉讼管辖存在争议时的纠偏和完善之举，以补充和填补刑事管辖制度的漏洞和不足。刑事诉讼移管也被称为刑事管辖权的国际移转或刑事案件的国际移交，指依据条约的规定和他国基于互惠原则的请求以及国内法的规定，一国将正在进行刑事管辖的案件移交给具有管辖权的他国的制度。刑事诉讼管辖权是一国司法主权，刑事案件一般不容许转移或移交他国，但基于打击跨国犯罪和国际犯罪的实际，世界各国在参与的国际条约和签订的双边条约中均规定了刑事诉讼移管制度，可以被理解为在特殊情形下的主权让渡，其目的是为国家的长远利益和最大利益服务。[2] 所以，从这个角度可以说，管辖权让渡论是构建刑事诉讼移管制度的逻辑基础。[3] 诉讼移管制度作为一项刑事司法协助制度的新形式，20 世纪 50 年代产生于欧洲，在刑事司法实践中

---

〔1〕　闫芳："资产分享：跨国追缴和没收犯罪资产的有效实践"，载《人民论坛》2018 年第 35 期，第 100 页。

〔2〕　董宁博、刘凯、杨斐："试析全球化时代国家主权让渡的现实可能性"，载《国际关系学院学报》2010 年第 2 期，第 4 页。

〔3〕　郇习顶："国家间刑事诉讼移管基础探讨"，载《江苏警官学院学报》2011 年第 3 期，第 31 页。

逐渐发展和完善起来的制度，[1]具体实施依据为国际条约、多边刑事合作条约、双边刑事协助条约和互惠原则的规定。《联合国打击有组织犯罪公约》第21条、《联合国反腐败公约》第47条均具体规定了刑事诉讼移管制度。我国与泰国、越南、老挝签订的刑事司法协助条约并无刑事诉讼移管条款，而我国与缅甸则并未签订任何刑事协助条约，中国与柬埔寨签订的引渡条约也并无刑事诉讼移管规定。

为顺利解决刑事管辖权争议，高效处理跨国犯罪案件，避免因刑事管辖权争议导致的案件推诿和拖延，澜湄刑事条约须设置刑事诉讼移管制度。刑事诉讼移管制度须明确刑事诉讼移管的范围、刑事诉讼移管的条件、刑事诉讼移管的程序、刑事诉讼移管与禁止双重追诉原则的关系。刑事诉讼移管适用于双方均为《联合国打击跨国有组织犯罪公约》等国际条约的签署国，或者双方是多边刑事合作条约的签署国或者双方签订了包含刑事诉讼移管的刑事司法协助条约的情况。刑事诉讼移管的条件为：请求国更适宜管理案件、请求国更适宜证据收集、请求国更适宜判决执行、请求国更适宜罪犯重新回归社会。刑事诉讼移管程序包括：请求国提出申请、被请求国审核材料、被请求国同意或拒绝、刑事诉讼移管的具体施行。在刑事诉讼移管中明确禁止双重追诉，即在请求国进行刑事审判后，回到被请求国时不必再接受第二次处罚，或者说对于犯罪人不能一事两罚。而且也须明确刑事诉讼移管和引渡之间的关系，二者一个是针对案件管辖权，一个是针对犯罪人，但在刑事诉讼移管中也包括犯罪人引渡的情况。而且，在本国人拒绝引渡的情况下，还可以适用刑事诉讼移管制度。

刑事诉讼移管作为高阶的刑事司法协助制度，因其定位、制度设计初衷使得在实践中适用率低，而且在推进过程中也会受请求国与被请求国政治、经济、外交等关系的影响。我国与澜湄国家地理位置邻近，具有相似的风俗文化，具备良好的合作基础。况且，现在澜湄合作机制在推进澜湄六国政策相通、经济相通、民心相通方面贡献较大，而且专门负责打击跨国犯罪的澜湄执法中心作为多边合作平台为澜湄流域国家开展刑事合作提供了便利，因此刑事诉讼移管在澜湄流域具备开展条件，有必要在澜湄刑事合作条约中明确刑事诉讼移管制度。

---

〔1〕 于文沛："欧盟刑事诉讼移管问题研究"，载《求是学刊》2015年第5期，第109~111页。

（6）移管被判刑人。刑事司法协助制度的确立源于现实的需求。随着全球化、区域化进程的加快，互联互通的便利，大量的人员往来为跨国犯罪创造了条件、制造了机会，也使各国监狱里关押了许多非本国国籍的罪犯。由于语言、生活习惯、风俗的不同，外籍罪犯矫正效果并不明显，不仅会影响其本人的再社会化，也会给各国监狱管理带来重重困难。因此基于提升外籍罪犯改造效果，有利于外籍罪犯出狱后再社会化的制度设计——移管被判刑人制度应运而生。移管被判刑人是指为实现被判刑人再社会化，应接收国（被判刑人国籍国）要求，判刑国将被判刑人移交接收国继续执行刑罚的制度。移管被判刑人制度也被称为"刑"归故里，不仅可以减轻判刑国监狱的负担，也有利于被判刑人在熟悉的环境、语言、文化氛围中接受改造，有利于其回归社会。[1]接受移管被判刑人制度，允许在外国犯罪的本国罪犯回国服刑，其实本质上是间接承认外国刑事判决的一种制度。

在世界各国加强打击跨国有组织犯罪的背景下，移管被判刑人逐渐成为国际刑事合作的重要内容。[2]移管被判刑人实施的依据为国际条约、多边刑事协作条约、双边刑事协助条约或互惠原则。《联合国打击跨国有组织犯罪公约》第17条被判刑人员的移交、《联合国反腐败公约》第45条被判刑人的移管均规定：缔约国可考虑缔结双边或多边协定或安排，将因犯有本公约所涉犯罪而被判监禁或以其他形式剥夺自由的人员移交其本国服满刑期。[3]联合国在1985年制定《关于外国服刑人员移管的模式协定》（Model Agreement of Transfer Foreign Prisoners），详细规定了移管被判刑人的原则、范围和程序。[4]上述两个公约和《关于外国服刑人员移管的模式协定》为世界范围内各国开展移管被判刑人工作提出了构建思路和可参照的模式。但上述联合国法律文件毕竟只是指导性文件，不具有强制性，因此在实践中主要是依据多边刑事合作条约或双边刑事协助条约明确移管被判刑人制度。

在湄公河国家中，我国与泰国签订的移管被判刑人条约，为移管被判刑

[1]　谢素芳："'刑'归故里——审议批准中吉移管被判刑人条约侧记"，载《中国人大》2014年第2期，第39页。

[2]　高希雪："国际刑事司法合作领域被判刑人移管制度的比较研究"，载《时代法学》2018年第3期，第113页。

[3]　《联合国反腐败公约、联合国打击跨国有组织犯罪公约》编写组编：《联合国反腐败公约、联合国打击跨国有组织犯罪公约》，中国方正出版社2013年版，第83页、第190页。

[4]　焦立娟："被判刑人移管制度研究"，复旦大学2012年硕士学位论文，第18~19页。

人提供了法律依据。[1]中泰两国开展移管被判刑人合作，使双方在对方监狱服刑的公民有机会回本国服刑，有利于对其进行矫正，实现了被判刑人社会化。[2]我国与缅甸、老挝、柬埔寨、越南并未签订移管被判刑人条约，而且澜湄流域因为缺失区域性判刑人移管公约而并无区际移管合作机制。所以，在澜湄刑事合作条约中应明确移管被判刑人的原则、适用范围、条件及程序。

在澜湄刑事合作条约中，明确移管被判刑人的原则为相互尊重主权和刑事管辖权、双重犯罪、一事不再罚、有利于被判刑人再社会化。[3]移管被判刑人的适用范围仅限于澜湄流域内各国监狱关押的其他国家的罪犯。移管被判刑人的条件有：①国籍条件。被判刑人必须为接收国国民且必须是已决犯。②双重犯罪要求。被移管之人所犯罪行在判刑国、接收国同时构成犯罪。③三方同意前提。移交国、接收国、被判刑人三方均同意移管被判刑人。[4]移管被判刑人的程序为：被判刑人提出移管请求—审查移管请求—同意或拒绝移管要求—通知被判刑人。

为顺应国际合作规则的需要，更好地服务于我国开展的追逃追赃工作，基于现实中对移管被判刑人制度的迫切需求，我国在《国际刑事司法协助法》第八章规定了移管被判刑人制度。[5]移管被判刑人的规定不仅具体落实了国际条约和我国与其他国家签订的刑事协助条约中关于移管被判刑人的相关规定，顺利实现了国际条约与国内法的对接，将相关国际法律制度转化为我国国内的法律制度，而且也填补了我国立法中移管被判刑人等相关刑事合作制度的空白，从而更好地服务于司法实践，甚至可以说是移管被判刑人工作的前瞻性的立法和思考。[6]

（二）澜湄刑事合作程序法

刑事合作程序是开展刑事合作及实现刑事合作效果的重要保障，因此高

---

〔1〕 "中国批准中泰移管被判刑人条约 加强司法领域合作"，载 http://www. china. com. cn/news/politics/2012-10/26/content_ 269164 47. htm，访问日期：2020 年 11 月 12 日。

〔2〕 "中国批准中泰移管被判刑人条约 加强司法领域合作"，载 http://www. china. com. cn/news/politics/2012-10/26/content_ 26916447. htm，访问日期：2020 年 11 月 12 日。

〔3〕 迟鑫："中国被判刑人移管制度研究"，外交学院 2019 年硕士学位论文，第 8~10 页。

〔4〕 迟鑫："中国被判刑人移管制度研究"，外交学院 2019 年硕士学位论文，第 10 页。

〔5〕 "对'移管被判刑人'作出专门规定"，载 http://www. npc. gov. cn/zgrdw/npc/cwhhy/13jcwh/2018-10/23/content_ 2063172. htm，访问日期：2021 年 9 月 10 日。

〔6〕 尹立菊："论我国首次移管被判刑人的成功实践及启示"，载《吉林公安高等专科学校学报》2010 年第 5 期，第 98 页。

效、便捷、符合各国利益的刑事合作程序是澜湄刑事合作的重要组成部分。传统刑事合作中，情报交流一般都通过各国政府或驻外使馆外交文书进行，但是外交文书传递时间长、效果不确定，因此澜湄执法中心运用先进的"虚拟机+VPN云服务"网络加密技术建立"四横两纵"警务数据传输网络[1]、违法信息案件库、远程会商系统来提升澜湄刑事合作效率。具体的实施部门为澜湄执法中心下设的刑事合作部，具体的实施主体为澜湄警察组织和澜湄司法组织。跨国犯罪案件的处置程序包含案件受理、管辖权确认、调查启动、案件起诉、司法审判、移管被判刑人六个阶段。传统的刑事合作因耗时长、低效率、不确定性的运作机制而备受诟病，因此简化刑事合作程序、提升刑事合作效率的刑事合作程序是澜湄刑事合作程序的基本要求。依据澜湄刑事合作条约的规定，依托澜湄执法中心平台开展多层次对话及情报交流，澜湄各国对跨国犯罪案件迅速作出反应，简化打击、追诉跨国犯罪程序。具体流程参见下表：

表5-2　澜湄刑事合作程序

流程	澜湄执法中心职能	澜湄各国刑事合作措施
1. 案件受理	根据案件性质、来源进行研判（由澜湄司法组织来实施）	提供案件线索，及时进行情报交流
2. 管辖权确认（刑事诉讼移管）	协商确认管辖国家（由澜湄司法组织来实施）	立案侦查或移交案件资料
3. 调查启动	协商确立调查形式（由澜湄警察组织来实施）	联合调查、跨境调查时警务合作
4. 案件起诉	情报交流（由澜湄司法组织来实施）	审查起诉时与澜湄司法组织的合作
5. 司法审判	情报交流（由澜湄司法组织来实施）	审判时与澜湄司法组织的合作
6. 判决执行（移管被判刑人）	情报交流（由澜湄警察组织来实施）	执行或移管时与澜湄警察组织的合作

---

[1]　姜水："浅析澜湄执法中心在区域安全合作中的平台作用"，载《云南警官学院学报》2020年第6期，第101页。

1. 案件受理

当澜湄流域某地发生刑事合作条约所列跨国犯罪案件时，所涉国家的执法部门迅速将相关案件信息第一时间通过 LMIN 系统发到澜湄执法中心刑事合作部。澜湄执法中心司法组织将案件信息编号后启动案件受理程序，并将案件受理信息及时通报案件涉及的湄公河流域国家。

2. 管辖权确认

澜湄司法组织通过收集相关案件信息并在与案件发生国执法部门保持密切联系的基础上，掌握案件所涉国家信息。澜湄司法组织与相关国家执法部门沟通后，根据澜湄刑事合作条约刑事管辖原则确认案件管辖权归属，并将最终刑事管辖权确认信息通过 LMIN 系统通报各相关国家执法部门，并要求各相关成员国在立案调查、案件资料移送等跨国犯罪案件侦破工作中开展积极合作。在此期间，涉案相关国家在进行协商并征得澜湄警察组织和司法组织同意后可以将启动案件刑事诉讼移管程序，将案件移送到更适合的国家进行后续的侦查、审查起诉和审判、执行工作。

3. 调查启动

为便于跨境犯罪证据的调取、搜集、保存和固定，澜湄警察组织根据案件复杂程度、证据材料收集难度、案件材料移交进展情况以及具体侦办国的需求情况决定具体跨国犯罪案件的侦查方式，具体而言就是委托调查、联合调查、境外调查三种调查模式的选择和组合。特别是在网络犯罪案件中，基于数字证据高流动性、高分散性、弱地域性的特征，[1]针对具有重大影响的、具有紧迫性的如跨国恐怖主义犯罪等严重威胁澜湄流域安全的案件，澜湄警察组织更要发挥 LMIN 系统高效的办案效率，及时配合涉案国家做好电子证据的收集、抓取、固定工作，积极做好人员、技术的援助和协调工作。如条件成熟，也可以考虑签发澜湄统一调查令、澜湄统一证据令等具有多边合作性质的调查手段和措施积极推进跨国犯罪案件的侦破。

4. 案件起诉

跨国犯罪案件具体负责侦办国家负责案件的审查起诉及后续的刑事诉讼流程。澜湄司法组织主要做好案件审查起诉事宜的跟进工作以及与涉案其他

---

〔1〕 裴炜："未来犯罪治理的关键：跨境数据取证"，载《中国信息安全》2019 年第 5 期，第 36 页。

国家的沟通工作，既包括审查起诉原则是否符合国际法及澜湄刑事合作条约的规定，也包括具体审查起诉事宜，比如起诉罪名的商榷、证据交换、境外证人出庭等。真正的澜湄刑事合作由此阶段开始，因为之前主要是刑事合作中各国警察或执法部门负责具体的执法配合工作。[1]澜湄司法组织中主要是由各国派驻的检察官来负责与各国的对接及具体案件的跟进工作。

5. 司法审判

澜湄司法组织通过 LMIN 系统实时了解案件具体管辖国家对于跨国犯罪案件的审理情况，也可以派专员观摩案件具体审判情况并及时将相关信息通过各国 LMIN 系统发送到澜湄执法中心。澜湄司法组织中由各国派驻的法官具体负责实施此阶段的工作，并就证件的可采性、法律适用情况及时与具体审判案件的国家法官进行深入的沟通和交流。

6. 移管被判刑人

作为跨国犯罪案件刑事合作的最后一个阶段，刑罚执行既彰显正义的实现，也是检验澜湄刑事合作效果有效性的重要标志。在跨国犯罪案件涉及外籍罪犯自由刑执行问题时，如果具备移管被判刑人条件（①被判刑人具有接收国国籍；②被判刑人行为符合双重犯罪原则，即在接收国和移交国均是犯罪；③接收国、移交国、被判刑人均同意，则启动移管被判刑人程序），具体移管被判刑人工作由澜湄警察组织来实施，涉及移交国、接收国负责被判刑人的移交工作的实施，并将移管被判刑人情况及时通报澜湄刑事合作部。

第四节　澜湄国家签署双边刑事协助条约

在澜湄流域刑事合作法律体系中，澜湄国家双边刑事协助条约与澜湄多边刑事合作条约均是不可或缺的重要组成部分。在澜湄多边合作机制尚未建立的当下，澜湄国家双边刑事协助机制对澜湄流域刑事合作的意义十分重大，因此应加快推进澜湄国家双边刑事协助条约的签署。我国与泰国已经建立了涵盖中泰刑事协助条约、中泰引渡条约、中泰移管被判刑人条约的完善的刑事协助条约体系，因此推进双边刑事协助条约的签署，具体而言就是应加快

---

〔1〕　肖军："欧盟警务与刑事司法合作去向何方——从欧洲检察官谈起"，载《犯罪研究》2015年第 1 期，第 99 页。

与缅甸、老挝、越南、柬埔寨四国双边刑事协助条约的签署，补齐中国与湄公河国家双边刑事法律依据的短板。

一、与缅甸签订刑事协助条约

由于特殊的历史、地缘、政治、文化、族群等因素，中缅两国有着深厚的历史渊源，[1]千年的"胞波"情谊源远流长。我国与缅甸国境线长达 2185公里，云南省的怒江傈僳族自治州、保山市、德宏傣族景颇族自治州、临沧市、普洱市、西双版纳傣族自治州共 6 个地州市 20 个县市与缅甸山水相连。[2]与云南接壤的地方为缅甸北部，由北往南分别为缅甸北部克钦邦（对面为怒江傈僳族自治州），果敢（对面为临沧市），佤邦（对面为普洱市），掸邦第四特区（对面为西双版纳傣族自治州）。[3]缅甸北部克钦邦、果敢、佤邦、掸邦原来是中国云南省的一部分，后来划归缅甸后缅北华人就成了缅甸的少数民族，同时缅北也成了中国沿边境外最大的华人聚居区，除了果敢于 2009 年被缅甸军政府控制以外，其余均是缅甸少数民族地方武装治下的三个特区。缅北少数民族武装的领导人均为世居缅甸的华侨、华人等，因此缅北与中国的关系一直不错，甚至还有基于情谊而产生的地方刑事协助模式，即云南边境县市司法机关与缅北特区之间的刑事司法合作模式。但缅北四个特区各自为政，与中国边境司法机关的合作尺度和合作态度不一，导致刑事协助推进程度不一，效果也不一。而且，中国边境司法机关与四个特区的合作范围只限于四个特区控制范围，无法深入其他缅甸军政府控制的地区进行刑事司法协助，最终影响到了刑事合作效果。而且，也正因为此，缅甸军政府认为缅北边境均由少数民族武装控制，因此迟迟不愿与中国签订刑事协助条约。在缔结澜湄刑事合作条约，达成共识的基础上，为保证刑事合作的效果和效率，应加快推进与缅甸签订双层次的刑事协助条约：

首先，应加快推进与缅甸政府之间签订刑事协助条约。建议尽快推进与

---

〔1〕 尤伟琼、董向芸："周边国家命运共同体建设背景下中缅边境跨境人口流动治理研究"，载《思想战线》2020 年第 5 期，第 87 页。

〔2〕 刘敏："云南边疆跨界民族的民族认同与国家认同整合研究"，云南大学 2016 年硕士学位论文，第 1 页。

〔3〕 周鑫："藩篱、隐忍与团结：中缅边境缅甸劳工生存机制研究"，载《东南亚纵横》2020 年第 3 期，第 83 页。

缅甸政府之间签订中缅刑事协助条约、中缅引渡条约、中缅移管被判刑人条约，从而构建中缅刑事协助机制，助推中缅刑事司法协助机制走上法治化轨道。

其次，应加快与缅北特区之间签订地区性刑事司法协助细则。缅甸特区的社会治安形势溢出效应会严重影响到我国的边境安全和西南边疆的稳定，因此在与缅甸政府签订刑事协助条约的前提下，中国云南省司法机关在最高人民法院和最高人民检察院的授权下可以与缅北特区之间签订刑事协助实施细则，此举既尊重缅甸国家主权，也可统一中国与缅北特区之间的刑事司法协助标准、提升司法协助效率。

二、与老挝签订移管被判刑人条约

老挝是中南半岛唯一的内陆国家，与我国西双版纳傣族自治州的勐腊县和普洱市的江城县接壤，边境线共 505.04 公里。[1]老挝西北部是"金三角"的一部分，是世界上仅次于阿富汗、缅甸的第三大鸦片生产国。[2]老挝已成为中国境外主要的毒源地，中老边境毒品问题日益严重，而与老挝接壤的云南则成了毒品过境的重要通道。为惩治和打击跨国毒品犯罪及关联的刑事犯罪，中国与老挝签订了刑事司法协助条约和引渡条约，构建起了中老刑事协助机制。得益于此，中老之间的刑事协助工作一直开展得很好，不仅体现在平时中老司法机关在打击跨国违法犯罪过程中的紧密合作上，也体现在"10·5湄公河惨案"中中老在联合办案、情报交流、罪犯抓捕、罪犯引渡、证据交换、老挝证人出庭作证方面开展的刑事协助上。

中、老、泰、缅湄公河执法机制建立后，无论是在常规的中、老、泰、缅湄公河联合巡航行动中还是在湄公河联合扫毒行动中，老挝一直是澜湄流域安全合作机制的坚决拥护者和积极参与者。特别是在湄公河第一次联合扫毒行动中，中老两国紧密合作破获了"3·19"特大跨国贩毒案件，缴获冰毒579.7 公斤，抓获犯罪嫌疑人 5 名，扣押涉案船只 1 艘。[3]随后，老挝警方

---

〔1〕 陶晴："中老边民跨国流动问题及治理研究"，云南大学 2019 年硕士学位论文，第 1 页。

〔2〕 西艺："中国-老挝共同打击跨国毒品犯罪警务合作研究——基于'一带一路'倡议的背景"，载《西南石油大学学报（社会科学版）》2019 年第 6 期，第 92 页。

〔3〕 "湄公河'3.19'特大跨国贩毒案侦破纪实"，载 http://www.gov.cn/jrzg/2013-05/20/content_2407120.htm，访问日期：2020 年 11 月 22 日。

将 5 名犯罪嫌疑人移交中国受审。由此可以看出，中老在双边刑事协助和多边澜湄合作机制中的合作均上了新的台阶，合作范围在拓展，合作效果在增强，但在情报交流、涉毒资产追缴、移管被判刑人方面的合作尚待完善。随着泛亚铁路中线中老铁路通车，中老之间的空间距离在缩短，频繁的人员、资金往来对于安全的需求亟待中老刑事协助条约的完善。因此，建议尽快完善签订得较早的中老刑事协助条约、中老引渡条约的相关内容，并积极推进中老移管被判刑人条约的签署，构建完整、高效的中老刑事合作机制。

三、与越南签订移管被判刑人条约

越南是中国友好邻邦，两国唇齿相依，山水相连。中国与越南的边界共1354 公里，越南与中国云南红河哈尼族彝族自治州的金平苗族瑶族傣族自治县、绿春县、河口瑶族自治县，文山壮族苗族自治州的马关县、麻栗坡县、富宁县，广西壮族自治区的那坡县、靖西市、大新县、龙州县、凭祥市、宁明县、防城港市、东兴市[1]接壤，共有 8 个跨境民族跨境而居。经贸合作是中越关系的重要组成部分，中国连续 17 年成为越南最大的合作伙伴，2016 年开始越南一跃成为东盟中中国最大的贸易合作伙伴。[2]相邻的地缘优势、紧密的贸易关系催生了中越之间对安全合作的要求。

中越边境是偷渡、毒品犯罪、走私、人口贩运的高发地。[3]中国经济高速增长吸引了大量越南劳动力涌入中国寻找就业机会，相比于国内劳动力成本高的现状，越南劳动力因低廉价格在劳动力市场极富竞争力。在跨国就业过程中，通过正规渠道进入中国就业、办理合法就业手续的人数不少，但是通过非法偷渡进入中国、非法居留、非法就业的三非人员数量也在剧增，不仅给边境管理带来了挑战，也影响了中越边境劳动力市场的正常秩序，严重影响了当地的社会治安。因为毗邻"金三角"，大量毒品从老挝、越南边境，

---

〔1〕 "广西 8 个边境县（市、区）5 年来经济增长近七成"，载 https://gx.cri.cn/chinanews/20181130/1ce9928f-90e0-b39d-9ca6-ea8840c2ffe8.html，访问日期：2021 年 9 月 9 日。

〔2〕 "越南连续 17 年成为广西最大的贸易伙伴"，载 https://m.sohu.com/a/135046317_119038，访问日期：2021 年 8 月 21 日。

〔3〕 冶志敏："新时期中越边防警务合作途径探析"，载《湖北警官学院学报》2015 年第 4 期，第 13 页。

柬埔寨、越南边境运输至越南并最终流向中国，因此越南是"金三角"重要的毒品过境通道，越南毒品犯罪问题呈现国际化趋势。[1]

近年来，"越南新娘"现象及由此引发的跨国人口拐卖犯罪和婚姻诈骗现象引起了中越两国的高度重视。"越南新娘"跨国人口的拐卖行为主要发生在与中国接壤的中越边境北部边远山区，由于经济落后加之对就业的渴求以及法律意识的淡薄，人口拐卖现象在当地较为突出，不仅危害了被害人人身财产权利，同时也给中国内地农村造成了大量的财产损失，威胁着内地农村家庭稳定并扰乱了社会秩序。中越刑事合作在既有中国-东盟多边安全合作框架和中越双边合作刑事协助框架下开展国际合作，打击中越边境非法偷渡、走私、毒品犯罪等突出的跨国犯罪，但也面临诸如刑事诉讼移管、移管被判刑人等法律规定缺失的情况，影响了中越刑事合作的进一步深入。[2]因此，有必要在澜湄刑事合作多边机制构建的同时，加快推进中越刑事协助条约的签订。中越已经签订了刑事协助条约、中越引渡条约，因此应尽快签订中越移管被判刑人条约，为中越刑事合作的顺利开展打下扎实基础。

四、与柬埔寨签订刑事协助条约

柬埔寨位于中南半岛湄公河下游，与中国共饮一江水，情谊历久弥新。柬埔寨地理位置独特，具有重要的辐射作用，是澜湄合作的重要成员国，是"一带一路"沿线的重要国家，也是大国角力的重要区域。[3]柬埔寨是典型的农业国家，现代化、工业化、城市化诉求比较迫切。中国一直在向柬埔寨提供实实在在的帮助，从基础设施建设到厂矿企业建设再到青年学子的培养，中国援助体现了落实快、精准度高、无政治附加的特色，受到了柬埔寨政府和人民的高度赞扬。中国一直重视与柬埔寨的经济合作，2016 年中国连续 6 年成为柬埔寨最大的外资来源国。[4]2020 年 7 月中国与柬埔寨完成自由贸易

〔1〕　卢矜灵："对越南非传统安全状况的分析——以 2013 年的情况为例"，载《东南亚纵横》2015 年第 7 期，第 62 页。

〔2〕　邓崇专："中越反腐败刑事司法协助与合作存在的问题及其改善——以《北京反腐败宣言》为视角"，载《学术论坛》2015 年第 2 期，第 127 页。

〔3〕　张党琼："中南半岛地缘政治格局中的柬埔寨及在澜湄合作中的作用"，载《南亚东南亚研究》2019 年第 3 期，第 95 页。

〔4〕　"中国是柬埔寨最大外资来源国和第一大贸易伙伴"，载 http://www.ce.cn/xwzx/gnsz/gdxw/201610/13/t20161013_ 16700297.shtml，访问日期 2021 年 9 月 13 日。

协定谈判，[1]对于全面发展中柬战略伙伴关系、共建中柬命运共同体而言意义重大。紧密的经济往来、深厚的两国友谊构建了良好的刑事合作基础。

中国与柬埔寨于 1999 年签署的中柬引渡条约开启了两国刑事协助的历史。由于近年来中国国内严厉打击黑恶势力犯罪、电信诈骗犯罪，犯罪分子将犯罪地点拓展到了华人居住比较集中的柬埔寨，不仅扰乱了柬埔寨社会秩序，也损害了中国国家形象，同时给国内被害人造成了巨大财产损失。在柬埔寨的西哈努克港，博彩是合法的商业行为，在打击非法博彩背景下，仍有几十家赌场正常营业，围绕博彩业的上下游犯罪包括洗钱、放高利贷甚至充当打手形成境外黑恶势力。在境外与柬埔寨警方开展警务合作时，因为境外监控录像普及程度不高，视频录音录像客观证据缺失，涉外黑恶势力的犯罪难以认定。而且，犯罪分子在境外，常规线索摸排、侦查手段难以运用，案件的侦查遇到了较大阻力。[2]

在打击电信诈骗犯罪的过程中，中柬两国对于钓鱼式投资诈骗行为定性不一，中方认为是犯罪行为而柬方则不认为是犯罪行为，导致此类诈骗犯罪难以被查处。因为两国司法制度差异，柬方在侦查过程中也不可能按照中方侦破案件的思路进行证据的收集、保全和固定，导致犯罪认定时较难达到我国刑事诉讼证明标准。而且由于刑事司法协助条约缺失，中柬警方沟通需要耗费较长时间，刑事合作效率不高，容易错失最佳抓捕机会，导致对此类犯罪打击不力。[3]因此，为有力打击跨国犯罪，中柬两方应尽快签订中柬刑事协助条约、中柬移管被判刑人条约，对中柬刑事合作时送达刑事诉讼文书、联合侦查、被判刑人移交等内容进行明确约定，使中柬刑事合作法治化、规范化。

---

［1］ "中国与柬埔寨，谈成了！"，载《人民日报》2020 年 7 月 21 日。

［2］ 谭兴邦："涉外黑恶势力犯罪特点及打防对策——以柬埔寨为例"，载《中国刑事警察》2020 年第 4 期，第 67 页。

［3］ 熊俊："中柬打击跨境电信诈骗犯罪警务合作研究"，载《法制博览》2019 年第 29 期，第 33~34 页。

澜湄刑事合作机制的构建、落地、运行离不开专门的澜湄刑事合作组织建设。澜湄边境管理模式的升级、澜湄命运共同体建设的推进将为澜湄刑事合作机制打下扎实基础、营造良好氛围，助推澜湄刑事合作机制行稳致远。

第一节　加强刑事合作组织建设

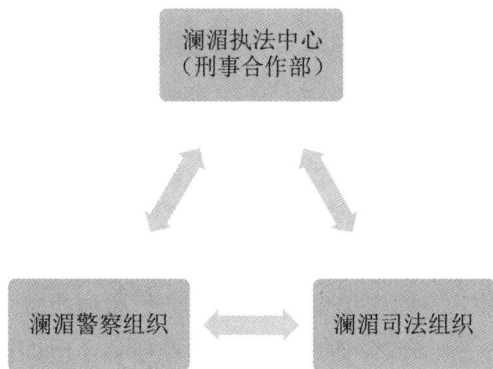

图6-1　"一体两翼"澜湄刑事合作组织示意图

刑事合作组织是澜湄刑事合作的主体保障，是澜湄刑事合作的具体实施者。澜湄刑事合作的顺利进行依赖于合作主体的建设、合作职能的加强。因此，"一体两翼"的刑事合作主体格局是确保澜湄刑事合作顺利开展的重要保障。所谓"一体两翼"是指以澜湄执法中心刑事合作部为主体，澜湄警察组织和澜湄司法组织为两翼的格局。为顺利开展澜湄刑事合作，加强澜湄组织建设、设立澜湄警察组织、建设澜湄司法组织是加强澜湄刑事合作组织建设的具体推进路径。

一、加强澜湄执法中心职能

澜湄执法中心是澜湄流域专门打击跨国犯罪的国际组织，因新成立，组织建设、管理模式、功能设置均在探索当中。就目前开展澜湄刑事合作而言，澜湄执法中心的执法功能突出，而刑事合作功能则稍显弱化，澜湄执法中心功能呈现单一化的特点。为适应澜湄刑事合作长期化、规范化的趋势，澜湄执法中心还需拓展澜湄执法功能、加大联合行动的密度、加强对外合作、建设澜湄智库，加强澜湄执法中心职能。

（一）拓展澜湄执法中心功能

澜湄执法中心是澜湄流域第一个由澜湄六国共商、共建、共享的执法合作类国际组织，预防和打击跨国犯罪是澜湄执法中心成立的宗旨和目的，澜湄执法中心的基本构架也是为适应澜湄执法中心的宗旨和目的设立的，有其内在的合理性和科学性。但随着刑事合作的深入以及澜湄流域非传统安全形势的变化，澜湄执法中心机构设置和管理模式存在的问题不可避免地会表现出来，特别表现为刑事合作功能尚未得到体现，因此需要设置专门的部门负责澜湄刑事合作的推进、协调、沟通工作。如前所述，应在澜湄执法中心下设置刑事合作部，利用犯罪信息数据库和澜湄流域 LMIN 系统信息共享与协查功能负责刑事合作事宜，拓展澜湄执法中心刑事合作功能，实现澜湄执法中心区域执法+刑事合作复合功能格局，更好地服务于澜湄流域的刑事合作。

2017 年 7 月 17 日签订的《关于建立澜沧江-湄公河综合执法安全合作中心谅解备忘录》（以下简称《谅解备忘录》）是澜湄执法中心成立和开展执法活动的法律依据，但《谅解备忘录》并非严格意义上的国际公约，由于缺乏强制性法律约束，相关行动无法得到有效的贯彻落实，导致澜湄执法中心作为国际组织在地区和国际事务中的主导能力被削弱，影响到了澜湄执法中心功能的发挥。因此须加强澜湄执法中心的能力建设和机制完善工作。首先，在安全领域，应明确安全合作是澜湄合作的首要功能，没有安全，就谈不上发展，从澜湄执法中心执法合作拓展至刑事合作，不断扩充澜湄合作领域，合作内容不断充实和丰富。在制度完善方面，须制定澜湄执法中心宪章或其他具有强制约束力的条约，明确澜湄执法中心集体行动的依据，切实发挥其预防和打击犯罪的功能。澜湄流域国家选择加入澜湄执法中心是有预期的，既是为应对流域潜在的非传统安全风险，也是为实现发展和繁荣。因此，需拓展澜湄执法中心功能，构建符合流域各国利益的多边安全合作机制，确保澜湄执法中心高水平制度化合作趋势一直向前，实现澜湄执法中心行稳致远的目标。

（二）加大联合行动密度

惩治已经发生的跨国犯罪是澜湄刑事合作的核心，对澜湄流域多发的跨国犯罪，在澜湄执法中心指挥下开展联合行动，形成标本兼治的长效机制，亦是打击流域跨国犯罪的有效手段。自 2019 年 9 月开始，开展澜湄流域国家打击易制毒化学药品非法贩运联合行动和澜湄地区共同打击跨境人口贩卖联合行动，并于 2020 年 10 月通过 LMIN 系统召开行动总结会。[1]

表 6-1　澜湄执法中心开展联合行动情况

序号	联合行动名称	开始时间	结束时间	行动效果
1	澜湄流域国家打击易制毒化学药品非法贩运联合行动	2019 年 10 月 29 日	2020 年 10 月 27 日	破获毒品案件 3 万余起，逮捕犯罪嫌疑人 4 万余人，缴获毒品 40 余吨[2]。
2	澜湄地区共同打击跨境人口贩卖联合行动	2019 年 9 月 3 日	2020 年 10 月 20 日	破获案件 373 起，逮捕犯罪嫌疑人 426 名，解救受害者 635 名[3]。

澜湄执法中心开展的联合行动不仅是利用综合多边平台打击跨国犯罪的积极探索，也为流域跨国犯罪综合治理提供了思路和对策。以联合行动为抓手打击流域跨国犯罪具有普适性，可以进行复制和推广，因为合作形成合力，共治才能共赢。[4]针对澜湄流域跨国违法犯罪类型的特点及危害程度，应进一步加大跨国网络犯罪、跨国恐怖主义犯罪及其他跨国犯罪联合行动密度，为流域经济社会发展营造安全的氛围。

---

〔1〕 "'澜湄地区国家打击跨境人口拐卖'联合行动召开总结会"，载 http://www.lm-lesc-center.org，访问日期：2021 年 8 月 29 日。

〔2〕 "澜湄执法中心召开'打击易制毒化学品 非法贩运'联合行动总结会"，载 http://www.lm-lesc-center.org，访问日期：2021 年 8 月 29 日。

〔3〕 "'澜湄地区国家打击跨境人口拐卖'联合行动召开总结会"，载 http://www.lm-lesc-center.org，访问日期：2021 年 8 月 29 日。

〔4〕 吴婷芳、平宸静、程力早："合作形成合力 共治才能共赢——澜湄流域毒品问题与澜湄执法中心禁毒工作"，载《现代世界警察》2020 年第 9 期，第 12 页。

（三）加强对外合作

澜湄执法中心成立不久，机构的设置、行动的开展均在探索中进行，因此积极加强与国际或区域国际组织的交流和合作，完善相关制度建设、机构设置和功能拓展对于澜湄执法中心未来的发展意义重大。

联合国毒品与犯罪问题办公室承担着领导全球打击国际犯罪和跨国犯罪职责，积累了打击跨国犯罪的丰富经验和做法，特别对于犯罪的统计、分析标准堪称国际典范，其每年公布的《世界毒品报告》《全球人口贩运报告》是各国研判毒品犯罪、人口拐卖犯罪情势，制定预防对策的重要依据。特别是其在网络犯罪跨境电子取证方面的国际标准正在制定中，以后将是世界各国电子证据取证的国际标准，也将是澜湄流域跨国犯罪电子取证的模板。因此，澜湄执法中心应该加强与联合国毒品和犯罪问题办公室的沟通和交流，以其犯罪信息统计标准完善澜湄执法中心犯罪信息数据库、失踪和被拐卖人员数据库的建设。同时，以联合国毒品和犯罪问题办公室制定的电子取证标准为参考，结合澜湄实际，设立澜湄刑事合作电子取证标准，提高电子证据取证标准科学性，提升澜湄执法中心执法能力。

上海合作组织起源于 1996 年成立的上海五国会晤机制，现在已经发展成有 8 个成员国、4 个观察员国、6 个对话伙伴的成熟区域性多边合作组织，[1]为中亚、东北亚、南亚的和平发展贡献积极力量。[2]上海合作组织是保障地区和平发展的重要力量，签署了《上海合作组织成立宣言》《上海合作组织宪章》等综合性、基础性的法律文件，《上海合作组织成员国元首宣言》《上海合作组织接收新成员条例》和《上海合作组织程序规则》等关于机构运作的法律文件，《打击恐怖主义、分裂主义和极端主义上海公约》《上海合作组织反极端主义公约》《上海合作组织反恐怖主义公约》等重要的法律文件。上述法律文件的签署为上海合作组织的机构设置、行动开展、扩员奠定了基础，也为上海合作组织的未来发展指明了方向。[3]同样，作为区域安全合作机制，澜湄合作中心在法律条约签订、机构建设方面可以借鉴上海合作组织的做法

---

〔1〕 王灵桂主编：《上海合作组织：新型国家关系的典范——国外智库论中国与世界（之一）》，社会科学文献出版社 2018 年版，第 1~15 页。

〔2〕 许涛："维护上海合作组织成员国关系良性关系的法律保障"，载李进峰主编：《上海合作组织发展报告（2018）》，社会科学文献出版社 2018 年版，第 43 页。

〔3〕 "李进峰：新老成员国协力打造上合组织命运共同体"，载《光明日报》2017 年 12 月 7 日。

和经验，以促进澜湄执法中心的制度建设和高水平发展，从而形成在东北亚的上海合作组织、在东南亚的澜湄合作组织"一南一北"两个安全合作机制共同发力格局，为中国发展打造良好的周边环境。

（四）建设澜湄执法中心智库

澜湄执法中心未来的发展规划和发展重点亟须智库的支持和支撑。经过三年的运作，澜湄执法中心智库建设工作被提上议事日程。澜湄执法中心开展了智库建设调研工作，对智库设立的原则、运行管理规范进行了规划和框定，并分别到智库备选单位开展实地调研。智库备选单位有高校、信息科技公司等。高校的智库资源为澜湄执法中心行动开展、职能形式、机构设置提供法律、法理基础，用法治思维解决澜湄执法中心发展过程中遇到的难题并提供相应的解决对策。2021年3月31日，澜湄执法中心与西北政法大学签订战略合作协议，约定双方在课题研究、人才培养、资源共享方面开展合作交流，发挥学校在理论和科研方面的优势，助力澜湄资源安全和稳定。同时，澜湄执法中心针对流域安全形势，每年制定相应的题目，积极开展合作论坛，迄今为止已经召开了三届论坛，汇集澜湄流域国家执法人员、学术机构的智力资源，共同应对流域面临的安全风险与挑战，为预防打击跨国犯罪提供理论支撑，合力共建平安澜湄。

表6-2　澜湄执法中心合作论坛

序号	论坛主题	召开时间	论坛效果
1	澜湄综合执法安全合作论坛	2018年12月12日	肯定澜湄执法中心在维护地区安全稳定作用，利用科技手段，加强打击恐怖犯罪、网络犯罪、边境管控、禁毒等合作。
2	澜湄禁毒合作论坛	2019年12月17日	针对新的毒情特点，创新工作机制，完善毒品治理制度，提升毒品治理能力。
3	澜湄打击网络犯罪论坛	2020年10月10日	针对流域网络犯罪特点，需要建立一个多边的合作机制，加强对网络空间的监督和管理。
4	提升跨国执法合作水平，维护澜湄流域经济与社会发展稳定	预计2021年12月	基于新冠疫情下澜湄流域活动出现新特点和新趋势，提出有针对性执法对策，提升执法能力和安全治理水平。

二、设立澜湄警察组织

为适应警务国际化趋势并结合澜湄刑事合作实际，在澜湄执法中心下设澜沧江-湄公河流域警察组织来具体承担刑事合作职责，目的就是保障刑事合作条约的内容落地实施，保障地区安全。

（一）明确警察组织设立的目标和宗旨

打击跨国犯罪，保障澜湄流域地区安全是澜湄执法中心成立的初衷。澜湄执法中心本质上是澜湄六国多边警务合作平台，澜湄六国执法人员依托澜湄执法中心平台开展信息交流、联合行动、数据库信息库建设、能力培养等工作，行使的其实是警察组织的职责。因此在澜湄执法中心下设澜湄警察组织既契合澜湄执法中心的设立目标，也可将澜湄执法中心的工作具体化，同时便于开展刑事合作，拓展澜湄执法中心功能，使其成为地区发展的稳定器。首先在澜湄刑事合作条约中明确澜沧江-湄公河流域警察组织的设立宗旨和目标。澜沧江-湄公河流域警察组织设立的宗旨是高效、便捷、高效地打击跨国犯罪，保护澜湄区域的安全、稳定和发展利益。澜沧江-湄公河流域警察组织设立的目标是打造平安澜湄走廊，为地区经济和社会发展保驾护航。

（二）构建高效运转的侦查合作机制

澜湄警察组织是澜湄流域打击跨国犯罪的主体，在澜湄执法中心的领导下开展澜湄流域执法工作和刑事合作。因此，需要在刑事合作条约中明确澜沧江-湄公河流域警察组织的人员组成、岗位职责、执法程序，使警察组织运作有据可依、有章可循，实现澜湄警务合作规范化、制度化。首先，明确澜湄警察组织组成。由澜湄刑事合作条约确立各国选派比例、选派人数、选派规则以及退出机制等。各国选派能力强、通晓外语、熟练掌握澜湄国家法律的警察组成澜湄警察组织，肩负起澜湄流域预防打击跨国犯罪的重担。其次，澜湄警察组织的主要职责为协助各国警方开展跨国刑事案件调查取证、信息交流、罪犯抓捕、罪犯引渡、刑事诉讼移管、移管被判刑人、追逃追赃等工作，构建常规侦查合作机制。如果条件具备，澜湄警察组织可以根据跨国案件的具体情况，发布统一的澜湄调查令、澜湄通缉令等统一调查措施，目的是成为澜湄流域打击跨国犯罪的最有力量的执法组织。再次，以联合调查小组为补充。除了澜湄警察组织常规的侦查合作机制外，针对特殊的需要快速反应和快速处理的案件，也可以考虑成立联合侦查小组或特殊案件专案组，简化请求程序，快速分享信息，提前制定侦查起诉策略，快速获得澜湄警察组织的技术支持等，高效、便捷地开展侦查活动，为后续的起诉或审判提供翔实的证据材料。[1]最后，建立全方位的警务合作机制。澜湄流域国家普遍存在边境管理松懈的问题，这也导致澜湄流域非法移民问题突出。泰国是非法移民的主要目标国，[2]大规模的非法移民不仅对成员国经济、社会造成了影响，同时也导致澜湄流域治安形势严峻。因此，全方位的警务合作应将海关、移民局囊括进来，构建全方位大警务合作格局。

（三）加强警察组织能力建设

澜湄警察组织成立门槛高，发展潜力大，但因各国警察系统本身具有其特殊性、各国警察的工作习惯并不相同，因此需要通过统一工作步调、统一工作思路、统一工作方式来提升警察组织的工作能力，凝心聚力，共同成长。同时，应加强同区域甚至国际警察组织的交流，以开放的姿态促进警察组织执法能力提升。具体而言，应加强与国际刑警组织、欧盟刑警组织、东盟警察组织等国际刑事合作组织的联系和合作，争取成为上述国际组织的对话伙伴，借鉴上述组织打击跨国犯罪的经验和合作经验，提升中心执法能力。澜湄六国均为国际刑警组织（INTERPOL）成员国，积极利用国际刑警组织平台进行情报交流并开展能力培训，响应国际组织打击跨国犯罪的规划和安排，提升警察组织的执行力。为专门打击跨国网络犯罪，国际刑警组织专门在新加坡成立了国际刑警全球创新综合机构（IGCI），实现了成员国侦查机关信息共享，为成员提供了打击网络犯罪的行动和技术支持。[3]澜湄执法中心的郑百岗秘书长于2019年12月率工作组访问国际刑警组织全球创新中心，双方愿通过加强互动和对话加强合作，为地区警务合作贡献智慧和创新举措。[4]湄公河五国是东盟警察组织成员国，我国是东盟警察组织对话伙伴，在打击跨国犯罪过程中，我国与东盟国家警察组织进行了有效的多边合作并与东盟国家开展了双边合作，效果良好。东盟警察组织覆盖区域大于澜湄警察组织覆

---

〔1〕　肖军："博弈与妥协——欧盟联合侦查小组：理论、法律与实践问题探究"，载《犯罪研究》2012年第4期，第92~102页。

〔2〕　陈松涛：《东盟域内非法移民问题及治理》，社会科学文献出版社2018年版，第1页。

〔3〕　"国际刑警组织：打击网络数字犯罪需全球协作"，载https://www.sohu.com/a/110671588_114765，访问日期：2021年8月29日。

〔4〕　"郑百岗秘书长访问国际刑警组织全球创新中心"，载http://www.lm-lesc-center.org/Pages_3_4538.aspx，访问日期：2020年11月17日。

盖区域，但也包含湄公河五国，因此加强与东盟警察组织的合作意义重大。[1]
澜湄执法中心郑百岗秘书长于 2019 年 12 月访问东盟警察组织，就深化能力
建设途径开展探讨。[2]以反恐为目的的区域警务合作是上海合作组织安全合
作的重要组成部分，从签订安全合作的法律文件到设立反恐性质的常设机构，
上海合作组织的合作领域和范围不断拓展，合作层次不断提升。上海合作组
织设立专门打击恐怖主义犯罪执法机构和执法组织的模式将是澜湄警察组织
未来理想的运作模式，因此加强与上海合作组织在反恐领域的合作和能力建
设也是澜湄执法中心的职责。[3]

三、澜湄司法组织建设

刑事合作的范围贯穿于刑事诉讼的全过程，案件侦破后的起诉及之后的
审判应由相应的司法组织进行协调。针对澜湄流域严峻的跨国犯罪形势，应
在澜湄执法中心下设澜沧江-湄公河流域司法组织，与澜沧江-湄公河流域警
察组织同在澜湄执法中心指挥、协调下展开对跨国犯罪的打击和预防行动，
在刑事合作进一步深入的情况下，澜湄刑事司法区正在逐渐形成。

（一）明确澜湄司法组织的宗旨和目标

澜湄刑事合作需要澜湄警察组织和澜湄司法组织接续进行，各司其职，
共同履行澜湄刑事合作条约赋予的职责，形成刑事合作良性运作机制。以澜
湄执法中心刑事合作部为主体，澜湄警察组织与澜湄司法组织为两翼的主体
结构共同成为守护澜湄流域安全的核心。因此，须在澜湄刑事合作条约中明
确澜沧江-湄公河流域司法组织成立的宗旨、目标。澜湄司法组织设立的宗旨
为，加强澜湄成员国之间以及澜湄成员国与其他国家之间在严重跨国犯罪的
侦查、起诉工作，形成澜湄刑事合作的完整链条，推进澜湄刑事合作一体化
进程。澜湄司法组织设立的目标就是在澜湄刑事合作指挥下与澜湄警察组织
一道形成打击澜湄流域跨国犯罪的合力，构建和平正义的澜湄司法区，实现
澜湄流域的共同发展和繁荣。

---

〔1〕 张敏娇：“团结，让东盟更安全——专访东盟警察组织秘书处秘书长肯占·彭玛扎”，载
《现代世界警察》2018 年第 10 期，第 36~37 页。

〔2〕 “澜湄执法中心秘书长郑百岗率团访问东盟警察组织秘书处”，载 http://www. lm-lesc-cen-
ter. org/Pages_ 3_ 4536. aspx，访问日期：2020 年 11 月 17 日。

〔3〕 李媛媛：“上海合作组织框架下区域警务合作研究”，新疆大学 2009 年硕士学位论文，第 10 页。

（二）明确司法组织职责

澜湄司法组织的定位是一个组织协调机构，并不具备传统意义上的起诉、审判职责，因此澜湄司法组织的人员组成也是检法合一、以检察官为主的组织结构。

首先，在澜湄刑事合作条约中明确澜湄司法组织人员组成。澜湄各国按照澜湄刑事合作条约确定的比例挑选精通外语、专业能力强、经验丰富的检察官、法官组成澜湄司法组织。其次，需要明确澜湄司法组织的职责。通过刑事合作条约确定澜湄司法组织跨国案件刑事管辖权以及协商起诉的权利。跨国犯罪案件的特殊性在于犯罪构成要件具有跨国性，澜湄司法组织根据澜湄刑事合作条约中的刑事管辖权适用原则确立跨国犯罪案件刑事管辖权归属，并与其他相关国家积极沟通和协调，就刑事诉讼移管、案件材料移交、犯罪嫌疑人引渡事宜进行安排和指导。在案件的起诉阶段，也可以召开调查组案件协调会，协商最合适的合作框架、起诉罪名、法律适用以及解决司法冲突等。[1]澜湄司法组织通过上述两个功能发挥其在信息交换、协调合作、共同打击犯罪等方面的重要作用。最后，明确澜湄司法组织与澜湄警察组织工作衔接制度。执法和司法涉及各国主权，因此是各国比较敏感的区域，况且在各国在司法体制、法治理念有重大差异的情况下，澜湄刑事合作难免会遇到不少困难，因此更需要澜湄司法组织和澜湄警察组之间紧密合作。澜湄警察组织和澜湄司法组织之间虽然不如澜湄各国警察和检察官、法官之间那般分工明确、衔接紧密，但也应该保持紧密联系状态，在具体个案中做好侦查与起诉、审判甚至刑罚执行阶段的协调和沟通，同时也应在刑事合作机制完善、能力培养方面形成合力。

在常规刑事合作之外，针对特殊跨国犯罪案件类型，也可突破双重犯罪原则，启动只适用于犯罪地国管辖的原则。如近几年多发的跨境赌博犯罪，行为人利用湄公河国家（比如老挝、缅甸、泰国、柬埔寨）赌博合法的规定，将赌博据点设置在境外，通过线上或线下邀赌方式引诱我国公民赴境外赌博或在线上参赌，获取巨额利益，社会危害性大。赌博在上述国家是合法的，因此犯罪分子妄图通过出境避罪逃避抓捕。传统刑事司法协助方式效率缓慢，不利于对此类跨国犯罪案件的打击，而且根据澜湄刑事合作条约，赌博在上

---

〔1〕　杨先德：“欧洲执法者合力摧毁庞大犯罪暗网”，载《检察风云》2020 年第 17 期，第 53 页。

述国家不构成犯罪，双重犯罪条件不符合，刑事合作构成要件缺失，很难开展刑事合作。因此，在此种情况下，可通过澜湄司法组织和澜湄警察组织协调，突破双重犯罪原则限制，通过固定线上证据，找到与我国的司法连接点，将类似案件全案归我国司法管辖，[1]用切实的刑事合作措施覆盖澜湄流域，为澜湄国家处理此类案件提供合法法律依据，避免相关国家成为犯罪分子的避罪天堂。

（三）澜湄司法组织能力培养

澜湄司法组织能力培养是顺利实施澜湄刑事合作的重要保障。加强澜湄司法组织能力培养的推进路径有二：

首先，在国家层面，继续推进中国–东盟司法机关现有的会议制度和合作论坛。基于紧密的地缘政治因素，澜湄国家司法机关较早便建立起了国家层面的合作会议制度和论坛。2004年在中国昆明成立的中国–东盟总检察长会议已经召开12届，中国与东盟的检察机关不仅在打击跨国犯罪领域形成了紧密的刑事司法协助合力，同时也意识到了一线检察机关能力建设对刑事合作的重要意义，通过网络通信手段（如电子邮件、Telegram、WhatsApp、Wechat、Line、Viber）保证沟通的便捷性，同时通过召开联合研讨会、会议和培训提升一线检察官、中央主管机关、国家主管机关能力，从而推进案例研究等方面的经验交流以及打击跨国犯罪的实践交流。[2]依托国家检察官学院广西分院，设立在广西南宁的中国–东盟成员国检察官交流培训基地（以下简称"培训基地"）承接了东盟成员国检察人员法官业务交流、培训、理论研讨工作并组织广西检察人员到东盟国家接受交流和培训。澜湄国家中的越南、老挝、柬埔寨、泰国等国均组织高级检察官研修班到基地学习，加强了澜湄国家的检察人员交流和合作，[3]互相学习经验，增进互信了解，形成打击跨国犯罪合力。近年来，培训基地在加强与东盟国家检察人员交流的基础上，还积极拓展中国–东盟法院培训与交流，广西检法两院于2019年首次举办东盟法官检察官高级研修班。研修班成员不仅学习中国司法制度、政治、外交等相关内容，还赴贵州观摩中国智慧司法经验。培训基地的培训课程针对性强、时

---

〔1〕 "应用体系化思路治理线上赌博"，载《检察日报》2020年11月18日。

〔2〕 "第十二届中国–东盟成员国总检察长会议联合声明"，载 http://www.ca-pgc.org/xdxy/201911/t20191112_2721933.shtml，访问日期：2020年11月20日。

〔3〕 "中国–东盟成员国检察机关加强区域合作"，载《广西日报》2017年5月6日。

效性好，分享中国司法智慧，助推澜湄司法交流迈上新台阶，深入推进国际司法交流，护航澜湄合作。

就中国−东盟法官交流而言，2014 年开始在南宁举办中国−东盟大法官论坛，发表《南宁声明》[1]，探索建立地区性司法交流与合作长效机制，提升了地区司法交流水平。2017 年在南宁举办第二届中国−东盟大法官论坛，通过在国家法官学院广西分院建立中国−东盟法官交流培训基地和法律与司法信息中心，在云南建立中国−东盟国家国际司法协助研究基地[2]，加强中国−东盟的司法合作。经最高人民法院批准，2019 年缅甸法官研修班在昆明开班。中缅两国将在法官研修、司法实务、学术交流等领域加强交流合作，搭建更多、更实、更好的交流平台和载体，推进双方的司法合作。

就地方层面而言，主要是西南边境地云南和广西司法机关与缅甸、老挝、越南相关司法机关开展司法合作，加强司法交流，创立边境司法示范区。以云南为例，云南省德宏傣族景颇族自治州瑞丽市地处中缅边境，全市三面与缅甸接壤，是全国最大的陆路口岸和全国三个边境自贸区之一。瑞丽市边境线长 169.8 公里，外籍人口达 5 万人（2018 年数据），占瑞丽常住人口的25%，瑞丽市法院在 2014 年设立了全国唯一一个涉外法庭，[3]在姐告国门社区设立诉讼服务站实行涉外刑事民事案件归口管理。2018 年 8 月 14 日，瑞丽市人民法院在瑞丽口岸国门前公开审理了一起外籍人员盗窃案件，庭审通过"新浪云南"现场直播，浏览量达 300 多万次，创造了"新浪云南"庭审直播的最高纪录。[4]虽然瑞丽与缅甸近在咫尺，甚至有的缅方当事人仅与国境线一墙之隔，但因为涉及国家主权，不能直接送达，传统的送达方式不仅程序复杂且耗时较长，因此涉外法律文书的送达一直是个难题。特别是在缅甸少数民族武装控制的区域，文书的送达更是难上加难。因此，瑞丽市人民法院创新涉外文书送达方式，或者委托缅甸民间华人组织送达，或者通过瑞丽市政府外事部门通过逐级转交方式协助送达，解决了文书送达难问题。[5]

〔1〕 "第二届中国−东盟大法官论坛南宁声明"，载 https://www.chinacourt.org/article/detail/2017/06/id/2891257.shtml，访问日期：2020 年 11 月 20 日。

〔2〕 "第二届中国−东盟大法官论坛南宁声明"，载 https://www.chinacourt.org/article/detail/2017/06/id/2891257.shtml，访问日期，2020 年 11 月 20 日。

〔3〕 "瑞丽：全国唯一涉外法庭树立国际公信力"，载《德宏团结报》2018 年 11 月 26 日。

〔4〕 "瑞丽：全国唯一涉外法庭树立国际公信力"，载《德宏团结报》2018 年 11 月 26 日。

〔5〕 "边境线上的'国门'法庭"，载《春城晚报》2019 年 7 月 11 日。

瑞丽在涉外刑事案件审判、法律文书送达等刑事司法合作领域创造了"瑞丽经验",其效应也在持续放大和深入。瑞丽市与接壤的缅甸掸邦第二特区木姐地区召开了司法交流座谈会,加强了与缅甸邻近地区的司法合作。2019年双方着手创建"中缅瑞丽-木姐国际司法合作示范区",探索中缅边境司法交流合作的新模式。[1]

涉外司法的"瑞丽经验"在边境地区可以推广和复制,就"国门诉讼服务站"设置而言,不仅实现了司法资源延伸到边境线,也有利于我国与周边国家的司法交流,实现司法的辐射效应。截至2021年,云南省高级人民法院指导与老挝、缅甸、越南接壤的边境县市法院设立了14个"国门诉讼服务站",实现了"国门诉讼服务站"边境口岸全覆盖,[2]具体位于保山市腾冲市猴桥、明光、滇滩三个边境口岸,德宏傣族景颇族自治州瑞丽市姐告,临沧市耿马傣族佤族自治县孟定,临沧市镇康县南伞边境口岸,红河哈尼族彝族自治州河口边境口岸,西双版纳傣族自治勐腊县磨憨口岸,西双版纳傣族自治勐海县打洛口岸,文山壮族苗族自治州马关县、麻栗坡县、富宁县在与越南接壤的边境口岸和边境乡镇设立了"国门诉讼服务站"。[3]

普洱市也有设置国际司法合作区的可能。普洱与缅甸、老挝、越南山水相连,有14个民族跨境而居。在开展司法合作时,普洱司法机关探索了多种合作方式。首先,普洱市的法院、检察院与缅甸、老挝、越南建立了司法会晤制度,签署了一系列司法会晤纪要,[4]但仍存在司法合作机制尚未搭建、合作法律依据不充分等问题。其次,在20世纪90年代就形成了以民间为媒介,通过情感沟开展文书送达、调查取证的司法协助形式,但仍然面临法律文书送达不确定性以及合法性受到质疑的问题。比如,普洱市孟连县与缅甸佤邦司法委通过非正式会晤、民间走访等形式,在个案追逃、追赃、协查取

---

〔1〕 "瑞丽市专题会议提出 全力创建'中缅瑞丽-木姐国际司法合作示范区'",载 http://www.rl.gov.cn/Web/_ F0_ 0_ 28D07EDQXY3JXZEPP43VEDZ6WA.htm,访问日期:2021年10月10日。

〔2〕 "云南法院实现边境口岸'国门诉讼服务站'全覆盖",载 http://www.yfzs.yn.gov.cn/fzyw/201910/t20191022_ 899613.html,访问日期:2020年11月20日。

〔3〕 "云南法院实现边境口岸'国门诉讼服务站'全覆盖",载 http://www.yfzs.yn.gov.cn/fzyw/201910/t20191022_ 899613.html,访问日期:2020年11月20日。

〔4〕 周蜀为:"'一带一路'背景下边境地区司法协作问题研究",载《法制与社会》2018年第26期,第97页。

证领域开展了司法合作。[1]但是，如果罪犯逃跑至缅甸政府管辖区域，边境刑事司法协助开展的难度将加大。因此，普洱也可以考虑探索跨区域合作模式，建立国际司法区，在犯罪人身份核实、证据转化与认定、法律文书送达、法庭翻译人员能力提升方面提升刑事合作合法性、便捷性、高效性。[2]

第二节　加强边境管理

从政治学和地理学的角度来讲，边境是邻近边界和国界的范围和区域，具有重要战略意义。在战时，是局势紧张的区域。在平时，一般都通过设置边界线、界碑、国门等方式明确边界，同时对出入境进行管控。地处我国西南边陲的云南省、广西壮族自治区与湄公河国家的缅甸、老挝、越南山水相连，其中云南段4060公里，广西段1354公里。在国家实行"一带一路"倡议和开展澜湄合作的背景下，西南边陲一跃成为国家开发、开放前沿。为主动融入国家战略，在边疆大开发、大开放的前提下，边境地区社会治理是关系国家稳定、发展的重要议题。[3]因此，在全球化、信息化大背景下，应优化边境的管理理念，改善边境管理模式，提升澜湄各国边境管理能力。

一、优化边境管理理念

边境具有政治、地理、经济、文化等多重性质。首先，就政治性质而言，边境是国家间的交界区域，是军事敏感区域，与国家安全息息相关。其次，就经济性质而言，边境是边民重要的往来通道，是跨境经济合作的重要纽带。再次，就地理性质而言，中国边境一般为少数民族聚居区域。由于历史和现实的原因，少数民族跨界而居，具有共同的血缘文化。最后，就文化性质而言，各国相互往来频繁，形成了"你中有我，我中有你"的同质边境文化。在冷战结束后，各国关注的重点由军事安全转向非传统安全，边境问题从传

---

[1]　"普洱市检察机关开展国际刑事司法协助工作的探索与实践"，载"https://www.pecaw. gov.cn/faxueyuandi？page=3"，访问日期：2021年7月16日。

[2]　周蜀为："'一带一路'背景下边境地区司法协作问题研究"，载《法制与社会》2018年第26期，第98页。

[3]　王越平、杨天："差异性嵌入：中国西南边境地区外籍务工人员的空间特征研究"，载《广西民族大学学报（哲学社会科学版）》2020年第3期，第78页。

统安全向非传统安全转换，边境不仅成为经济、文化重要通道，[1]也成了跨国犯罪等非传统安全风险的传递通道，边境安全问题呈现新的特点。湄公河国家的缅甸北部、老挝北部是"金三角"的组成部分，是世界的传统毒品和新型毒品主要生产地，毒品通过边境走私的方式严重危害国家相邻的中国、越南、柬埔寨、泰国等澜湄国家的国家安全。而枪毒合流、恐毒合流的趋势更加加剧了湄公河流域社会治安的严峻形势。2011 年 "10·5 湄公河惨案"、2014 年昆明火车站暴恐案件、2015 年泰国四面佛爆炸案均是澜湄流域严重涉毒、涉恐跨国犯罪的缩影，也反映出了澜湄国家边境管理的严峻形势。跨国毒品犯罪、恐怖主义犯罪、非法偷渡犯罪等跨国违法犯罪，往往会通过边境由一个国家溢出到另一个国家甚至影响整个澜湄流域安全，成为澜湄经济合作的障碍。

传统的边境管理强调安全功能，因此以物理隔绝或严格管控来限制人员往来，从而达到稳固边疆的目的。在全球化的背景下，流动性是根本特征，传统封闭和限制边境管理理念遭遇了挑战；在信息化的背景下，国际政治领域已从地缘空间、外层空间扩展到网络空间，边境的区域和范围被压缩，[2]基于民族国家形成的以地域为依据管辖传统边境的管理模式遭到了质疑。因此，在全球化和信息化背景下，边境管理理念亟待优化和提升。特别是近年来澜湄流域突出的网络犯罪问题突破了地域限制，利用澜湄各国边境管理存在的短板，呈现出专业性、隐蔽性、集团化的特点，社会危害极大。以跨境赌博为例，中缅边境由于特殊的自然环境因素，有人口稠密的城镇、乡村，也有山高林密的地区，甚至也有类似于农田的庄稼地。因此，在漫长的边境线上，有正式的国门、边防站，也有诸多的便道。众多网络参赌者通过便道进入缅甸，跨境赌博及与其关联的偷渡、诈骗、故意杀人、故意伤害、绑架、洗钱等违法犯罪活动多发，[3]严重扰乱了我国的社会秩序，侵害了我国公民人身权利和财产权利。

---

〔1〕 刘雪莲、刘际昕："从边疆治理到边境治理：全球治理视角下的边境治理议题"，载《教学与研究》2017 年第 2 期，第 59 页。

〔2〕 颜旭："文化边疆：全球化时代国家安全维护的发展性取向"，载《信阳师范学院学报（哲学社会科学版）》2007 年第 6 期，第 69 页。

〔3〕 "云南警方打击跨境赌博犯罪破获案件 613 起　抓获涉赌违法犯罪嫌疑人 1.1 万人"，载《云南日报》2020 年 10 月 22 日。

　　边境治理是国家治理的重要组成部分。我国应通过优化边境治理理念，强化边境经济、文化功能，构建涵盖安全、经济、文化内容，科学规范、运行有效的边境治理体系，有效提升边境治理能力，推进边境治理体系和治理能力现代化。提升边境治理能力的推进路径为二：一是强化边境经济功能。传统的边境治理理念关注的是安全问题，"一带一路"和澜湄合作的本质是跨境合作，目的是通过边境纽带作用实现相邻国家的经济发展和繁荣，也即加强边境经济功能。边境的安全功能和经济功能相辅相成，边境的经济发展能提升安全维护能力，而安全的边境也为经济发展提供了良好的环境。澜湄刑事合作机制构建提升的是边境的安全能力，而澜湄合作强化的是边境的经济功能，二者互为条件、互相促进。中老磨憨–磨丁经济合作区、中缅瑞丽–木姐跨境经济合作区、中国东兴–越南芒街跨境经济合作区[1]均是边境治理理念适应全球化和信息化的结果。二是强化边境文化功能。随着我国总体国家安全观等全球治理观念的提出，边境安全作为国家安全的屏障，是总体国家安全观发挥作用的重要场域。我国应积极将总体国家安全观法治思维、底线思维、战略思维、历史思维[2]应用于边境治理，将跨境治理的中国智慧和中国方案应用于边境治理，强化边境治理的中国文化底蕴，提升边境民族地区中华民族共同体意识，从而实现治边、稳边、固边、保边的一体化边境安全观行稳致远，确保"边境稳、全局安，边疆稳、全民安"的理念落到实处。中国周边问题就是边疆问题，边疆的问题就是边境安全和国家安全问题，[3]因此优化边境管理理念，改善边境治理效果，有利于我国西南边陲的安全和稳定，也有利于维护国家安全。

二、改善边境管理模式

（一）从技术角度而言，构建技防为主导，人防、物防相配合的立体化边境防控体系

　　传统边境管理模式以人防、物防为主。人防、物防就是通过人力、物力

---

　　〔1〕　马弋涵："云南跨境经济合作区法律困境及对策研究"，载《云南大学学报（法学版）》2016 年第 3 期，第 79 页。

　　〔2〕　"深刻理解和把握总体国家安全观"，载《人民日报》2020 年 4 月 15 日。

　　〔3〕　郑永年："边疆、地缘政治和中国的国际关系研究"，载《外交评论（外交学院学报）》2011年第 6 期，第 18 页。

进行安全防范，比如通过人员巡逻、站岗[1]保障边境安全。我国与缅甸、老挝、越南边境自然情况复杂，缺乏天然屏障，有众多的山口、便道、渡口、小路。[2]比如，云南省瑞丽市一寨两国地理奇观位于中缅71号界碑旁，国境线将一个傣族村寨一分为二，中方一侧的名为银井，缅方一侧的名为芒秀。寨中的国境线是竹篱、村道、水沟、土埂。[3]寨子里的老百姓语言相通、习俗相同，同喝一井水，同走一条路，同赶一场集，[4]两国边民的往来与惯常的中国村寨并无不同。在一寨两国这样的边境犬牙交错地区，一般采取人防和物防的边境管理措施，中国修建了威严的国门并配有值勤的边防武警守护边境安全，对面缅方配有缅方移民局办公房和移民局管理人员。但在更多的便道、山口，由于人防、物防力量有限，非法出入境、走私、贩毒、跨境赌博等违法犯罪活动多发，特别是在新冠疫情肆虐的情况下，外防输入的目标对边境管控提出了新的要求。因此，我国通过在边境增加人员值守检查并在违法犯罪活动高发的便道、山口增加警力蹲守的方式加强了边境管理力量，同时硬化巡逻路、安装铁栅栏、挖筑基坑、建立警务室、瞭望塔等常规人防、物防措施。但是，人防、物防的力量有限、管理的时间有限、管理范围有限导致边境人防、物防短板突出，无法适应跨国犯罪猖獗以及新冠疫情境外输入的严峻情势。

针对边境管理非传统安全问题出现的新问题、新特点，在现有的技术条件下，边境技防可以弥补人防、技防的不足。运用视频监控系统、无人机等科技力量补齐边境管理短板，实现对非法越境活动的实时监控和智能预警，[5]通过高科技助力边防全天候、全时段、全地域切断非法边境、渡口，构建人防、物防、技防立体边境防控一体化体系。随着"一带一路"和澜湄合作的推进，中国与湄公河国家的边境承载的安全、经济、文化的功能拓展了传统边境的含义和空间，跨境经济合作区是边境扩容的最佳注脚，因此需

---

[1] 江静："安全技术防范初探"，载《中国保安》2012年第2期，第44页。

[2] "陆地边境如何防控新冠疫情？国家移民局：运用无人机等加强边境管理盲点"，载https://baijiahao.baidu.com/s? id=1665113767984802195&wfr=spider&for=pc，访问日期：2021年8月29日。

[3] 周灿："试论德宏宗教文化旅游开发"，载《云南地理环境研究》2009年第4期，第49页。

[4] 周灿："试论德宏宗教文化旅游开发"，载《云南地理环境研究》2009年第4期，第49页。

[5] "移民局：运用无人机等科技手段加强边境辖区管控"，载https://m.gmw.cn/baijia/2020-04/27/1301185154.html，访问日期：2021年8月29日。

通过先进的大数据提供技防的方式将传统边境治理以"线"为主的治理模式升级为以"面"为主的复合型边境治理模式：[1]立基于传统的边境+跨境经济合作区+澜湄流域连为一体，创新大数据+边疆地方政府+次区域治边模式，[2]建立中国-澜湄数据库，囊括国家治理主体和地方治理主体多元治理模式，[3]提升治边效能。利用大数据不仅可以创新边境管理模式，还可以高效整合湄公河航运数据、澜湄流域跨国犯罪信息，对澜湄流域的跨国犯罪信息进行研判，制定相应的对策，弱化澜湄合作运行中非传统安全问题带来的风险。

（二）从管理主体而言，落实党政军警民"五位一体"边境管理模式

我国与接壤的缅甸（1960 年 10 月 1 日）、老挝（1991 年 10 月 24 日）、越南（1999 年 12 月 30 日）签订了陆地边界条约，划分了我国与缅、老、越三国的陆地边界。但是，中国与三国的陆地边界条约内容还未实现国内立法转化，而我国现行缺乏边防法的规定，边境管理事务处于法律空白状态，只能适用《国防法》《治安管理处罚法》的规定。上述法律规定呈现碎片化、针对性不强等特点，因此亟须将边防立法纳入立法计划，从而规范我国边境管理模式。面对走私、贩毒、偷渡等跨境违法犯罪活动突出的现状，我国探索性建立了实党政军警民"五位一体"边境管理模式。"党"指党委领导，负责组合、统筹涉边部门和单位。[4]"政"指政府主导，负责组织、协调涉边单位和部门。[5]"军"和"警"指解放军边防部队和公安边防部队，[6]负责依法管边，增强联合管控能力，发挥军警强边作用。"民"指人民群众，发动人民群众参与边境助力，在治边护边稳边中发挥重要作用。[7]

（三）从管理对象而言，加强高危人员、重点行业场所管控

面对澜湄国家传统犯罪与网络犯罪高发的态势，管理好边境，加强高危

---

〔1〕　孙保全、夏文贵："中国边境治理研究：从单一视角转向复合视角"，载《西北民族大学学报（哲学社会科学版）》2018 年第 3 期，第 21 页。

〔2〕　周俊华、王浩然："基于大数据参与次区域合作的地方政府治边模式创新研究——以澜沧江-湄公河合作下的中国云南省为例"，载《东南亚纵横》2019 年第 4 期，第 19 页。

〔3〕　孙保全、夏文贵："中国边境治理研究：从单一视角转向复合视角"，载《西北民族大学学报（哲学社会科学版）》2018 年第 3 期，第 22 页。

〔4〕　"为全面深化改革创造安全稳定边境环境"，载《法制日报》2014 年 3 月 20 日。

〔5〕　"为全面深化改革创造安全稳定边境环境"，载《法制日报》2014 年 3 月 20 日。

〔6〕　"党政军警民五位一体合力治边"，载《法制日报》2014 年 3 月 12 日。

〔7〕　"党政军警民五位一体合力治边"，载《法制日报》2014 年 3 月 12 日。

人员、重点行业监控，预防跨国违法犯罪的发生是当前边境管理的重中之重。自 2020 年 2 月公安部部署打击治理跨境违法犯罪工作以来，全国警方深入开展打击跨境赌博专项行动。以云南为例，针对偷渡团伙和四黑人员（四黑人员是指黑出租、黑摆渡、黑司机、黑向导）等跨境高危人员，云南省公安厅积极联合云南省高级人民法院、省人民检察院、省司法厅制定出台了《办理跨境赌博犯罪案件证据收集及审查指引》等 6 个指导性文件，统一案件侦办证据标准和要求。[1]截至 2020 年 9 月底，云南省公安机关破获打掉了 12 个偷渡、电诈、赌博、走私等跨境违法犯罪团伙，抓获成员 710 名，有力遏制了各类突出跨境违法犯罪活动。[2]2020 年 10 月，公安部召开第二次专题会议，研究部署打击治理跨境赌博工作，打击跨境赌博集团及其在境内的招赌吸赌行为，建立参赌及从业人员和境外旅游目的地两个"黑名单"制度。[3]依托澜沧江-湄公河区域执法安全合作机制，中国警方与相关国家警方开展会谈会晤 115 次，联合打击整治 28 次，抓获在逃犯罪嫌疑人 141 名。[4]

第三节　推进澜湄命运共同体建设

在百年未遇之大变局之前，人类命运共同体的建设体现了全球治理的"中国方案"和"中国智慧"。澜湄合作是人类命运共同体的具体实践，是周边外交亲诚惠容理念的深刻体现。澜湄第一次领导人会议明确提出建设面向和平与繁荣的澜湄国家命运共同体。[5]澜湄合作机制建立五年多来，落实数百项合作项目，实现了流域稳定发展，是人类命运共同体的生动实践。[6]澜

---

〔1〕 "云南整治跨境赌博犯罪：破案 613 起　抓获 1.1 万人"，载 https://baijiahao. baidu. com/s? id＝1680517816447952565&wfr＝spider&for＝pc，访问日期：2021 年 9 月 9 日。

〔2〕 "云南：严打跨境违法犯罪，筑牢边境安全保障"，载 http://news. cpd. com. cn/n3559/202009/t20200927_ 933625. html，访问日期：2020 年 11 月 25 日。

〔3〕 "赵克志部署打击治理跨境赌博工作"，载 http://www. gov. cn/guowuyuan/2020－10/22/content_ 5553481. htm? gov，访问日期：2020 年 11 月 25 日。

〔4〕 "云南：严打跨境违法犯罪　筑牢边境安全屏障"，载 https://baijiahao. baidu. com/s? id＝1678948172588938269&wfr＝spider&for＝pc，访问日期：2021 年 8 月 8 日。

〔5〕 "李克强：携手打造澜湄国家命运共同体"，载 http://new. fmprc. gov. cn/gjhdq_ 676201/gjhdqzz_ 681964/lcjmghhz_ 682662_ 1/zywj_ 682674/201812/t20181218_ 10406 842. shtml，访问日期：2021 年 8 月 22 日。

〔6〕 "澜湄故事，再续新篇"，载《人民日报》2020 年 11 月 26 日。

湄命运共同体的建设分为两个层次：以澜湄命运共同体建设的多边层次和中国与湄公河五国命运共同体建设的双边层次。澜湄命运共同体两个层次的建设是一个循序渐进、由近及远的过程，[1]具体推进路径为加强澜湄各国政治互信，推进澜湄安全共同体建设；加强澜湄经济带建设，推进澜湄经济一体化；促进澜湄国家民心相通，推进澜湄人文共同体建设。

一、加强澜湄安全共同体建设

政治安全位列澜湄合作三大支柱之首，原因有三：一是澜湄流域以跨国犯罪为首的非传统安全问题突出，澜湄各国非传统安全合作诉求强烈。在中国的倡议下建立起湄公河联合执法机制，开展常态化的湄公河联合巡逻以及平安扫毒行动，并建立了澜湄执法安全中心，开展联合行动并加强执法能力培训来保障流域的执法安全。二是湄公河各国在政治安全方面存在诸多挑战。相比较而言，湄公河五国中老挝、越南、柬埔寨国内局势比较稳定，但在实现国际化、现代化的过程中，难免会受到冲击，而泰国国内局势一直不稳定，王室、政府、军队三足鼎立的现状短期内不会改变，王权、威权、金权[2]的争夺在现代化背景下显得更加尖锐。缅甸的民主进程刚刚开始，内战和武装冲突不停，和平进程缓慢。三是域外大国的介入使得湄公河流域的局势变得更加复杂。湄公河国家优越的地理位置、丰富的自然资源、低廉的劳动力、高速的经济增长率都决定了其在世界经济格局中无可比拟的吸引力和国际格局中的重要战略地位。美国、日本、韩国等域外大国一直将湄公河视为其全球战略的重要组成部分，因此不遗余力地在湄公河流域凸显其重要作用。

首先，通过其国家力量形成与湄公河国家间的紧密关系。以美国为例，2020年9月11日，美湄合作第一次会议以视频会议的方式举行，宣布启动湄公河-美国合作伙伴关系，标志着湄公河国家与美国合作进入新阶段。美湄合作不仅体现了其推进地区和平、发展、繁荣的目标，而且在疫情防控、跨境

---

[1] 卢光盛、别梦婕："澜湄国家命运共同体：理想与现实之间"，载《当代世界》2018年第1期，第42页。

[2] 周方治：《王权·威权·金权——泰国政治现代化进程》，社会科学文献出版社2011年版，第9~18页。

犯罪方面，综合性发展态势体现出了其与中国"一览无遗"的竞争意图。[1]

其次，通过舆论强化中国对澜沧江的水电开发对湄公河水量及环境的影响。中国在澜沧江上游兴建 12 个大坝是基于正常的水电开发使用，甚至还可以为湄公河下游国家在遭受干旱时开闸放水，以解湄公河国家的燃眉之急。但域外大国的政府、民间组织、智库却一直将湄公河三角洲的干旱和海水倒灌原因归于中国在澜沧江的水电开发，严重影响了中国的国际形象，[2]也使湄公河民众对中国及澜湄合作有一定的误解。澜湄流域国内政治局势复杂性和国际上域外大国的频繁外交行为双重因素的挑战损害了澜湄国家的政治互信。各国政治信任是地区和平发展的重要保障，政治互信决定合作命运。[3]因此，在澜湄合作框架下，应以澜湄第一次领导人会议确立的政治安全和澜湄合作 2018-2022 五年行动计划为指引，加强与湄公河国家的战略伙伴关系，坚持把政治安全合作放在首位，提升澜湄国家政治安全意识，通过高层往来和对话合作，加强政党交流，加强非传统安全合作，增进政治互信，为澜湄流域发展营造安全环境，推动湄公河国家现代化。我国在推进中国与老挝、缅甸、柬埔寨、越南双边命运共同体建设行稳致远的同时，还应推进中国与泰国命运共同体的建设，签订中泰命运共同体的协议或声明，实现中国与湄公河五国双边命运共同体建设全面建成，为澜湄多边命运共同体建设打下良好基础。

二、推进澜湄经济一体化

湄公河国家的贫穷、落后、封闭、民族动荡等是跨国犯罪产生的主要原因，因此湄公河流域的跨国犯罪既是社会问题，更是发展问题。在澜湄合作机制下以发展为先的定位，以澜湄经济发展和繁荣的宗旨是解决湄公河流域跨国犯罪的根本手段。基于澜湄流域产业互补性、关联性突出的特点，澜湄合作将产能合作、互联互通列为澜湄合作优先领域，取得了令人瞩目的成绩。为提升澜湄流域合作质量，推进澜湄经济合作深入发展，2018 年 1 月 11 日，

---

[1] 李志斐、王婧："美国与湄公河国家合作步步升级"，载《世界知识》2020 年第 22 期，第 37 页。

[2] 吕星、王艳："越南湄公河三角洲问题的根源"，载《世界知识》2020 年第 22 期，第 73 页。

[3] "全方面推进澜湄国家命运共同体建设"，载 http://ex.cssn.cn/gd/gd_rwxn/gd_ktsb_1696/zbmygttjsllysj/202007/t20200709_515327 8. shtml，访问日期：2020 年 11 月 27 日。

李克强总理在澜湄第二次领导人会议上提出了打造澜湄流域经济发展带倡议，[1]2018 年 12 月澜湄第四次外长会议提出落实澜湄经济带可行方案。[2]澜湄经济发展带指以澜沧江-湄公河黄金水道为核心，产业发展、基础设施为两翼，带动整个澜湄流域发展。[3]具体推进路径为：

首先，推进产能合作。产能合作是澜湄合作的亮点，中国的先进技术、设备、标准与湄公河国家的工业化需求、丰富劳动力资源形成良性互补状态。根据《澜湄国家产能合作联合声明》，澜湄国家产能合作联合工作组共举办 4 次会议，组建了澜湄国家产能与投资合作联盟，开展"多国多园"合作，带动流域工业化和经济社会全面发展，[4]同时依托产能合作中的电力、电网、汽车、轻工纺织、农业、农产品加工产业扶贫，[5]加快产业发展和升级，助力湄公河国家减贫工作推进。

其次，推进互联互通。互联互通是澜湄合作的优先领域。经过 5 年的发展，澜湄国家之间在航空线加密、泛亚铁路建设、湄公河航道疏浚、国际公路建设、电网互联方面取得了重要进展，补齐了澜湄基础设施互联互通短板，有力推进了澜湄经济与可持续发展。澜湄合作与国际贸易新通道联通不仅延伸和拓宽了澜湄互联互通的范围，还实现了与东盟互联互通的补充，助推了中国-东盟一体化进程的推进。值得一提的是，2021 年 12 月 3 日中老铁路开通，这不仅是泛亚铁路中线重要的建设成果，也是澜湄合作与国际贸易新通道的收获项目，更是中国"走出去战略"的重要手段。[6]特别是对于老挝而言意义重大，老挝是湄公河国家中唯一的内陆国，中老铁路的开通意味着老挝将告别"陆锁国"，成为"陆联国"，老挝的区位优势得到凸显，成为中国

---

〔1〕　刘稚、徐秀良："澜湄流域经济发展带建设：一江兴六国的发展思考"，载《云南师范大学学报（哲学社会科学版）》2020 年第 1 期，第 108 页。

〔2〕　"澜湄合作第四次外长会联合新闻公报（全文）"，载 https://baijiahao. baidu. com/s? id = 167797 4884131150880&wfr=spider&for=pc，访问日期：2021 年 9 月 10 日。

〔3〕　"王毅：打造澜湄流域经济发展带，实现优势互补、共同发展"，载 http://www. xinhuanet. com/world/2018 12/17/o_ 1123865808 htm，访问日期：2020 年 11 月 28 日。

〔4〕　"澜湄以合作应万变"，载 https://m. gmw. cn/baijia/2021-03/12/1302160499. html，访问日期：2021 年 8 月 29 日。

〔5〕　"澜湄六国产能合作聚焦产业扶贫"，载《科技日报》2016 年 12 月 10 日。

〔6〕　马颖忆等："泛亚高铁建设对中国西南边疆地区与中南半岛空间联系的影响"，载《地理研究》2015 年第 5 期，第 825 页。

连接东南亚的重要支点。[1]

最后，推进环保合作。经济与可持续发展是澜湄经济发展目标，因此在推进经济合作的同时不能忽视生态环境环保工作。澜湄六国将以联合国2030年可持续发展目标为指引，实施澜湄环境合作战略和"绿色澜湄计划"。[2]在澜湄环境合作中心的支持下，澜湄国家加强了环境部门之间以及跨部门的环境交流，[3]探索符合六国国情的环境治理模式，以实现生态优先、绿色发展，避免进入"先污染，后治理"的发展困境，打造环境优美的美丽澜湄，造福澜湄流域国家和人民。

三、促进澜湄人文共同体建设

澜湄合作是澜湄六国共建、共商、共享的次区域合作机制，但澜湄合作毕竟是1个大国+5个小国的组合，加上湄公河国家除了泰国以外都有被殖民的历史，因此对于中国的和平崛起以及以中国为主导提供的区域公共产品的心态较为复杂。一方面，湄公河国家想搭乘中国发展的便车实现弯道超车，加速实现工业化、现代化和信息化，实现民族独立、国家富强、人民富裕；另一方面，湄公河国家对于域外大国渲染的"中国威胁论"甚至"中国环境威胁论"（即将中国在澜沧江修建水电站和水库导致下游湄公河地区生态系统遭到破坏，这是发生极端气候现象的主要原因[4]）有不好印象。加之中国在湄公河国家投资时也有只注重与政府沟通，使得湄公河民众对于澜湄合作态度不一、冷漠有之、害怕有之、焦虑有之。落实澜湄合作民生为本的导向，将涉及民生项目抓紧抓实，让澜湄民众切切实实享受到合作的好处和便利，提高澜湄民众获得感的具体推进路径如下：

首先，落实民生项目。澜湄合作的目的是造福澜湄流域民众，因此在合作中坚持以民生为本，专注民生领域合作。澜湄合作专项基金坚持在农业、

---

〔1〕"中老铁路12月开通运营"，载 http://www.scio.gov.cn/31773/35507/htws35512/Document/1685938/1685938.htm，访问日期：2021年9月10日。

〔2〕"澜沧江-湄公河合作第三次领导人会议万象宣言（全文）"，载 http://www.scio.gov.cn/31773/35507/htws35512/Document/1685938/1685938.htm，访问日期：2021年8月29日。

〔3〕"澜沧江-湄公河合作第三次领导人会议万象宣言（全文）"，载"http://www.scio.gov.cn/31773/35507/htws35512/Document/1685938/1685938.htm"，访问日期：2021年8月29日。

〔4〕李承霖："'中国环境威胁论'的传播特点及应对——以澜沧江-湄公河修建水坝舆论危机为例"，载《对外传播》2016年第2期，第36页。

减贫、教育、公共卫生、生态保护、基础设施建设等民生领域开展合作。[1]
截至 2021 年 8 月，澜湄专项基金已开展 540 个惠民项目，[2]让湄公河流域老
百姓享受到了实实在在的好处。公共卫生合作也是澜湄合作的主要内容，在
新冠疫情期间，澜湄六国互相帮助，互施援手，有效遏制了疫情蔓延。同时，
中方在澜湄合作专项基金框架下设立了公共卫生专项资金，向湄公河国家提
供新冠疫苗和技术、人员支持。[3]

其次，推进水资源合作。澜湄合作因水而生，水资源合作是六国政治互
信的最好体现，[4]也是澜湄合作的优先领域，是澜湄合作的起点与纽带。[5]
澜湄六国成立了澜湄水资源联合工作组，并于 2017 年 6 月成立澜湄水资源合
作中心以加强信息交流、技术交流、灾害管理、能力建设、联合研究等。[6]
2019 年，澜湄水资源合作中心与湄公河委员会[7]签订了《合作谅解备忘
录》，以加强湄公河水资源与其他资源管理与经验分享、数据与信息交流等方
面的合作。[8]2020 年 11 月 1 日，云南省水文水资源局将澜沧江允景洪、曼安
水文站的非汛期 36 组水文信息发往湄公河五国和湄公河委员会秘书处，展示
了中国作为上游负责任大国的善意、诚意和友好合作的态度。[9]2020 年 11
月 30 日，在北京，澜湄六国启动水资源合作信息共享平台，信息的公开透明

〔1〕 "王毅谈澜湄合作未来发展六大方向"，载 http://www. gov. cn/xinwen/2018－12/17/content_ 5349688. htm，访问日期：2021 年 8 月 16 日。
〔2〕 "中缅签署 2021 年澜湄合作专项基金项目协议"，载 http://m. news. cctv. com/2021/08/10/ ARTIcuP3SpW2i7GYD9F8i32I210810. shtml，访问日期：2021 年 9 月 11 日。
〔3〕 张洁："中国与东南亚的公共卫生治理合作——以新冠疫情治理为例"，载《东南亚研究》2020 年第 5 期，第 37 页。
〔4〕 "'中国方案'助力澜湄国家更好实现共同发展"，载 https://baijiahao. baidu. com/s? id＝16/5996641626203013&wfr＝spider&for＝pc，访问日期：2021 年 7 月 18 日。
〔5〕 张励："水资源与澜湄国家命运共同体"，载《国际展望》2019 年第 4 期，第 64 页。
〔6〕 吴浓娣："以水资源合作为纽带促进澜湄流域共同发展"，载《世界知识》2019 年第 18 期，第 30 页。
〔7〕 湄公河委员会（Mekong River Committee，MRC）是 1995 年 4 月泰国、老挝、柬埔寨、越南依据《湄公河流域发展合作协定》成立的地区性水资源协调机构，在湄公河流域综合开发利用、防灾减灾、水资源保护领域、航运安全等领域展开合作，承担着数据信息共享、监测、预评、流域规划、用水实施等。中国和缅甸是对话伙伴。
〔8〕 "澜湄六国水资源相关部门部长级官员首次聚会北京"，载 https://baijiahao. baidu. com/s? id＝1653330282822803971&wfr＝spider&for＝pc，访问日期：2021 年 8 月 12 日。
〔9〕 张励："水资源与澜湄国家命运共同体"，载《国际展望》2019 年第 4 期，第 64 页。

为澜湄水资源有效管理提供了技术支持和决策依据,〔1〕开启了澜湄水资源合作新篇章。

最后,加强澜湄合作宣传。在澜湄流域六国全方位、多层次的合作格局中,人心相通是最重要的。〔2〕澜湄民众对于澜湄合作的态度不仅取决于澜湄合作的推进程度、合作力度以及澜湄国家和澜湄民众的获得程度,同时与媒体的宣传也关系紧密。澜湄合作是基于国际河流的合作机制,国际河流的利益纠葛不仅复杂而且体现出了湄公河国家之间以及中国与湄公河国家之间的水资源利用保护缺乏沟通交流、合作意识不强的现状,从而陷入了水资源合作危机。但国际上,特别是域外大国更加关注处于上游的中国与处于下游的湄公河国家之间的水资源危机,并利用媒体放大、添加、歪曲中国修建大坝的负面影响。因此,我们不仅要注重改善与湄公河国家交流、合作的方式,积极宣传澜湄合作成果,同时要善于利用大数据、人工智能等对湄公河开发利用过程中的涉华舆情进行观察、分析、预判和应对,为政府部门针对涉华舆情提出具有针对性、可行性的对策。

---

〔1〕 "澜湄水资源合作信息共享平台网站开通",载《人民日报》2020 年 12 月 1 日。

〔2〕 "澜湄水资源合作中心主任钟勇盛赞 2020 澜湄万里行,建言水资源信息共享",载 https://baijiahao. baidu. com/s? id=1682232176787071718&wfr=spider&for=pc,访问日期:2021 年 1 月 9 日。

参考文献

一、中文著作

［1］王世洲：《现代国际刑法学原理》，中国人民公安大学出版社 2009 年版。

［2］贾宇：《国际刑法学》（第 2 版），法律出版社 2019 年版。

［3］朱文奇：《现代国际刑法》，商务印书馆 2015 年版。

［4］朱文奇：《国际刑法》（第 2 版），中国人民大学出版社 2014 年版。

［5］张智辉：《国际刑法通论》（第 3 版），中国政法大学出版社 2009 年版。

［6］王秀梅：《国际刑事法院研究》，中国人民大学出版社 2002 年版。

［7］王秀梅：《国际刑法学研究述评（1978-2008）》，北京师范大学出版社 2009 年版。

［8］马呈元：《国际刑法论》（增订版），中国政法大学出版社 2013 年版。

［9］邵沙平：《国际刑法学》，武汉大学出版社 2005 年版。

［10］黄风：《国际刑法学》，中国人民大学出版社 2007 年版。

［11］黄风：《或引渡或起诉》，中国政法大学出版社 2013 年版。

［12］黄风、赵林娜主编：《国际刑事司法合作：研究与文献》，中国政法大学出版社 2009 年版。

［13］黄风：《国际刑事司法合作的规则与实践》，北京大学出版社 2008 年版。

［14］黄风：《国际刑事司法协助国内法规则概览》，中国方正出版社 2012 年版。

［15］黄风：《中国境外追逃追赃：经验与反思》，中国政法大学出版社 2016 年版。

［16］黄风：《境外追逃追赃与国际司法合作》，中国政法人学出版社 2008 年版。

［17］赵永琛：《国际刑事司法协助研究》，中国检察出版社 1997 年版。

［18］赵永琛：《区域刑法论——国际刑法地区化的系统研究》，法律出版社 2002 年版。

［19］张旭：《国际刑法　现状与展望》，清华大学出版社 2005 年版。

［20］王新：《国际刑事实体法原论》，北京大学出版社 2011 年版。

［21］叶良芳：《国际刑法基本理论研究》，浙江大学出版社 2018 年版。

［22］张磊：《国际刑法的温故与知新》，中国法制出版社 2018 年版。

［23］盛洪生：《国际刑法热点问题研究》，法律出版社 2017 年版。

［24］高秀东：《欧盟刑事司法合作领域相互承认原则研究暨相关法律文件》，中国法制出版社 2019 年版。

［25］马贺：《欧盟区域刑事合作进程研究》，上海人民出版社 2012 年版。

［26］肖军：《欧洲主要国家与欧盟侦诉主体研究》，群众出版社 2015 年版。

［27］中华人民共和国最高人民检察院外事局：《中国与欧盟刑事司法制度比较研究》，中国检察出版社 2005 年版。

［28］何家弘：《刑事司法大趋势：以欧盟刑事司法一体化为视角》，中国检察出版社 2005 年版。

［29］赵秉志：《欧盟刑事司法协助研究暨机关文献》，中国人民公安大学出版社 2003 年版。

［30］高秀东：《国际刑事条约在中国的适用》，中国人民公安大学出版社 2012 年版。

［31］陈光中：《联合国打击跨国有组织犯罪公约和反腐败公约程序问题研究》，中国政法大学出版社 2007 年版。

［32］《联合国反腐败公约联合国打击跨国有组织犯罪公约》，中国方正出版社 2013 年版。

［33］赵秉志、杨诚：《〈联合国打击跨国有组织犯罪公约〉与中国的贯彻研究》，北京师范大学出版社 2009 年版。

［34］赵秉志：《腐败犯罪的惩治与司法合作》，北京师范大学出版社 2013 年版。

［35］赵秉志：《中国区际刑事司法协助新探》，中国人民公安大学出版社 2010 年版。

［36］赵秉志：《国际刑法评论》，中国人民公安大学出版社 2009 年版。

［37］王铁崖：《国际法》，法律出版社 1995 年版。

［38］李明倩：《〈威斯特伐利亚和约〉与近代国际法》，商务印书馆 2018 年版。

［39］王俊平编：《〈公民权利和政治权利国际公约〉与中国刑法立法》，知识产权出版社 2013 年版。

［40］肖军：《境外追逃追赃国际合作研究》，法律出版社 2016 年版。

［41］阳成俊：《中国·东盟及周边国家大数据警务国际交流合作论坛文集》，贵州大学出版社 2019 年版。

［42］王志亮：《上合组织刑事司法合作研究》，苏州大学出版社 2016 年版。

［43］张杰：《反恐国际警务合作》，中国政法大学出版社 2013 年版。

［44］翟悦：《境外追逃追赃国际警务合作机制研究》，东南大学出版社 2016 年版。

［45］马进保：《国际犯罪与国际刑事司法协助》，法律出版社 1999 年版。

［46］裴兆斌：《海上跨国犯罪与国际刑事司法协助》，人民日报出版社 2017 年版。

［47］王君祥：《中国-东盟区域刑事合作机制研究》，中国人民公安大学出版社 2012 年版。

［48］邓崇专：《中越刑事合作：现状与展望》，中国法制出版社 2017 年版。

［49］李东屹：《治理视角之下的东亚区域化——以东盟为案例的分析》，中国政法大学出

版社 2014 年版。

[50] 张晓君：《中国－东盟法律评论》（第 3 辑），厦门大学出版社 2014 年版。

[51] 刘国福：《反跨境人口贩运法律制度与人口贩运被害人转介机制》，世界知识出版社 2017 年版。

[52] 郭晶：《跨国贩卖人口犯罪研究——从国际刑事政策视角展开》，法律出版社 2017 年版。

[53] 梅传强：《东盟国家刑法研究》，厦门大学出版社 2017 年版。

[54] 樊崇义、王敏远、郭华：《涉外刑事诉讼与司法协助程序》，中国人民公安大学出版社 2011 年版。

[55] 中华人民共和国外交部条约法律司：《刑事司法协助条约和移管被判刑人条约集》，世界知识出版社 2009 年版。

[56] 陈卫东：《涉外程序和刑事司法协助（外国刑事诉讼法有关规定）》，中国检察出版社 2017 年版。

[57] 王爱立：《中华人民共和国国际刑事司法协助法解读》，中国法制出版社 2019 年版。

[58] 王爱立：《中华人民共和国国际刑事司法协助法释义》，法律出版社 2019 年版。

[59] 王彧：《刑事诉讼国际化问题研究》，中国人民公安大学出版社 2010 年版。

[60] 张吉喜：《东盟国家刑事诉讼法研究》，厦门大学出版社 2019 年版。

[61] 林亚刚：《武大刑事法论坛（第 4 卷）法律与司法·全球化挑战及本土回应》，中国人民公安大学出版社 2007 年版。

[62] 王帆、凌胜利：《人类命运共同体——全球治理的中国方案》，湖南人民出版社 2017 年版。

[63] 袁堂军：《亚洲的挑战：迈向命运共同体》，复旦大学出版社 2018 年版。

[64] 林文勋、郑永年：《中国－东盟命运共同体与澜湄合作》，社会科学文献出版社 2019 年版。

[65] 熊炜：《国际公共产品合作与外交谈判：利益、制度和进程》，世界知识出版社 2014 年版。

[66] 李志斐：《东亚安全机制构建：国际公共产品提供与地区合作》，会科学文献出版社 2012 年版。

[67] 孙学峰、刘若楠：《东亚安全秩序与中国周边政策转型》，社会科学出版社 2017 年版。

[68] 石源华：《新中国周边外交史研究（1949-2019）》，世界知识出版社 2019 年版。

[69] 陆忠伟：《非传统安全论》，时事出版社 2003 年版。

[70] 郑远明、朱红梅：《非传统安全威胁下国际法律新秩序的构建》，法律出版社 2014 年版。

［71］李玫：《大湄公河次区域经济合作法律问题研究》，对外经济贸易大学出版社 2006 年版。

［72］刘稚主编：《大湄公河次区域合作发展报告（2016）》，社会科学文献出版社 2016 年版。

［73］刘稚主编：《澜沧江－湄公河合作发展报告（2017）》，社会科学文献出版社 2017 年版。

［74］刘稚主编：《澜沧江－湄公河合作发展报告（2018）》，社会科学文献出版社 2018 年版。

［75］刘稚主编：《澜沧江－湄公河合作发展报告（2019）》，社会科学文献出版社 2019 年版。

［76］刘稚主编：《澜沧江－湄公河合作发展报告（2020）》，社会科学文献出版社 2021 年版。

［77］卢光盛：《地缘政治视野下的西南周边安全与区域合作研究》，人民出版社 2012 年版。

［78］陈松涛：《东盟域内非法移民问题及治理》，社会化科学文献出版社 2018 年版。

［79］徐久生：《刑罚目的及其实现》，中国方正出版社 2011 年版。

［80］徐久生：《保安处分新论》，中国方正出版社 2006 年版。

［81］徐久生：《德语国家的犯罪学研究》，中国法制出版社 1999 年版。

［82］李晨阳主编：《金三角毒品问题研究》，云南大学出版社 2010 年版。

［83］尹锋：《金三角毒枭风云——湄公河血案背后的惊天阴谋》，中国铁道出版社 2012 年版。

［84］冯殿美等：《国际刑法国内化研究》，山东大学出版社 2014 年版。

二、中文译著

［1］［美］M. 谢里夫·巴西奥尼：《国际刑法导论》，赵秉志译，法律出版社 2006 年版。

［2］［德］赫尔穆特·查致格：《国际刑法与欧洲刑法》，王士帆译，北京大学出版社 2017 年版。

［3］［德］格哈德·韦勒、弗洛里安·耶斯伯格：《国际刑法学原理》，王世洲译，商务印书馆 2017 年版。

［4］［德］格哈德·韦勒：《国际刑法学原理》，王世洲译，商务印书馆 2009 年版。

［5］［法］玛蒂、［荷］佛菲勒：《欧盟刑事法：欧盟财政利益的刑事法保护》，贾宇、喻贵英、付玉明译，法律出版社 2009 年版。

［6］［荷兰］安德烈克里普：《欧洲刑事法：以整合为进路》（第 3 版），杜鹃、石家慧译，中国法制出版社 2020 年版。

［7］［英］伊恩·布朗利：《国际公法原理》，曾令良、余敏友译，法律出版社 2003 年版。

［8］［英］詹宁斯、瓦茨修订：《奥本海国际法》（第 1 卷第 2 分册），王铁崖等译，中国大百科全书出版社 1998 年版。

［9］［美］马修·戴弗雷姆主编：《警务全球化：国际警务合作的历史基础》，薛丹云、孙茗、沈莉莉译，南京出版社 2013 年版。

［10］［加］弗里德里克·勒米厄编著：《国际警务合作的理论与实践》，曾范敬译，中国人民公安大学出版社 2016 年版。

［11］［加］阿米塔·阿查亚：《建构安全共同体：东盟与地区秩序》，王正毅、冯怀信译，上海人民出版社 2004 年版。

［12］［意］恩里科·菲利：《犯罪社会学》，郭建安译，商务印书馆 2018 年版。

［13］［意］恩里科·菲利：《实证派犯罪学》，郭建安译，商务印书馆 2016 年版。

［14］［德］汉斯·海因里希·耶赛克、托马斯·魏根特：《德国刑法教科书》，徐久生译，中国法制出版社 2017 年版。

［15］［德］李斯特：《德国刑法教科书》，徐久生译，法律出版社 2006 年版。

［16］［德］弗兰茨·冯·李斯特：《李斯特德国刑法教科书》，［德］埃贝哈德·施密特修订，徐久生译，北京大学出版社 2021 年版。

［17］［德］安塞尔姆·里特尔·冯·费尔巴哈：《德国刑法学教科书》，徐久生译，中国方正出版社 2010 年版。

［18］［德］冯·李斯特：《论犯罪、刑罚与刑事政策》，徐久生译，北京大学出版社 2016 年版。

［19］徐久生译：《德国刑法典》，北京大学出版社 2019 年版。

［20］［德］乌尔里希·齐白：《全球风险社会与信息社会中的刑法：二十一世纪刑法模式的转换》，周遵友等译，中国法制出版社 2011 年版。

［21］周维明译：《刑事事务国际司法协助法》，知识产权出版社 2018 年版。

三、论文

（一）期刊论文

［1］赵秉志、张磊："改革开放 30 年的国际刑法学研究"，载《河南省政法管理干部学院学报》2009 年第 3 期。

［2］李海滢："国际刑法学研究的困境与出路：以中国为基点的思索"，载《法律科学》2012 年第 2 期。

［3］卢光盛、蒋梦婕："澜湄合作机制：一个'高阶的'次区域主义"，载《亚太经济》2017 年第 2 期。

[4] 李巍、罗仪馥:"中国周边外交中的澜湄合作机制分析",载《现代国际关系》2019年第5期。

[5] 刘均胜:"澜湄合作:示范亚洲命运共同体建设",载《中国经济周刊》2016年第13期。

[6] 罗圣荣、苏蕾:"澜湄合作与大湄合作的比较及启示",载《和平与发展》2019年第1期。

[7] 李佳薇、莫关耀:"澜沧江-湄公河流域毒品渗透对中国国家安全的影响",载《东南亚纵横》2019年第3期。

[8] 刘延磊:"金三角毒品问题对我国安全的影响及对策",载《云南警官学院学报》2015年第1期。

[9] 刘凌、李光懿:"论反跨国拐卖妇女儿童犯罪的法律冲突及其完善—以大湄公河次区域云南边境一线为例",载《武汉公安干部学院学报》2015年第1期。

[10] 王晓平:"云南边境地区跨境赌博违法犯罪的治理对策",载《云南警官学院学报》2005年第4期。

[11] 赵远:"糯康案件所涉刑事管辖权暨国际刑事司法合作问题研究",载《法学杂志》2014年第6期。

[12] 廖敏文:"论我国域外刑事管辖权实现的国际法依据与国际合作模式——基于湄公河'10·5'案件的分析",载中国国际法学会主办:《中国国际法年刊(2011)》,世界知识出版社2012年版。

[13] 罗敏:"从湄公河案的侦破解读中国警察的国际执法合作",载《云南警官学院学报》2013年第2期。

[14] 黄莉娜:"从湄公河案的侦破和审判看中国国际刑事司法合作的发展",载《湖北警官学院学报》2014年第7期。

[15] 云南省昆明市中级人民法院课题组:"涉外刑事案件证据调查探析——以湄公河'10·5'中国船员遇害案的审判为基础展开",载《人民司法》2013年第7期。

[16] 陈伟强:"从形式、问题到完善:中国与东盟国家刑事司法协助探究",载《昆明理工大学学报(社会科学版)》2019年第1期。

[17] 白俊丰:"推动湄公河联合巡逻执法的政治因素分析",载《东南亚纵横》2017年第5期。

[18] 丁丽柏:"澜沧江-湄公河跨界联合执法的机制化探析",载《政法论坛》2013年第4期。

[19] 孔令杰:"中老泰缅湄公河流域联合执法的法律基础与制度建构",载《东南亚研究》2013年第2期。

[20] 章迪禹:"执法湄公河——武装护航的意味",载《世界知识》2012年第3期。

[21] 满先进："湄公河联合巡航的国际法困境与路径"，载《河北经贸大学学报（综合版）》2015 年第 2 期。

[22] 陈红梅："中老泰缅湄公河流域执法安全合作的挑战"，载《东南亚研究》2014 年第 4 期。

[23] 王建峰："中老泰缅湄公河流域跨界联合执法：现实困境与解决路径"，载《江南社会学院学报》2015 年第 3 期。

[24] 张敏娇、郑百岗："平等合作构建澜湄流域综合执法品牌——专访澜沧江–湄公河综合执法安全合作中心秘书长郑百岗"，载《现代世界警察》2020 年第 1 期。

[25] 彭姝祎："当今人类社会面临的非传统安全"，载《人民论坛》2020 年第 17 期。

[26] 谢贵平："中国边疆跨境非传统安全：挑战与应对"，载《国际安全研究》2020 年第 1 期。

[27] 邢伟："非传统安全与中国在湄公河国家的海外利益保护"，载《东南亚纵横》2019 年第 4 期。

[28] 李志斐："澜湄合作中的非传统安全合作"，载《世界知识》2019 年第 13 期。

[29] 黄河、杨海燕："区域性公共产品与澜湄合作机制"，载《深圳大学学报（人文社科版）》2017 年第 1 期。

[30] 关键："区域安全公共产品供给的'中国方案'——中老泰缅湄公河联合执法安全机制研究"，载《中山大学学报（社会科学版）》2019 年第 2 期。

[31] 谈谭："中国主导湄公河次区域国际公共产品供给的路径分析——以中老泰缅四国湄公河联合巡逻执法为例"，载《同济大学学报（社会科学版）》2017 年第 4 期。

[32] 王宝峰："澜湄次区域反恐安全公共产品供给合作初探"，载《武警学院学报》2019 年第 7 期。

[33] 孙云飞："从'搭便车'到'被搭便车'：中国供应地区安全公共产品的选择"，载《太平洋学报》2015 年第 9 期。

[34] 钮菊生："大湄公河次区域国家安全合作缘何'雷声大，雨点小'？"，载《唯实》2014 年第 12 期。

[35] 赵祺、徐罗卿："大湄公河次区域合作机制'碎片化'问题研究"，载《兵团党校学报》2019 年第 4 期。

[36] 卢光盛："澜湄合作：中国周边外交新范例"，载《世界知识》2019 年第 19 期。

[37] 卢光盛、熊鑫："周边外交视野下的澜湄合作：战略关联与创新实践"，载《云南师范大学学报（哲学社会科学版）》2018 年第 2 期。

[38] 卢光盛、张励："澜沧江–湄公河合作机制与跨境安全治理"，载《南洋问题研究》2016 年第 3 期。

[39] 李峰、洪邮生："微区域安全及其治理的逻辑——以'一带一路'倡议下的'大湄

公河微区域'安全为例",载《当代亚太》2019年第1期。

[40] 封顺、郑先武："中缅跨境安全复合体及其治理",载《国际安全研究》2016年第5期。

[41] 傅光宇、段炳昌："南诏与湄公河流域古国的关系",载《中国边疆史地研究》1995年第2期。

[42] 李魏巍："大理国澜沧江—湄公河水陆通道探略",载《大理大学学报(社会科学版)》2018年第1期。

[43] 卢光盛、金珍："超越拥堵：澜湄合作机制的发展路径探析",载《世界经济与政治》2020年第7期。

[44] 陈晓明："国际刑事合作初探",载《政法论坛》1995年第6期。

[45] 李志斐："澜湄合作中的非传统安全治理：从碎片化到平台化",载《国际安全研究》2021年第1期。

[46] 杨焰婵、侯兴华、罗圣荣："中老缅泰湄公河安全合作发展应对",载《云南警官学院学报》2014年第1期。

[47] 沈静芳："澜沧江-湄公河航运现状与未来",载《东南亚南亚研究》1997年第3期。

[48] "中老泰缅上湄公河航道改善工程",载《交通建设与管理》2002年第6期。

[49] 吴琪、魏一平："泰国 老挝 缅甸深度调查：湄公河的赌王与毒王",载《三联生活周刊》2011年第44期。

[50] 何雪倩："第二届湄公河平安航道联合扫毒行动国际合作禁毒战略(编译)",载《德宏师范高等专科学校学报》2016年第4期。

[51] 魏一平："审判糯康：湄公河惨案全程还原",载《三联生活周刊》2012年第40期。

[52] 彭可："浅析西南边境跨国警务合作的障碍因素",载《科技信息》2010年第30期。

[53] 和煜乾、陆晶："云南边境地区跨国警务合作途径探析",载《广西警官高等专科学校学报》2014年第4期。

[54] 蒋平、邹俊波："全球化背景下边境地区检察机关的直接合作机制——以云南省普洱市为例",载《四川警察学院学报》2015年第1期。

[55] 谈谭、陈剑峰："'创造性介入'与跨境安全治理——以湄公河惨案后续处理的国际合法律性为例",载《国际展望》2015年第1期。

[56] 武译天："澜湄次区域联合执法安全合作机制化探析",载《湖北警官学院学报》2018年第5期。

[57] 刘端、金新："大湄公河次区域非传统安全治理探析",载《东南亚南亚研究》2013年第2期。

[58] 庞珣："国际公共产品中集体行动困境的克服",载《世界经济与政治》2012年第7期。

[59] 晓江："湄公河联合执法的困境"，载《南方人物周刊》2011 年第 44 期。

[60] 曹旭："澜沧江–湄公河综合执法安全合作中心创立之设想"，载《北京警察学院学报》2018 年第 5 期。

[61] 金强："打击跨国犯罪情报协作机制研究"，载《犯罪研究》2017 年第 5 期。

[62] 张哲、樊守政："澜湄安全执法合作：历程与发展"，载《世界知识》2019 年第 21 期。

[63] 王成琳："澜湄合作机制中政治安全的内涵及支柱作用探析"，载《中共济南市委党校学报》2019 年第 3 期。

[64] 陆云生："中、越、老、缅区域刑事司法协助的问题与完善"，载《人民检察》2014 年第 22 期。

[65] 曹红蕾："湄公河血案大审判开创多个'第一'"，载《创造》2013 年第 1 期。

[66] 罗圣荣："非传统安全视角下的大湄公河次区域合作评析"，载《亚非纵横》2011 年第 3 期。

[67] 陈楷："试析中国与中南半岛国家面临的非传统安全挑战"，载《和平与发展》2011 年第 3 期。

[68] 董建中："云南边境民族地区跨境婚姻问题研究"，载《西南民族大学学报（人文社会科学版）》2013 年第 5 期。

[69] 王光厚："东南亚的非传统安全问题"，载《外国问题研究》2011 年第 1 期。

[70] 何秉松、廖斌："恐怖主义概念比较研究"，载《比较法研究》2003 年第 4 期。

[71] 卢光盛、胡辉："身份与利益——东南亚恐怖主义根源探析"，载《世界民族》2020 年第 2 期。

[72] 郝蒙蒙等："中南半岛恐怖袭击事件时空演变特征分析"，载《科技导报》2018 年第 3 期。

[73] 向群："打击跨国拐卖妇女儿童犯罪国际合作机制的完善——以大湄公河次区域云南边境一线为例"，载《武汉公安干部学院学报》2015 年第 3 期。

[74] 熊俊："中柬打击跨境电信诈骗犯罪警务合作研究"，载《法制博览》2019 年第 29 期。

[75] 刘捷："跨国联合执法：湄公河行动的实践与理论"，载《行政法论丛》2020 年第 1 期。

[76] 刘乐、张洁："'澜湄合作中的非传统安全合作'国际学术研讨会在京举行"，载《世界知识》2019 年第 19 期。

[77] 张洁："在泰国推进澜湄合作需要更好争取民心"，载《世界知识》2019 年第 17 期。

[78] 刘卿："澜湄合作进展与未来发展方向"，载《国际问题研究》2018 年第 2 期。

[79] 赖足兰："非传统安全视域下中缅边境管控的现状与困境研究"，载《云南警官学院

学报》2020 年第 5 期。

[80] 余江、王朝佐："对中缅边境管理中与缅甸地方民族武装势力开展警务合作的思考"，载《云南公安高等专科学校学报》2001 年第 1 期。

[81] 奎裕川、胡燕华："云南境内缅甸难民问题研究"，载《人间》2015 年第 26 期。

[82] 陈燕："近年来国内缅甸难民问题研究综述"，载《现代交际》2018 年第 13 期。

[83] 王鑫："国家制度边缘地带的社会控制"，载《时代法学》2013 年第 2 期。

[84] 宋宏梅、张金平："中国在难民问题上的非传统安全风险与应对研究"，载《福州大学学报（哲学社会科学版）》2019 年第 4 期。

[85] 邱守涛："关于缅甸毒品问题对云南非传统安全影响的思考"，载《云南警官学院学报》2014 年第 5 期。

[86] 刘轶、梁晋云："境外毒品问题对我国非传统安全的影响"，载《中国人民公安大学学报（社会科学版）》2015 年第 1 期。

[87] 郭瑞、马长泉："中缅边境地区云南段非法出入境治理研究"，载《云南警官学院学报》2016 年第 5 期。

[88] 王亚宁："边境地区突出治安问题的原因分析"，载《中国公共安全（学术版）》2009 年第 4 期。

[89] 郑永年："边疆、地缘政治和中国的国际关系研究"，载《外交评论》2011 年第 6 期。

[90] 金新："中国-东盟跨境安全治理：制度困境与优化策略"，载《国际论坛》2019 年第 4 期。

[91] 仵建民："没想到中泰警务合作这么快！"，载《现代世界警察》2013 年第 9 期。

[92] 孙杰："云南法院：涉东盟刑事司法合作举世瞩目"，载《中国审判》2014 年第 10 期。

[93] 邓光明、钟博思："检察机关服务保障'一带一路'建设问题研究——以中国-东盟检察机关司法合作为视角"，载《经济与社会发展》2020 年第 1 期。

[94] 尹策："论惩治跨国有组织犯罪国际合作机制的完善"，载《铁道警察学院学报》2020 年第 2 期。

[95] 张晓春："中国-东盟禁毒命运共同体建设问题研究"，载《广西社会科学》2015 年第 4 期。

[96] 方勇："基于中国与东盟禁毒合作的东盟禁毒研究述评"，载《广西社会科学》2014 年第 3 期。

[97] 王虎："浅析中国-东盟禁毒合作机制建设"，载《首都师范大学学报（社会科学版）》2010 年第 3 期。

[98] 赵奕："加强区际合作　打击跨国有组织犯罪——第四次中国-东盟总检察长会议述

要",载《人民检察》2007 年第 6X 期。

[99] 刘稚:"中国与东盟禁毒合作的现状与前景",载《当代亚太》2005 年第 3 期。

[100] 吴婷芳、平宸静、程力早:"合作形成合力 共治才能共赢——澜湄流域毒品问题与澜湄执法中心禁毒工作",载《现代世界警察》2020 年第 9 期。

[101] 刘孟海:"检察外交视域中的中国−东盟检察制度与地区合作问题",载《环渤海经济瞭望》2015 年第 10 期。

[102] 卢光盛、王子奇:"百年变局下的澜湄合作进程与中国角色",载《当代世界》2019 年第 11 期。

[103] 朱建忠:"试论犯罪全球化",载《湖州师范学院学报》2002 年第 4 期。

[104] 程荣斌:"经济全球化与刑事司法协助",载《中国法学》1999 年第 4 期。

[105] 张文龙:"刑事司法的全球治理——读〈通过全球化的犯罪治理:国际刑事司法的未来〉",载《清华法治论衡》2015 年第 1 期。

[106] 孙梦爽、王博勋:"国际刑事司法协助法通过:加强国际刑事司法合作的法律保障",载《中国人大》2018 年第 21 期。

[107] 秦一禾:"公安机关在国际刑事司法协助中的职能范围",载《中国人民公安大学学报(社会科学版)》2019 年第 5 期。

[108] 吴跃文:"跨境快捷电子取证的探索与展望——以打击整治电信网络诈骗犯罪为例",载《山东警察学院学报》2019 年第 6 期。

[109] 江溯:《大数据在刑事司法体系中的应用及其问题》,载《月旦法学杂志》2020 年第 9 期。

[110] 张淑平、郭亦农:"大数据与电信网络诈骗之跨境治理",载《公安研究》2018 年第 6 期。

[111] 刘爱姣:"大数据在打击跨境犯罪和维稳中的应用研究",载《云南警官学院学报》2017 年第 6 期。

[112] 唐超:"大数据背景下边境管理创新研究",载《武警学院学报》2017 年第 3 期。

[113] 张敏娇:"二十国汇聚贵州共商深化大数据警务国际合作",载《现代世界警察》2019 年第 7 期。

[114] 葛向伟:"第三届亚太地区犯罪与刑事司法统计会议在华成功举办",载《犯罪与改造研究》2020 年第 1 期。

[115] 江溯:"大数据与刑事立法、刑事司法",载《人民法治》2018 年第 1 期。

[116] 彭知辉:"基于大数据的警务预测:局限性及其顺应之道",载《中国人民公安大学学报(社会科学版)》2016 年第 2 期。

[117] 葛向伟:"犯罪统计的国际分类标准介绍与实施",载《犯罪与改造研究》2019 年第 12 期。

［118］葛向伟："国际犯罪与刑事司法统计领域大数据建设动态及其思考"，载《中国司法》2019年第9期。

［119］黄风："协助外国追缴违法所得的条件与程序"，载《法学杂志》2019年第6期。

［120］黄风："我国移入式被判刑人移管法律制度的若干问题研究"，载《法商研究》2012年第1期。

［121］徐久生："费尔巴哈的刑法思想——费氏眼中的刑法与社会"，载《北方法学》2013年第5期。

（二）博硕士论文

1. 博士论文

［1］林孙俊："当代中国入境非法移民主要类型及治理研究"，国家行政学院2019年博士学位论文

［2］王术森："'一带一路'沿线地区的主要安全问题研究"，兰州大学2018年博士学位论文。

［3］宗宏："云南边境地区非法移民治理研究"，云南大学2015年博士学位论文。

［4］雷珺："中国-东盟司法合作研究（1991-2014）"，云南大学2015年博士学位论文。

［5］刘妙香："被判刑人移管研究"，北京大学2012年博士学位论文。

2. 硕士论文

［1］陈猛："中国周边外交中的区域公共产品供给研究——以澜湄合作为例"，外交学院2019年硕士学位论文。

［2］齐方园："大湄公河次区域打击人口贩运跨境合作问题研究"，华东政法大学2019年硕士学位论文。

［3］迟鑫："中国被判刑人移管制度研究"，外交学院2019年硕士学位论文。

［4］王珂："中国参与澜沧江-湄公河次区域警务合作的影响因素及对策研究"，中国人民公安大学2019年硕士学位论文。

［5］丁晨："电信网络诈骗案件侦查中的跨境合作问题研究"，中国人民公安大学2019年硕士学位论文。

［6］叶国华："澜湄国家命运共同体建设研究"，云南大学2018年硕士学位论文。

［7］刘亚敏："中国与湄公河国家民心相通现状实证分析——以澜湄合作为背景"，广西民族大学2018年硕士学位论文。

［8］李艺晴："中老边境地区流动人口治理研究"，云南师范大学2018年硕士学位论文。

［9］宋德刚："湄公河流域执法安全合作问题国际法探析与展望"，云南大学2018年硕士学位论文。

［10］松展："中国与老挝边境地区社会治安合作治理机制研究"，广西大学2018年硕士学

位论文。

［11］ 关苒苒："西南边境民族地区非法移民法律治理研究"，广西师范大学 2016 年硕士学位论文。

［12］ 李芳芳："中缅边境缅甸难民治理问题研究"，云南财经大学 2016 年硕士学位论文。

［13］ 彭班："澜湄次区域非传统安全问题合作研究"，广西师范大学 2017 年硕士学位论文。

（三）报纸论文

［1］ "从糯康案受审看中国刑事司法全球化"，载《法制日报》2012 年 9 月 25 日。

［2］ "云南'水陆空铁'交通网建设快马加鞭"，载《春城晚报》2014 年 3 月 12 日。

［3］ "湄公河暗流：中国船员血案浮现金三角赌场冲突"，载《南方周末》2011 年 10 月 21 日。

［4］ "湄公河惨案提示建立次区域联合执法区"，载《法制日报》2011 年 10 月 17 日。

［5］ "见证湄公河四国巡航威慑力 过往商人感叹中国强大"，载《环球时报》2017 年 9 月 11 日。

［6］ "东南亚恐怖主义的内外根源"，载《联合早报》2017 年 10 月 2 日。

［7］ "中缅边境线上的十万克钦难民"，载《南方周末》2013 年 1 月 17 日。

［8］ "维护非传统安全需国际合作"，载《中国国防报》2012 年 5 月 15 日。

［9］ "中越警务合作，剑指'黄赌毒'"，载《南方法治报》2019 年 10 月 26 日。

［10］ "打击跨国有组织犯罪的有力武器"，载《法制日报》2003 年 9 月 2 日。

［11］ "东南亚有组织跨国犯罪问题严重"，载《人民日报》2019 年 7 月 19 日。

［12］ "国际刑事司法协助法第三十九条中人民法院的角色地位"，载《人民法院报》2019 年 1 月 3 日。

［13］ "中国架设'天基丝绸之路'，强力护航'一带一路'"，载《环球时报》2015 年 4 月 1 日。

［14］ "澜湄合作：新技术带来新机遇"，载《中国贸易报》2019 年 11 月 28 日。

［15］ "用大数据架起中国-东盟合作桥梁"，载《广西日报》2019 年 3 月 11 日。

（四）网络论文

［1］ "洗冤伏枭录——湄公河'10.5'中国船员遇害案侦破纪实"，载 http://www.gov.cn/jrzg/2012-09/18/content_ 2227760. html.

［2］ "水利部：将水资源合作打造成澜湄合作的旗舰领域"，载 http://media.people. com.cn/n1/2017/1220/c14677-29719223. html.

［3］ "澜湄领导人首次领导人会议：政治安全为何列为三大合作支柱之首"，载 https://www. thepaper. cn/newsDetail_ forward_ 1447696.

［4］ "'澜湄合作中的非传统安全合作'国际学术研讨会举行"，载 http://

world. people. com. cn/n1/2019/0916/c1002-31355678. html.

［5］"湄公河血案背后：华人赌场崛起打破势力均衡"，载 http：//news. cnr. cn/gnxw/gnjx/201110/t20111028_ 508698574. shtml.

［6］"回顾糯康受审全程，创造中国司法史上多项第一"，载 http：//special. cpd. com. cn/n13710747/n13711204/c14564336/content. html.

（五）外文期刊

［1］Selina Ho, River Politics, " China's Policies in the Mekong and the Brahmaputra in Comparative Perspective", *Journal of Contemporary China*, 23：85, 1~20, （2014）.

［2］Ralf Emmers, "ASEAN and the Securitization of Transnational Crime in Southeast Asia", *The Pacific Review*, 16：3, 419~443, （2003）.

［3］Daphne Berenice Pels, *The Sino - Burmese Friendship：Origins, Development and Motivations*, Great Britain：University of Leeds & Daphne Pels, 2008 Dissertations & Theses （MA）, p. 34~35.

［4］Tom Kramer, "From Golden Triangle to Rubber Belt? The Future of Opium Bans in the Kongkang and Wa Regions", *Drug Policy Briefing*, 29, July 1~12, （2009）.

［5］Medhi Krongkaewde, "The Development of the Greater Mekong Subregion （GMS）：Real Promise or False Hope", *Journal of Asian Economics*, 15, 977~998, （2004）.

［6］Pech Sokhem, Kengo Sunada and Satoru Oishi, "Managing Transboundary Rivers：The Case of the Mekong River Basin", *Water International*, 32：4, 503~523, （2007）.

［7］Ralf Emmers, "International Regime Building in Southeast Asia：ASEAN Cooperation against the Illicit Trafficking and Abuse of Drugs", *IDSS Working Paper Series*, 106, ii ~19 （2006）.

四、法规法条

［1］《全球数据安全倡议》（2020 年 9 月 8 日）.

［2］《中国法治国际论坛北京宣言》（2021 年 11 月 12 日）.

［3］《公安机关办理刑事案件电子数据取证规则》（2019 年 2 月 1 日）.

［4］《关于办理刑事案件收集提取和审查判断电子数据若干问题的规定》（2016 年 10 月 1 日）.

五、网站

［1］澜沧江-湄公河合作：http：//www. lmcchina. org.

［2］澜沧江湄公河综合执法安全合作中心：http：//www. lm-lesc-center. org.

［3］中国-东盟总检察长会议官方网站：http://www. ca-pgc. org.

［4］国际刑警组织：https://www. interpol. int.

［5］联合国毒品与犯罪办公室：http:// https://www. un. org.

后 记

　　本书是在我的博士学位论文的基础上修改、完善而成的，也是我在法大四年的学习成果。在法大四年的学习时光是美好、匆忙而短暂的。工作多年，重返校园，静静聆听各位师长的谆谆教诲，收益良多，在心里沉淀下了对法大的美好记忆；四年的学习时光也是非常匆忙的，从博一必修课的学习、博二论文开题、博三博四论文的撰写，一转眼，四年的时光飞逝而过；在人生的长河中，四年的学习时间非常短暂，但在法大接受的系统学术训练、培养的学术能力却让我受益终身。

　　论文选题来自徐久生老师翻译的德国著名刑法学家汉斯·海因里希·耶塞克和托马斯·魏根特撰写的《德国刑法学教科书》。耶塞克先生不仅是具有国际影响力的德国刑法学的代表人物，同时也是国际刑法的奠基人，刑法学科研机构——德国马克斯-普朗克外国、国际刑法研究所的奠基人、终生名誉所长及国际刑法协会（AIDP）的终生名誉主席。耶塞克先生的传奇经历和研究旨趣拓宽了我对刑法学的认识，也激发了我对国际刑法学的兴趣。我所在的云南省地处祖国西南边陲，在国家开展"一带一路"倡议和澜湄合作时，云南成为沿边开放前沿。以学者的眼光近距离观察国家的"一带一路"倡议以及澜湄合作对于自身所处区域的影响，然后再把眼光放到更远的湄公河区域、东盟区域，用刑事法学的专业角度思考的是国际刑法地区化的问题，加之近几年跨国赌博犯罪、跨国诈骗犯罪多发给边境地区带来了严重的治安威胁，因此萌生了研究澜湄合作框架下刑事合作问题的想法。在论文选题得到徐老师的肯定之后，我以写好的澜湄刑事合作论文申报了2019年中国法学会自选课题，课题获准立项并获得资助，对我也是一种鼓励，随后我将开始论文的写作。从论文的选题、论文的写作到论文的修改，徐老师都给予了耐心的指导、细心的修改，在此再次向徐老师致谢。

感谢中国政法大学刑事司法学院各位老师关于学科前沿知识的讲解，拓宽了我的研究视野，提升了我对刑法学的认知。感谢各位老师在论文开题、论文预答辩、论文答辩时给予的宝贵的修改意见，让我得以完善论文。感谢刑事司法学院的研究生办公室老师在学习和申请毕业过程中的热心帮助，各位老师给予的温暖是我们一直向前的动力，也是法大让我们念念不忘的缘由。

博士毕业一年后，我萌生了将博士论文出版的想法，在和法大出版社联系后，非常幸运地获得了母校出版社的支持。从题目的选定、结构的调整、内容的完善，丁春晖老师、吴承垚老师都给予了细心、耐心的指导。丁春晖老师、吴承垚老师严谨、踏实、认真的工作作风深深感染了我，让我深知学术著作出版的严肃性，也让我明白了学术工作的严谨性，在此向丁春晖老师、吴承垚老师表示感谢。

由于水平有限，加之资料收集有一定的难度，分析视角的狭隘，书中疏漏在所难免。如果读者在阅读过程中发现疏漏的话，麻烦将您宝贵的意见发邮件至邮箱2488662773@qq.com。